农村社会治理丛书

A series on the governance of rural society

# 县乡财政问题研究

赵英兰 李勇 著

山东人民出版社

国家一级出版社 全国百佳图书出版单位

# 《农村社会治理丛书》总序

改革开放以来，中国农业与农村发展取得了巨大成就。

农业经济持续增长。1978—2012 年，农业生产总值由 0.10 万亿元增加到 5.24 万亿元。2004—2012 年，粮食生产实现"九连增"；2012 年，全国粮食总产量达到 5.90 亿吨，农业综合生产能力迈上新台阶。

农民收入快速增长。1978—2012 年，农民人均纯收入由 133.60 元增加到 7917 元，按可比价格计算，增长了 10.77 倍。2010—2013 年，农民人均纯收入增幅连续四年超过城镇居民人均增幅。

农民福利日益改善。随着国民经济综合实力的日益增强，政府先后实施了新型农村合作医疗、农村免费义务教育、农村社会养老保险、农村居民最低生活保障、农业和农村基础设施供给均等化等制度，极大地促进了农村社会建设事业的大发展和农民生计的持续改善。

农村社会管（治）理持续创新。随着乡镇机构改革的深入推进，村民自治组织功能强化，农民合作社等多种农村新型经济和社会组织发育并日益发挥作用，农村社会管（治）理发生了重大的制度化转型和创新。

这些成就的取得，得益于国家与农民关系的重大调整以及政府制定和实施的多予少取放活、工业反哺农业、城市支持农村的重大强农、惠农、富农政策，得益于国家所构建的农业生产经营、农业支持保护、农村社会保障、城乡协调发展的制度框架。特别是 2004—2013 年中央连续十年发布的"一号文件"，对于促进农业与农村的快速健康发展起到了至关重要的推动作用。

尽管如此，中国农业和农村发展中仍然存在许多问题，例如：农产品供求结构性矛盾突出，人多地少水缺的矛盾加剧，农业资源要素流失加快，农业竞争力下降，传统农村社区急剧分化，农村社会保障体系尚不健全，政府对农村社会的管理体制以及农村社会内部的治理机制尚不完善，老人、妇女、儿童等最需要得到关注的弱势群体已成为农村的常住居民和农业生产及农村建设的主力军，农村发展后继乏人，等等。此外，一些地方剥夺农民土地等财产权利的情况时有发生，群体性事件在一些地方的农村还很严重。

当前，伴随工业化、城镇化的深入推进，中国农业和农村发展正在进入新的阶段。保障国家粮食安全、食物安全、重要农产品有效供给的任务仍然很艰巨，缩小城乡区域发展差距和居民收入分配差距仍然任重道远；农村社会结构加速转型，城乡发展加快融合，农民利益诉求日益多元。党的十八大报告指出，"解决好农业农村农民问题是全党工作重中之重"，要"让广大农民平等参与现代化进程、共同分享现代化成果"。

因此，中国农业和农村的进一步和可持续发展，必须顺应阶段变化，遵循发展规律，加大强农、惠农、富农政策力度，加强和创新农村社会管理和内部治理。为此，党的十八大报告提出，"要围绕构建中国特色社会主义管理体系，加快形成党委领导、政府负责、社会协同、公众参与、法治保障的社会管理体制"，"加快形成源头治理、动态管理、应急处置相结合的社会管理机制"，"加强社会管理法律、体制机制、能力、人才队伍和信息化建设"，这对加强农村社会管理体制机制建设提出了明确的任务和要求。

党的十八届三中全会进一步指出，"全面深化改革的总目标是完善和发展中国特色社会主义制度，推进国家治理体系和治理能力现代化"，"要创新社会治理体制，改进社会治理方式，激发社会组织活力，创新有效预防和化解社会矛盾体制"。从社会管理到社会治理，体现了党治国理政理念和思路的重大转变。这为加强和创新农村社会治理方式，提高农村社会治理科学化水平，加快形成科学有效的农村社会治理体制，提供了战略上的思想指导、政策上的调整纲要、科学研究上的学科视角。

山东师范大学公共管理学院成立时间不长（成立于 2011 年 4 月）。他们在深入研究和分析"三农"学科发展进展的基础上，本着服务大局、前沿切入的学科发展思路和定位，成立之初即将农村社会治理问题研究作为重点，积极探索中国农村社会治理理论和现实问题。循着这样的学科定位，全院教职工紧紧围绕党的十八大报告、十八届三中全会公报精神开展研究，并在农村社会治理相关研究领域取得了一些初步研究成果。《农村社会治理丛书》是该院老师们近年研究成果的集中展现。

这套丛书选择的十个研究主题涵盖了农村社会治理的主要方面，从不同视角对中国农村社会治理领域中的制度化转型、社会管理体制创新、村干部领导力等问题进行了深入探讨。

《中国乡村治理的制度化转型研究》重点阐述了中国乡村制度化治理的当代内涵，分析了中国乡村制度化治理的现实可能性，设计了中国乡村制度化治理的可行模式，提出了中国乡村制度化治理的基本路径。

在中国乡村治理呈现制度化转型的态势和现实背景下，《中国乡村治理模式研究》则基于对历史进程中乡村治理模式的梳理归纳、对当前实践中乡村治理模式的系统与比较分析，前瞻了未来中国乡村治理的三种有效模式，即压力与机遇并存的"乡政村治"模式、勃然兴起的社区化管理模式和全面城市化模式，并对未来中国乡村治理模式可能的选择路径进行了分析和探讨。

在中国乡村治理制度化转型的过程中，农村社会保障和乡村文化建设取得了明显进步；包括农民专业合作社在内的农村经济合作组织发展势头强劲，覆盖范围扩大，已经成为农业产业化经营和农村社会发展中的重要组织形态，体现了鲜明的时代特色。《农村社会保障制度建设与发展研究》通过深入剖析中国农村社会保障制度建设和发展过程中的重点、难点问题，探讨了一种可持续的适合城镇化、城乡一体化发展要求的农村社会保障制度体系和框架。《当代中国乡村文化建设问题研究》重点分析了当代中国乡村精神文明建设、乡村政治文化建设、乡村法律文化建设、乡村教育、乡村习俗等问题，并提出了当代乡村文化的建设路径。《农村经济合作组织发展研究》从国家与社会互动关系的研究视角，深入考察了政府在农村经济合作组织发展中的权力配置与角色变迁，探究了农村经济合作组织拓展行动空间的行为方式和策略选择，提出了促进农村经济合作组织可持续发展的政策路径。

国际货币基金组织（IMF）的统计数据显示，2012 年，世界国内生产总值 71.28 万亿美元，其中，美国国内生产总值 15.65 万亿美元。中国的国内生产总值 8.25 万亿美元，占世界国内生产总值的 11.57%，跻身于世界经济大国行列，也为"中国梦"的实现奠定了坚实基础。同时，这也表明，当前中国经济发展正处于"黄金时期"，但也是一个"社会转型期"、"利益调整期"和"矛盾凸显期"。这要求在农村治理的制度化转型过程中，要进一步创新农村社会治理体制机制。

由此，《农村社会管理体制创新研究》重点探讨了公共服务型政府建设、农村社会矛盾治理、农村社会组织发展、农村精神文明建设、农村弱势群体保护、农村公共安全体系建设等问题。《县乡财政问题研究》以财政分权理论以及其他国家财政分权经验为依据，重点分析了中国县乡财政问题的原因与解决途径和制度变革。《中国乡镇政府与村委会关系研究》借鉴国内外实践经验，构建了乡镇政府管理与村委会治理关系的分析框架，探讨了乡镇政府与村委会之间协调运行机制的思路和措施。《新生代农民工问题研究》以新生代农民工介于城市和农村的双重身份为切入点，以新公共服务理论和包容性发展理论为研究思路，重点研究了新生代农民工在农村与城市两方面的权益维护问题。《社会转型时期村干部领导力问题研究》以农村社会的领导力需求为逻辑出发点，重点研究了村干部的组织角色与生存状态、村干部的领导力状态及其形成机制、村干部领导力提升的技术空间等问题。

　　《农村社会治理丛书》的立意明确、材料丰富、论证有力、分析有理、方法科学、结论得当，对于"三农"问题的解决，对于政府部门的相关决策以及其他方面的深入研究必将有所裨益。但是，从发展的眼光看，农村社会治理涉及诸多领域，丛书所涉研究主题，从体系上讲还不很全面、不够系统，需要今后不断完善和补充；丛书的选题和研究内容本身也可能存在诸多方面的不足。

　　但瑕不掩瑜。我个人认为，这套丛书的出版将能促进农村治理问题研究同行的学术交流，同时也能呼唤更多关于农村社会治理方面的优秀成果的问世。

　　是为序。


　　　　　　　　　　中国社会科学院农村发展研究所副所长
　　　　　　　　　　博士生导师　　　　　　杜志雄

　　　　　　　　　　　　　　　　　　　　　2014 年 8 月

# 目　录

▶ | 第一章　CHAPTER 1

## 绪　论

◇　研究县乡财政问题的意义

◇　关于县乡财政问题的研究现状

◇　本书的基本框架和主要内容

◇　本书研究的重点

县乡政府是中国政府的最基础层次，最贴近人民群众的生活，承担着大量的公共服务职能。县乡财政运行是否健康，关系到政府基本公共职能的履行是否充分，关系到经济发展、政治稳定与文化繁荣。1994 年分税制改革以来，中国县乡政府逐渐陷入财政困境，影响了其公共经济职能的行使，也影响了经济发展与社会安定，因此研究县乡财政问题现状及寻求解决问题的对策，有着重要的意义。

## 一、研究县乡财政问题的意义

研究县乡财政问题具有普遍意义，它不仅受到中国各界的重视，也受到各国的重视。对它的重视将推动财政分权理论的发展以及现实问题的解决。

（一）研究地方财政问题的普遍意义

第一，从美国财政史和财政分权理论的早期发展中可以看到，对地方财政问题的关注推动了财政分权理论的发展。

从美国公共财政发展过程来看，地方政府财政地位的上升与下降，直接牵动着公共经济学领域的理论学者们对财政分权的关注程度。美国州以下地方公共财政从 1800 年起经历了一个从无到有，从弱到强，然后又减弱再增强的过程。相应地，公共财政领域的经济学家们对财政分权理论的关注也经历了大体一致的过程。

1800—1992 年美国政府收入（以现行美元计），以及其占 GNP 的比例

| 年 | 人均现行美元数 | | | | 占 GNP 百分比 |
|---|---|---|---|---|---|
| | 国家 | 州 | 地方 | 总体 | |
| 1800 | 1.96 | 0.42 | | | |
| 1810 | 1.80 | 0.36 | | | |
| 1820 | 2.25 | 0.56 | | | |
| 1830 | 2.07 | 0.54 | | | |

（续表）

| 年 | 人均现行美元数 | | | | 占GNP百分比 |
|---|---|---|---|---|---|
| | 国家 | 州 | 地方 | 总体 | |
| 1840 | 1.50 | 0.88 | 1.23 | 3.60 | 4.0 |
| 1850 | 1.93 | 0.99 | 1.23 | 4.14 | 4.2 |
| 1860 | 3.32 | 1.72 | 2.17 | 7.20 | 5.4 |
| 1870 | 9.82 | 2.34 | 5.84 | 17.64 | 8.4 |
| 1880 | 6.39 | 1.70 | 4.98 | 13.07 | 5.7 |
| 1890 | 5.74 | 1.84 | 5.96 | 13.55 | 6.4 |
| 1900 | 6.42 | 2.43 | 8.83 | 17.68 | 7.2 |

| 年 | 占GNP比重（%） | | | 占GNP百分比 |
|---|---|---|---|---|
| | 国家 | 州 | 地方 | |
| 1902 | 3.0 | 0.8 | 4.0 | 7.8 |
| 1913 | 2.4 | 0.9 | 4.2 | 7.5 |
| 1922 | 5.8 | 1.7 | 5.2 | 12.6 |
| 1927 | 4.7 | 2.1 | 6.0 | 12.8 |
| 1934 | 6.0 | 3.8 | 7.6 | 17.4 |
| 1940 | 7.3 | 5.0 | 5.8 | 17.9 |
| 1946 | 22.3 | 3.7 | 3.6 | 29.5 |
| 1952 | 20.4 | 4.1 | 4.0 | 28.5 |
| 1957 | 19.3 | 4.6 | 4.7 | 28.6 |
| 1962 | 18.5 | 5.2 | 5.5 | 29.2 |
| 1967 | 19.7 | 5.7 | 5.4 | 30.8 |
| 1972 | 18.4 | 6.9 | 6.2 | 31.5 |
| 1977 | 19.2 | 7.6 | 6.0 | 32.8 |
| 1982 | 21.6 | 8.2 | 6.2 | 36.1 |
| 1987 | 21.0 | 9.1 | 6.9 | 37.0 |
| 1992 | 20.8 | 9.3 | 7.3 | 37.5 |

数据来源：William A. Fischel：《地方政府企业、房屋业主和财产税的受益论》，载 Wallace E. Oates 编著：《财产税与地方政府财政》，丁成日译，中国税务出版社2005年版，第29页。

1840 年开始，美国地方政府的收入相对于国家和州政府的财政收入而言增长迅速。尤其突出的是 1870—1880 年之间，地方政府收入的人均额由 2.17 美元增长到 4.98 美元，同期州政府收入的人均额不增反降，由 1.72 美元下降到 1.70 美元，联邦政府由 3.32 美元上升为 6.39 美元。从 1880 年到 1900 年，地方政府的财政收入再由 4.98 美元上升为 8.83 美元。州政府收入的人均额在这 20 年间有所增长，由 1.70 美元上升为 2.43 美元，而联邦政府则基本没有改变，仅仅由 6.39 美元上升至 6.42 美元。

1900 年是美国地方政府的鼎盛时期，地方政府的收入以 8.83 美元的人均额超过了联邦政府 6.42 美元的人均额。因此，社会改革者和商人把注意力集中到地方政府，在地方政府中进行着大量活动。经济学家对地方政府问题的论述达到了相当的高度，甚至在某些方面达到了与 20 世纪著名的蒂布特模型相当的水平。这一点可以从 William A. Fischel 的一段论述中得到反映，"严谨的经济学家们以很成熟的方式论述了地方政府问题，这使我们能够比较清楚地了解到过去的状况。Alfred Marshall 的《经济学原理》一书涵盖了从 1890 年到大衰退时期的经济状况，并探讨了当时的地方政府问题，这些地方政府的功能与 Tiebout 模型中的那些非常相像。例如，Marshall 区分了'有偿税'和'受益税'，而后者正是基于地方政府提供公共服务的能力的，当然这些公共服务与地方税紧密相连"[1]。

进入 20 世纪中期，比如 1946 年，美国地方政府收入的人均额下降为 3.6 美元，整整一个世纪以来初次与州政府收入的人均额持平。与联邦政府的相对地位则是从 1890 年起二者间相对持平，保持了半个世纪的基本领先地位，初次出现了与联邦政府收入的人均额 22.3 美元相比的悬殊反差。地方政府收入地位的衰落也反应在经济学家的热情上，William A. Fischel 遗憾地看到，到了 20 世纪，像马歇尔在其经典著作《经济学原理》中关于"地方政府的这类见解大都被遗忘了。当时最前沿的公共经济学理论学者们都致力于研究单一的、国家范围内的统一政府"[2]。地方政府收入地位的衰落还表现在其政治权力的

---

① William A. Fischel：《地方政府企业、房屋业主和财产税的受益论》，载 Wallace E. Oates 编著：《财产税与地方政府财政》，丁成日译，中国税务出版社 2005 年版，第 29 页。

② William A. Fischel：《地方政府企业、房屋业主和财产税的受益论》，载 Wallace E. Oates 编著：《财产税与地方政府财政》，丁成日译，中国税务出版社 2005 年版，第 29 页。

下降上。欧茨在 1999 年对行政联邦制度做了广泛的实证研究，结果显示世界各国的中央集权趋势在 50 年代发展到了顶峰。[①]

根据表中提供的信息，美国地方政府收入的人均额自 1946 年达到其最低额之后虽然再也没有达到 1900 年辉煌时代的水平，却呈现出持续缓慢的上升趋势，并且其收入水平与联邦政府收入水平之间的对比，在绝对数量上及相对数量上没有太大的变化，联邦政府收入的人均额维持在 20 美元左右，地方政府则从 1946 年的 3.6 美元缓慢上升到 7 美元左右。与此相应，以蒂布特《地方支出的纯粹理论》一文为开端，尤其是 1969 年欧茨用实证的方法证明了在蒂布特的居民选择不同社区居住这一"用脚投票"的行为方式透露了他们对地方公共物品偏好的观点之后，研究地方政府财政问题的文献不断增多，经济学家越来越多地关注财政分权的问题及理论。

第二，从近期现实中看，财政分权已经成为一种世界现象。全世界人口超过 500 万的 75 个转型发展中国家中，84% 的国家正在向地方政府下放权力，地方政府支出占政府总支出的比重不断上升。政府分权现象的普遍化主要归因于三个因素：一是民主政体的广泛采用；二是不断扩张的城市化浪潮[②]，世界上一半以上的国家正在经历着城市化浪潮，城市化提高了对公共服务的需求，特别是提高了对社区层次的公共服务的需求；三是转型国家经济多元化，转型国家经济多元化的现状决定了社会经济矛盾的复杂化状态，社会矛盾的复杂化容易引起社会动荡，分权决策可以起到维持政治稳定的功能。因此，研究地方财政问题，无论研究对象属于哪类国家，将对实行分权的所有国家产生重要启示。

与广泛的民主化、城市化、多元化相对应，成为公共经济学研究领域和政府决策部门的重大课题之一的财政分权问题受到世界范围的广泛关注，以实践为基础的财政分权理论研究也不断取得丰富成果。中国县乡财政问题的研究也必然对财政分权理论的发展有所推动。

---

[①] Wallace E. Oates, The essay on fiscal federalism. Journal of Econonic, Literature, pp: 1120 – 1149, Vol. 37, NO. 3（Sep. 1999）.

[②] 梅尔维尔·麦克米兰：《以提高绩效为目的的地方政府设计》，载沙安文主编：《地方政府与地方财政建设》，中信出版社 2005 年版，第 48 页。

第三，地方财政问题不是某一个国家某一个时期面临的暂时性问题，而是任何国家任何时期的常态问题，因此研究地方财政问题是个永恒的任务。

再以美国为例。美国地方政府一直受着财政危机的威胁。如纽约市 1975 年的财政危机。克利夫兰 1978 年成为第一个因经济大衰退违背一般债务票据履行义务的城市。1982 年华盛顿电力系统违背了 22.5 亿收益债券的履行义务。1991 年，康涅狄格州接管了布里奇波特这个该州最大的城市，因为它产生了 3500 万的赤字。1975 年和 1988 年纽约接管了扬克斯市，1990 年切尔西破产被接管，加利福尼亚州奥兰治县因损失了 15 亿美元的投机性投资宣告破产，1996 年，佛罗里达接管了迈阿密运营。2003 年宾夕法尼亚、2006 年圣地亚哥面临 12 亿美元的养老基金短缺，这些都是影响到管辖权的受到高度关注的案例。再有一些不那么引人注目的但问题也很严重的案例，比如有 26 个州报告有一个或几个地方政府面临财政危机，阿拉斯加 29% 的城市不能按时支付债务。2005 年，佛罗里达、俄亥俄、宾夕法尼亚分别有 55、23、17 个城市处于财政危机状态。[①]

第四，地方政府的财政问题内生于财政分权制度之中，任何财政联邦制度以及任何单一制下实行财政分权制的国家都必然面临地方财政问题。研究地方财政问题的任务与财政分权制度的存在一样长远。

财政分权制度是一种中央统一管理与地方自主治理相结合的制度，中央与地方政府之间既有分工又有合作，形成一种彼此依赖的关系。就地方政府而言，它可以利用财政分权制度所形成的政府间联系而追求本地利益。人人都明白，狭窄的地方利益视野会破坏掉整个的国家利益，然而，如果没有制度约束，地方政府必然成为狭窄的地方利益追求者。地方政府追求狭窄的地方利益通常通过制造财政问题来实现，财政问题的制造方式是进行财政成本转移。地方政府可以用三种方式进行财政成本转移。一是通过联邦政府的转移支付或税收输出，让非居民承担主要税收负担。二是通过为近期支出借款然后违约，从而把成本转嫁到近期放款人头上，或者（如果债务由中央政府偿还）转嫁到

---

① Charles K. Coe, *Preventing Local Government Fiscal Crises: The North Carolina Approach*, pp: 39 – 49, Public Budgeting and Finance, Vol. 27, NO. 3 ISSN: 0275 – 1100, 2007.

近期的非本地居民纳税人头上。三是通过年复一年的赤字翻转直到近期纳税人离开辖区，将成本留给未来的居民，通过高的未来税率来偿还全部债务。如果这些做法成功，现任地方政府就能够让现在非居民或者未来居民、非居民承担一部分公共服务的成本。就中央政府而言，如果没有制度约束，就可以利用其掌握的控制权聚敛税收收入，转移支出责任，成为掠食性政府，破坏经济长期稳定的发展根基。因此研究地方财政问题的重要任务是研究什么样的制度能够对中央及地方政府的机会主义行为进行约束。西方国家已经取得丰富的研究成果，但现实的困境层出不穷，研究的进程道阻且长。

中央政府和地方政府之间以及各地方政府之间的关系如同囚徒困境，转移成本者在对手不转移成本时利益最大，反之最小；处于中间状态的两种情况是，大家都不转移成本时利益最大，反之最小。控制成本转移的办法是改变对独立立法人的激励，这对进行政策制定时解决代表们的囚徒困境游戏来说至关重要。这就要求使用激励与惩罚规则，使不转移成本战略成为任何一个地方民选代表无论别人选择什么战略情况下的最佳战略。实施惩罚与奖励需要一个拥有超过立法资源的个人或组织，为提高全国性资源配置效率而奖赏。

民主的政治制度在检查无效率的成本转移中是非常需要的。因此需要一个丰富的分析制度来理解地方财政约束。为确保地方财政纪律有必要对地方政府的行为进行政治、经济全面理解。

（二）研究中国县乡财政问题的特殊意义

首先，中国也正经历着同样的民主化和城市化浪潮。政治民主化和民主政治体制建设一直是政治改革的主要目标，城市化是生产力发展和市场化进程中的必然趋势，这使中国地方政府和地方财政的功能不断提升。2012年胡锦涛总书记在党的十八大报告中指出：坚持走中国特色新型工业化、信息化、城镇化、农业现代化道路，推动信息化和工业化深度融合、工业化和城镇化良性互动、城镇化和农业现代化相互协调，促进工业化、信息化、城镇化、农业现代化同步发展。城镇化作为中国城市化的现实路径因被列入"新四化"的内容之一而提高了其重要性，以城镇化为特色的中国城市化战略增强了对地方公共服务的需求，尤其增强了那些以城镇为核心的县级层次的公共服务、基础设施建设，比如城镇道路、供排水、通讯等城镇基础设施建设。地方政府公共经济职能重要性的不断上升，提高了对地方财政问题的研究要求。

其次，中国目前县乡级地方经济发展地位要求加强对县乡地方政府财政问题的研究。我国现有 2800 多个县，县级行政区划地理空间的边界清晰，具有地域特色，是完备的政治经济文化区域。这些县级地方政府集聚着全国 70%以上的人口，创造了近 60%的国民生产总值。县级财政一般预算收入占全国地方收入的 1/3、支出占全国地方支出的 2/5，提供着 40%以上的地方公共服务。县乡经济发展在经济发展全局中的重要性，以及县乡地方政府随着市场化改革、政府分权改革所承担的公共经济职能重要性的日益增强，都使对县乡地方政府财政问题的研究意义越来越深远。人民生活水平提高和县乡财政收支地位的提高以及教育程度的提高，占全国人口 70%的城镇居民势必越来越关注各级公共服务的绩效。如何能够更好地满足人们对各种公共服务的需求便成为一个亟需解决的问题。由此可见，从县乡的经济地位和管辖人口占全国人口的比重以及在地方公共物品提供中的重要程度来看，县级财政的运行状况不仅直接影响县域经济的发展和县级财政的平衡，而且关系到全国的经济发展和社会稳定，对整个国家财政也有着举足轻重的影响。

再次，中国地方财政存在着迫切需要解决的严重问题，这些问题不仅影响经济发展而且影响政治稳定。

伴随着我国经济转轨的逐步深化和改革向纵深发展，县级财政困境对农业和农村经济发展带来了十分严重的后果。一是基层政府财政危机直接加重了农民的负担。据国务院发展研究中心韩俊 2000 年的调查，湖北襄阳县农业特产税税源测算数额为 850 万元，却承担了年度 4600 万元的任务，税源仅占任务的 18.48%。二是基层政府乱收费问题引起了群众不满。由于没有税收立法权的约束，为了满足各种开支的需要，地方政府借各种名义向农民收取各种费用，从而使得农村乱集资、乱收费、乱摊派"三乱"膨胀，农民非税负担急剧增长。各种问题严重影响了基层政府的信誉，破坏了党群、干群关系，致使一些地区出现了集体上访、围攻基层政府及相关部门的事件。三是县乡财政困难导致农村公共投入严重不足，制约了"三农"问题的根本解决。交通通讯的落后使农业相对于其他行业来讲离现代化的距离越来越远，农村教育卫生事业的落后，使得一部分农民因病因愚致贫、返贫现象较为突出。因此，研究县乡基层政权的财政困难问题能为一系列新的社会矛盾和问题的解决提供条件，不仅有着重要的经济意义，还有着重要的政治意义。

县乡财政问题的研究对于解决"三农"问题有着重大的意义。农业集体化时期的平均主义分配制度压抑了农民的劳动积极性，制约了农业、农村的发展。家庭承包制解决了农民的内在动力问题，然而其在农村、农业发展上的制度效应却在短期施放完毕，这使农民如同附着了《马太福音》"上帝总是让穷者越穷而富者越富"的魔咒，与城市居民的收入差距越拉越大，陷入了"三农"问题的困境而难以自拔。制约农业发展的因素之一是农村公共产品生产不足。农村公共产品和公共服务的水平是决定农村与农业的持续发展及农民生活水平持续提高的基础。县乡政府是承担地方性公共产品提供与生产任务的主体，负有提供与生产农村公共产品与公共服务的重要责任，因而也在很大程度上决定农村的发展与农业的兴衰。承担农业、农村发展重责大任的县乡政府，其财力却随着1994年分税制的实施以及2006年1月1日《中华人民共和国农业税条例》的废止而面临着越来越严峻的挑战。因而，研究县乡财政问题与破解县乡财政问题的战略措施对于解决"三农"问题具有重要的理论意义和现实意义。

## 二、关于县乡财政问题的研究现状

到底是什么原因导致了今天的县乡财政问题？是因为县域经济发展的总体水平低、不平衡，因而没有能够产生足够的、均衡的财源？还是因为地方政府自身利益最大化行为人为导致了县乡财政问题？是因为中央政府财政转移支付政策的失当，因而没有能够起到应有的财政均等化作用？还是因为财政监督缺位导致了财政乱收乱支而出现了县乡财力不足？是因为中央政府随意改变财政利益分配格局引发了地方政府反抗性策略行为？还是因为地方政府利用信息优势谋取自身利益，才违背了政府的公共经济职能结果形成了县乡财政问题？县乡财政困境是因为政府层级过多无法实践"一级政府一级财权"而导致的吗？还是因为行政权力过于集中，或者民主权利没有得到充分行使而产生的财权层层上移、事权层层下放所导致的？

（一）事权、财权、财力"三要素"的匹配问题

政府间事权、财权、财力"三要素"的合理匹配，是完善分税制财政体制的重要基础和前提条件。政府间事权和财权的划分问题，是形成政府财政问题的基础，却不能充分说明任何一级政府的财政困境的缘由。因为与事权匹配的根本因素是财力，财力除了来源于财权，还来源于自身培育财源的能力、政府间转移支付的充足性等。

大量的文献对财权、事权、财力匹配问题进行了研究，俞桂海[①]把贫困山区的贫困归因于公共产品体制内供给不足，体制外供给缺失导致供给总量不足。而公共产品的供给不足又起因于政府间事权和财权不对称，供给主体责任不明确，对公共产品供给需求的动态适应性不强。另有许多文献对这一观点进行过论述。陈国权，郑春勇[②]认为当前党政领导干部制度中存在的激励举措单一、县级领导干部与地方发展的畸形关联、人事权财权不对等、干部异地交流制度不健全等诸多弊端，使地方领导干部的行为失当，影响了地方财源的培育。张军[③]分析说，分税制改革中财政利益分配格局的重新调整，至少从当前的情况看，不但没有充分照顾到乡镇财政的利益，反而因共享税分配地方比例低，独享税种少，税源有限，使大多数乡镇财政陷入困境，不得不通过税外收费等自筹的方式弥补财政收入的不足。因为对于乡镇财政来说，分税制改革的影响远不止是将一部分收入转移到中央财政。实际上，地方政府，比如，省级政府和县级政府为了自身财政利益的考虑，也会通过某种制度安排，将乡镇财政收入的一部分转移到省级财政和县级财政。邹广[④]把地方财政失衡归结为转移支付制度法治化的缺失。国家治理过程中，若中央政府与地方政府，或者上下级政府之间事权与财权不对称，便会产生纵向财政不均等，进而影响基本公共服务水平的均等性。因此，中央政府需将财政一部分"结构性剩余"用于转移支付，在我国，财政转移支付形式多，转移支付法律制度亦在不断完善，但仍存在着诸多缺陷。地方政

① 俞桂海：《贫困山区农村公共产品供给》，载《行政论坛》2009 年第 5 期。
② 陈国权、郑春勇：《省管县改革中党政领导干部管理问题》，载《探索与争鸣》2011 年第 1 期。
③ 张军：《乡镇财政制度缺陷与农业负担》，载《中国农业观察》2002 年第 4 期。
④ 邹广：《我国转移支付的法治矫正》，载《法律适用》2010 第 5 期。

府承担的支出任务过高，几乎无法维持，分税制实施后的转移支付制度尚未起到平衡财力的作用，地方对预算外收入的依赖还很强烈，因此，解决县乡财政问题必须从规范分配制度做起。①

（二）政府层级过多问题

政府层级过多，影响到财政收入在各级政府间的合理划分，结果导致了县乡财政困难的加剧。以贾康为代表的改革派学者认为，基层财政运转困难，是因为现有税种在中央、省、市、县、乡五级政府间划分无法实现分税制目标，不论怎样设计都无法把"分税种形成不同层级政府收入"的分税制基本规定性贯彻到一个五级政府的架构内去。所以要解决近年来县乡财政困难日益加剧的局面，必须先改革五级政府的行政架构。② 在他二人提出政府层级问题之后，关于政府层级改革是解决地方财政问题关键的文献大量出现。如，辛焕平③关于我国政府财政层级改革的探讨，张金艳④从委托代理关系、政府层级与农民负担之间相互关系角度的分析，郝二虎、陈小萍⑤基于博弈论视角的乡镇财政解困与政府层级改革问题研究，等等。

（三）地方政府债务问题

关于地方政府债务的已有研究成果丰硕。中国目前地方债务规模巨大，债务风险严重。截至2010年，我国地方政府债务达到107174.91亿元，相比于1997年的2992.82亿元翻了36倍。据国家审计署分析，2010年全国已有78个市级和99个县级政府的债务负担率高出100%，有22个市级和20个县级政府借新还旧率超过20%，有4个市级和23个县级政府逾期债务率超过10%。地方财政资金链断裂并通过银行信贷传导，反对我国金融体系和宏观经济产生威胁。所以地方债务问题是一个值得引起社会各界密切关注的问题。然而，认识和判断地方债务的理性思考，需要建立在密切分析中国国情的基础之上。伏

① 孙谭镇、朱钢：《我国乡镇制度外财政分析》，载《经济研究》1993年第9期。
② 贾康、白景明：《县乡财政困难与财政体制创新》，载《经济研究》2002年第2期。
③ 辛焕平：《我国政府财政层级改革的理论分析》，载《技术经济》2006年第6期。
④ 张金艳：《委托代理关系、政府层级与农民负担》，载《经济体制改革》2005年第3期。
⑤ 郝二虎：《基于博弈论视角的乡镇财政解困与政府层级改革问题研究》，载《农村经济》2013年第5期。

润民、缪小林、师玉朋①对政府债务可持续性内涵与测度方法的文献综述，梳理了国内外有关地方政府债务的可持续性的文献观点，概括了理论界对政府债务可持续性内涵的几种理解，从维持平衡角度的理解、从筹资能力角度的理解以及从偿债能力的角度的理解；总结了政府债务可持续性的典型测试方法。文章最后提出，国外学者论述的关于政府债务可持续性的表象特征并不适用于分析我国地方政府债务，其关键原因是我国地方政府债务行为是游离于市场之外的。由于地方政府行政权力使其具有高度的信用，从而可以无约束地从地方金融机构获取资金。而且，中央政府作为地方政府的最后担保人，将会通过发行国债或挤占中央支出援助地方政府。所以，行政权力发挥作用的政府融资，不能根据西方国家债务表象特征来分析，否则会导致政府债务规模的盲目积累，放大金融风险。

地方政府负债具有违法化、多样化、隐蔽化、透明度低、逾期率高、债务的风险预警和控制机制空缺等特点。负债总体规模庞大以致债务风险在局部范围内已经凸显，范柏乃、张建筑②根据这些特点和现状，提出完善相关法律法规、建立地方政府债务管理的责任机制以及地方政府偿债机制和债务风险的预警机制等治理地方债务的对策。

关于地方政府负债规模不断扩大的原因，杨十二、李尚蒲③从财政分权和行政集权的角度，认为地方政府大规模举债的内在激励、投资导向的经济刺激政策、银行赋予地方政府较高的信用评级以及地方政府举债的制度创新，加速了地方政府负债规模的攀升。他们从改变目前中央和地方"事权财权"不对等的财政分权格局、转变依赖政府投资拉动的经济发展模式、完善官员考评机制、对银行向地方政府贷款实行总量控制、完善地方政府债务管理体制、地方政府债务公开接受社会监督等方面提出了政策建议。

郭家虎、崔文娟④认为高度集权的政治体制对于地方政府的财政负债及债

---

① 伏润民、缪小林、师玉朋：《政府债务可持续性内涵与测度方法的文献综述，兼论我国地方政府债务可持续性》，载《经济学动态》2012 年第 11 期。

② 范柏乃、张建筑：《地方政府债务与治理对策研究》，载《浙江大学学报》（人文社会科学版）2008 年第 2 期。

③ 杨十二、李尚蒲：《地方政府债务的决定：一个制度解释框架》，载《经济体制改革》2013 年第 2 期。

④ 郭家虎、崔文娟：《我国渐进式财政改革的宏观思考》，载《经济体制改革》2004 年第 3 期。

务形成有直接关系：行政人事上的任命制，导致我国地方政府的行为不是为了辖区内居民的公共福利最大化而是以上级的意志和偏好为转移，而上级政府又往往是从自身利益出发来考虑问题的，结果当地官员为了满足上级意图和表现政绩，造成了财政赤字累累的后果；另外，地方政府直接向企业和个人借款或中央政府发行国债转贷地方，形成大量的隐性地方公债，加重了财政负担。针对当前我国地方政府已存在巨额债务而且地方政府债务仍有不断增长趋势的情况，杨雅琴[①]认为，构建地方政府债务管理制度、加强地方政府债务管理较阻断地方政府债务发行更加迫切。可行的方法是在对西方国家地方政府债务管理模式的经验借鉴下，结合我国国情，构建以制度约束为主、辅之以行政控制的债务管理模式，并以此构建相应的地方政府债务管理制度体系。

（四）地方政府的机会主义行为问题

从公共选择理论的视角，将县乡政府财政问题的根源归结于政府行为，使财政问题的研究更接近于问题的核心。李砚忠[②]将地方政府债务产生的真正原因归结为中央政府与地方政府在改变双方间财权与事权分配现状时的"经济人"理性、地方政府作为"双重代理人"对预算与效用最大化的追求以及地方政府在效用最大化追求过程中的设租与寻租行为等。

许多研究者提出，通过分解中央集权，采取地方政府之间的竞争和相互制衡的办法，可以解决集权在实践中的各种问题。但是，Bardhan[③]指出，这些研究都是建立在老生常谈的蒂布特模型基础之上的。在发展中国家和转型国家，因为制度背景与发达国家相比有很多不同，比如缺乏充分的人口流动性，缺乏公众对政府的有效监督，对地方政府官员的问责机制并不健全，地方政府在征税技术上和对税收征缴管理能力较低等等问题，结果无法在地方政府财政收支之间建立起紧密联系。在这种条件下实施财政分权，不仅不能保证地方政府坚守自己的职能，反而可能加剧地方政府被俘获的程度。他因此对在发展中

---

① 杨雅琴：《我国地方政府债务管理制度的演进及改革作者》，载《现代经济探讨》2013 年第 8 期。

② 李砚忠：《"原因"背后的原因——地方政府债务形成的"根源"探寻》，载《地方财政研究》2007 年第 5 期。

③ Pranab Bardhan：*Decentralization of governance and development*，pp：185 – 205，The Journal of Economic Perspectives，Vol. 16，NO. 4，ISSN：0895 – 3309，2002.

国家实施财政分权产生了悲观观点，认为在发展中或转型国家财政分权并不会产生应有的效果。

财政分权体制和中国行政任命体制下地方官员晋升的博弈，激化了地方政府辖区之间的竞争，影响了市场一体化所要求的辖区之间的合作，出现了地方保护主义和"大而全，小而全"的地区发展战略，也创造出了贫困县区。周黎安[1]建立了一个地方官员政治晋升博弈模型，指出政治晋升博弈的基本特征是一个官员的晋升直接降低另一个官员的晋升机会，即一人所得为另一人所失。官场竞争的逻辑深刻地改变着由官员所主导的经济竞争的方式和内容。他的这个模型为理解区域间竞争激烈、地方保护主义盛行和重复建设严重等现实问题提供了认识视角，即改革开放以来中国出现的产业同构化问题背后隐藏着地方官员明显的政治收益计算。官员竞争晋升机会还有一个效应，那就是形成了各省交界附近县级区域的人均 GDP 显著低于非省界上的县级地区的现象，而且交界线上的两省经济差距越接近，交界地区的县域经济的发展相对来说越落后。[2]

关于我国县乡财政问题的研究，毛翠英、田志刚、汪中代[3]认为，县、乡财政状况与农业、农村、农民的发展联系是紧密的，如果"三农"问题得不到解决，县、乡财政问题也就无法从根本上解决。因为"三农"问题的存在，导致农民的收入水平不高，购买力低下，使农村对生产商的产品有效需求不足，致使县、乡区域性的大企业集团难以建立发展，从而县、乡政府缺乏支柱性财源。

关于县乡财政问题的研究已经取得了十分丰富的成果，县乡财政出现问题的表现、原因和解决问题的对策也都有了大量的论述。在根本原因的认识上还没有形成一个一致的结论；对问题产生的各因素，如县域经济发展、财政体制改革、转移支付制度、财政监督机制、政府行为特征、行政集权、民主选举、

---

① 周黎安：《晋升博弈中政府官员的激励与合作》，载《经济研究》2004 年第 6 期。

② 周黎安：《官员晋升竞争与边界效应：以省区交界地带的经济发展为例》，载《金融研究》2011 年第 3 期。

③ 毛翠英、田志刚、汪中代：《关于我国县乡财政问题的研究》，载《经济体制改革》2004 年第 6 期。

公共决策方式等之间的相互作用关系以及各因素在其中的地位，还需要进行进一步的研究。

## 三、本书的基本框架和主要内容

本书将财政分权理论、国际上财政分权经验结合在一起，将其转变为分析中国县乡财政问题的有用依据；通过对不同国家财政分权的特点、中国分税改革的成功与失败的经验进行分析以研究不同国情对财政分权的影响，为中国后农业税时代县乡财政问题寻求适合中国国情的解决途径。全书的结构如下：第一部分是财政分权理论、国际上财政分权模式。第二部分是对中国后农业税时代县乡财政问题进行研究。第三部分是解决县乡财政问题的措施，包括政府间事权财权的适当划分、县乡财源的培育、县乡财政运行监督法律化与政府层级改革、政府转移支付制度的合理化、县乡政府融资的多元化。

第一章为导论，主要阐述了县乡财政问题的研究现状、县乡财政问题的研究意义、县乡财政问题的方法、县乡财政问题的研究框架和内容。

第二章政府间财政分权理论。主要论述了两个内容：第一，第一代财政联邦主义理论。第一代财政联邦主义理论认为，财政分权是提高公共产品提供效率的最佳途径。原因之一是公共产品通过由一组分散化的地方政府与中央政府分工提供，可以更好地满足需求。地方政府贴近本地居民，可以更好地了解本地居民多样化的偏好以及本地资源情况，为更好提供居民所需要的公共产品、提高决策的合理性奠定了基础。原因之二是与单个中央政府相比，由众多的地方政府提供各辖区的公共产品和公共服务，可以在地方政府之间形成类似市场化的竞争。蒂布特（Tiebout）的用脚投票机制阐明，各个辖区政府提供各不相同税负和不同的公共产品组合，居民可以根据自己的偏好，通过在各辖区间自由流动选择公共服务符合其偏好的居住地，这种自由法会激起地方政府之间的竞争，竞争压力使地方政府不仅更加关注地方居民的需要，而且会尽力以最小的成本提供这些公共产品。第一代财政联邦主义理论的缺陷在于，它隐含了"仁慈型政府"的假设，影响了该理论对现实的解释能力。

第二，第二代财政邦主义理论。第二代财政联邦主义理论认为，政府运作的制度安排深刻影响公共部门的职能的行使。因此,应将政治民主和对个人权利的保护纳入财政联邦主义的分析中。因为公民的政治影响和参与随着政府规模的减小而增加,所以提高民主参与程度成为分权的理由之一。从新制度经济学的角度,第二代财政联邦主义提出了财政分权的第二个理由:财政分权能够从制度上维持市场经济的有效发展,并且因此被称为"市场保护型联邦主义",因为财政分权能够限制公共部门的增长,从而有助于限制公共部门从私人经济中攫取资源的能力。财政联邦主义的进一步发展,提高了其对现实问题的解释能力。

第三章政府间财政关系的国际经验。本章主要介绍了美国、德国、澳大利亚以及丹麦等财政联邦制国家政府间财政收支划分关系、政府间财政转移支付以及地方政府间横向转移支付的做法与经验,为中国政府间事权与财权划分、政府间财政转移支付关系的构建提供一个经验性借鉴。

第四章中国县乡财政问题的现状、成因、对策。中国县乡财政问题有多方面的表现,如事权与财政不对称、机构膨胀、赤字及债务负担严重等。形成县乡财政问题的因素有很多,但核心因素是各级政府的机会主义行为没有得到很好的约束。各级政府的机会主义行为与县乡财源培育不足、转移支付制度不健全、财政监督机制不完善相互影响,导致了县乡财政困境。因此解决问题的根本措施是建立一个权力制衡机制来约束各级政府的行为,具体有建立健全转移支付制度、培育县乡财源和建立财政监督机制以及建立财政风险预警机制和完善财政体制等等。

第五章财政管理体制的变革。本章分析了财政体制变革过程中县乡财政地位的演变,以及财政地位演变对县乡财政问题形成所产生的影响。提出解决县乡财政问题需要合理划分政府间财权与事权,需要给予县乡政府一定的税种和税收自主权。为了解决税权的划分,我国目前需要进行政府层级改革,本章也阐述了"省管县"改革思路对缓和县乡财政问题的作用。

第六章分析了县域经济发展问题。发展县域经济是培育县乡财源、解决财政收支问题的重要途径。我国县域经济经过30多年的发展,已经占据了全国GDP的半壁江山,成为我国经济增长的重要支柱力量。但县域经济发展存在严重的区域不平衡，东强中西弱的特征明显。这一章就如何实现贫困县的经济脱困以及经济强县的持续发展展开分析，包含三节内容：第一节介绍了县域经济的区域特征及发展模式，第二节分析经济强县的经济发展特点及经验，第三节分析经济贫困县县域经济发展存在的问题及对策。

第七章县乡财政支出问题与县乡财政运行监督。本章主要分析了县乡政府财政问题的产生与财政监督缺失之间的关系。从人大监督、财政部监督、审计署监督及民众监督四个方面阐述了财政监督的现状及问题，并对照西方发达国家，主要是美国，财政监督的经验提出了建立我国财政监督机制的政策建议。

第八章解决县乡财政问题与转移支付制度。本章先对地方财政转移支付的理论依据、中央对地方财政转移支付的经验借鉴以及地方政府之间横向转移支付的做法进行了阐述，然后对我国纵向转移支付的问题及横向转移支付的现状与问题进行了分析，提出了建立健全转移支付制度的途径与要求，特别强调了我国横向转移支付所处的初级阶段以及进行横向转移支付实验的重要性及意义的长远性。

第九章着重分析县乡政府债务问题。为缓解分税制改革以来财权事权不对等而导致的财政压力，我国地方政府探索发展了多种类型的融资渠道，包括发行政府债券、组建融资平台以及转让土地使用权、引入市场机制和非营利组织等。拓展融资渠道、以负债方式筹集资金用于提供地方公共产品和服务是缓解地方财政压力、改善公共产品和服务现状的有效方式。但各种融资渠道发展过程中均存在若干问题，并且县乡政府债务总量的上升反过来加剧了财政收支风险。本章在介绍各种融资渠道的基础上，分析其中的问题，并给出相应的政策建议。

第十章县乡财政问题的制度变革。财政联邦制下，不同层级的政府共同执行着公共经济的使命，从共同的市场中取得税源。共同的税源成为承担共同的公共服务使命的各级政府的"公共池塘"，不可避免地诱发具有"理性经济人"特性的各级政府的"搭便车"行为或机会主义行为，因而演化形成了"联邦悖论"，制约着财政联邦制效能的发挥。所以，充分发挥财政联邦制所长，必须构建对各级政府机会主义行为的制衡机制。本章尝试从财政权、行政权、宪法及民主四个维度构建一个对各级政府机会主义行为的制衡框架。

## 四、本书研究的重点

公共经济学的一个重要的理论基础是公共选择理论。本书使用公共选择理论分析政府行为，发现中央与地方政府的策略性行为博弈是造成县乡财政问题的根本原因。而且只有这一个解释能够贯通县乡财政问题的方方面面。无论是财政赤字、机构膨胀、债务积累还是转移支付、财政监督、县域经济发展，都紧紧扣住了各级政府的理性经济人行为。因此，解决县乡财政问题的措施，就不能仅仅限于解决那些具体问题，而是要把着眼点放置于制度的建设，包括财政制度和政治制度、宪法与法律的建设。制度的选择要围绕中央与地方各级政府权力的制衡，目标是解决与财政联邦制如影随形的"联邦悖论"。

县乡财政问题的产生有着客观的地理、经济因素，但重要的的原因在于财政制度、行政制度、民主法制等机制不完善所引发的中央与地方政府之间的博弈。财政权和行政权过度集中在中央政府手中，使中央利用自己手中的行政集权，控制地方政府官员的政治前途，打开了随意改变财政制度的闸门。这是把解决县乡财政问题的关键视为制度制衡问题的现实依据。本书从财政权、行政权、宪法及民主四个维度尝试构建一个对各级政府机会主义行为进行制衡的制度框架。

▶ | 第二章　CHAPTER 2

# 财政分权理论

◇　传统财政分权理论

◇　第二代财政分权理论

◇　财政分权理论的启示

　　财政分权蔚然成风，无论在发达国家还是在发展中国家，政府都在通过权力的向下转移来提高其公共部门的绩效。比如美国州和地方政府在福利事业、医疗卫生、法律服务、住房和就业培训等大项目上都发挥着一定的作用。理论分析表明，与民众更为接近的地方政府会对其选民的偏好更为及时和有效地进行了解，并能找到更加行之有效的办法去提供这些服务。有些国家还建立了地区性议会，使地方政府拥有了很大的政治自主权以作为经济自主的保障，比如英国苏格兰和威尔士都建立了地区性议会。分权运动广为流行的趋势也正在向发展中国家和体制转型国家蔓延。在那里，以突破中央计划为目标的财政分权运动正如火如荼，只是在效果上尚不尽人意，没有能够引领这些国家的财政走上可持续增长的道路。

　　中国作为一个发展中的体制转型国家，财政分权也已经进行了多年。在财政分权过程中，虽成功地激发了地方政府推动经济发展的积极性，但也出现了许多亟待解决的问题，县乡财政问题就是其中之一。中国县乡财政问题的主要原因在于中央与地方在职责、财权、财政工具的分配上存在严重的不对称，以及中央与地方政府的机会主义行为。

　　研究公共部门纵向结构问题也就是政府间财政分权问题的理论——财政联邦主义理论在很大程度上能够适用于分析中国财政分权改革过程中出现的县乡财政问题。因此，研究中国县乡财政问题需要先梳理财政联邦主义理论，以便形成一个概念性分析框架。

　　财政联邦主义理论经历了传统联邦主义理论和第二代联邦主义理论两个发展阶段。

　　传统财政联邦主义理论以哈耶克、蒂布特、马斯格雷夫、欧茨为代表，研究的主要命题是政府的哪些公共职能适合由中央政府执行，哪些职能适合由地方政府执行。传统联邦主义理论强调地方政府之间的竞争机制在配置公共资源、满足居民需要中的作用，从而为各级政府的职能分工以及为履行这些职能应配备哪些财政工具等问题提供了一般性的选择依据。传统联邦主义理论的不足在于缺乏对公共产品、服务供给方面的分析,如同古典经济学把企业视为"黑箱"一样,传统联邦主义理论把政府视为"黑箱",隐含了"仁慈型政府"的假设,忽视了对政府官员行为动机的分析,因而没有给出政府官员为什么以及怎样才能有激励去提供公共物品和维护市场秩序的解释。

第二代财政联邦主义理论沿袭了传统理论的指导原则,并拓展了分析框架和研究方法。它超越了公共产品层次性和市场供求关系的分析套路,引入当代政治经济学、新制度经济学等学科的最新成果,将理性经济人的假设应用于对政府官员的行为分析,认为政府运作的制度安排深刻地影响了公共部门职能的行使。第二代财政分权理论运用激励相容与机制设计学说、委托一代理理论等研究框分析政府行为;将政治民主和对个人权利的保护纳入财政联邦主义的分析中;认为财政分权的理由之一是提高民主参与程度,因为公民的政治影响和参与公共决策的动力随着政府规模的减小而增加。

# 第一节 传统财政分权理论

亚当·斯密以完全竞争市场为假设前提,极力推崇市场机制的作用,提出了"大市场小政府"的理论,认为政府的过多干预对经济运行是有害的。然而,信息不对称、垄断、外部经济、公共产品生产等问题的存在破坏了完全竞争市场条件的完备性,这些市场缺陷使市场不能够始终发挥其最佳功能。再加上市场作用机制本身的自发性、滞后性和不稳定性所带来的收入分配不公问题和宏观经济稳定性问题,结果市场失灵在所难免。

市场失灵揭示了"一只看不见的手"作用的局限性,奠定了政府介入经济活动的直接理由。相应地,市场经济中政府的经济活动也就有了边界:提供公共物品、矫正外部效应、维持有效竞争、调节收入分配、市场管制和稳定经济增长。明确了政府在公共经济领域的活动范围也就是明确了政府财政的活动范围。如果政府活动超越了这个职能范围,或者说进入了非市场失灵的领域,就是政府的越位;如果政府在市场失灵的领域没有能够行使相应职能,就是政府缺位。

传统财政联邦主义理论，也称第一代财政分权理论，以"仁慈型政府"的暗含假设为前提，以新古典经济学的规范理论作为分析框架，研究政府职能如何在不同的政府级次间进行合理划分以及相应的财政工具如何分配的问题。他们认为中央与地方政府之间的分权之所以必要，是因为地方政府与中央政府相比具有信息优势，更了解居民偏好；还因为分权可以推动地方政府为吸引流动性要素而展开横向竞争，从而提高政府提供公共产品的效率。该理论的第二项研究重点是根据效率标准，在规范意义上讨论最优税率、税种以及转移支付，讨论政府的哪些功能和工具最好是集权，哪些最适合于分权等问题。

传统财政分权理论以蒂布特 1956 年的经典文章《地方公共支出的纯理论》为起点，以蒂布特、马斯格雷夫、欧茨为主要代表。其核心观点是如果将政府公共职能中的资源配置职能更多的分配给地方政府，那么，地方政府之间的竞争压力具有迫使地方政府官员按纳税者偏好分配财政资源的功能，能够强化对政府行为的预算约束，改变中央政府在财政决策中存在的忽视地方公民意见的状态。

## 一、蒂布特的财政分权理论

（一）蒂布特财政分权理论是对传统公共经济理论的突破

在蒂布特 1956 年发表他的经典文章以前，人们认为"搭便车"问题必然使公共产品的市场供给存在不足。蒂布特在他的 1956 年"地方支出的纯理论"（A Pure Theory of Local Expenditures）的开篇中这样提到持这种看法的两个很有影响的人物（马斯格雷夫和萨缪尔逊），"近来在'应用经济理论'中一个最重要的发展当属马斯格雷夫和萨缪尔逊在公共财政理论中所做出的。这二人在实际调查基础上形成了一个很可能称得上是核心的观点，即在决定公共产品的支出水平这个问题上没有'市场解'，看起来我们面临着这样一个问题，那就是有一个相当大的国民收入份额配置到了与私人经济部门的最佳选择相比的非最佳配置路径里"[1]。

---

① Charles M. Tiebout：*A Pure Theory of Local Expenditures*，pp：416 - 424，The Journal of Political Economy，Vol. 64，NO. 5，Oct. 1956.

马斯格雷夫早在 1939 年的文章"公共经济中的自愿交换的理论"[①] 中就提出了"搭便车"问题，他认为"搭便车"问题在公共产品提供效率上有着重要影响。在这篇文章中，他证明 19 世纪晚期欧洲经济学家们发展起来的自愿交换的理论，在公共产品提供上是不能成立的。因为该理论在某些领域里与人性相悖。如果人们可以不付费就能够消费公共物品，那么他们就不会自愿地披露自己对公共产品的偏好。

保罗·萨缪尔逊在 1954 年写的《公共开支的纯理论》[②] 一文中也得出了这一悲观的结论。他把公共产品定义为"集体消费的产品"，分析说一个人对特定公共产品的消费并不会减少其他人对该公共产品的消费机会，而且一批居民因政府的新房屋建设而增加了福利，那么其他居民也会以外部性的形式得到其中的好处。他的这个看法暗示了公共产品的生产者难以找到可靠的方式从消费者那里收取费用，也即人们在可以"搭便车"的领域里不会自愿透露他们愿意对公共产品所支付的真正价格。就像蒂布特在《公共开支的纯理论》一文中所表达的，公共产品的生产没有"市场解"，即市场不能有效地提供公共产品。

马斯格雷夫和萨缪尔逊所得出的共同结论是在一条具有垂直相加的自愿捐献性质的需求曲线中，只存在一种概念上的解决方案：如果能通过某种方式使消费者投票人（Consumer-voters）不得不披露自己对公共产品的真实偏好，那么无论是该种公共产品的收益税数量还是其生产量都能够得以确定，而且可以实现帕累托最优。这恰好与我们熟知的林达尔均衡在内容上完全一致。可问题是，并没有什么机制能够迫使消费者投票人表露他的偏好。事实上，理性的消费者掩盖自己的偏好并逃避税收去享受公共产品。

既然公共产品的提供必然受到"搭便车"问题的约束而无法通过市场机制得到充分提供，也就是说任何不依靠政治力量来解决公共物品提供问题的途径都不可能实现公共产品的有效供给。那么，公共产品提供的最佳途径就是非

① Musgrabe，Richard A：*The voluntary exchange theory of public economy*，pp：213 - 237，The Quarterly Journal of Economics，Vol. 53，NO. 2，ISSN：0033 - 5533，1939.

② Paul A. Samuelson：*A Pure Theory of public Expenditure*，pp：387 - 389，The Review of Economics and Statistics，Vol. 36 ，NO. 4，ISSN：0034 - 6535，1954.

市场手段，靠政府来解决。

这种观点成为当时的主流观点，一个现实的原因可能是第一次世界大战和第二次世界大战以及这个过程中全面的经济衰退导致了各国行政权集中的趋向。把人们的注意力吸引到了中央政府身上，地方政府的作用则相应地被人们所忽视。另外，一个理论上的原因也可能加强了这一观点备受认可的程度。这个理论就是流行于第二次大战后的凯恩斯主义理论。凯恩斯的国家宏观调控理论是一种让中央政府在国家的政治经济中占主导地位的理论。

蒂布特能在这个潮流中冷静思考得出完全不同的结论，真是令人叹服。他提出，并不是所有公共物品都受"搭便车"问题的影响，那些由不同行政辖区的地方政府所提供的公共物品就是例外。这就等于推翻了当时学术界两个权威人物（马斯格雷夫和萨缪尔逊）关于所有公共物品都受"搭便车"问题困扰的观点。由于地方公共物品的支出在总公共物品支出中占有很大的比例，蒂布特对马斯格雷夫等人观点的推翻，就有了不可低估的意义。

（二）蒂布特模型的基本内容

蒂布特"地方开支的纯理论"就是针对马斯格雷夫和萨缪尔逊的上述观点也是当时十分流行的观点而作的。他想要证明的是，在没有政府的情况下，地方公共产品也照样能够得到有效的提供。

他的模型设计以 7 个假设条件为前提。[①] 第一，用脚投票的消费者是完全流动的并且向他们最喜爱的地方辖区流动；第二，消费者投票人对各地区的收支模式有充分信息并对各地不同模式做出反应；第三，有数量很多的地方辖区供消费者选择；第四，不考虑就业机会限制，假设所有人靠股息收入生活；第五，地方辖区间的公共服务没有外部经济或外部不经济；第六，任一地方辖区模式都由其执行长官按照地方辖区居民的偏好设置且存在最优地方辖区规模。最优地方辖区规模是指地方辖区居民人数的多少恰好能使生产的公共服务集以最低平均成本生产，这意味着某些要素比如土地或者沙滩是固定的。某些要素供给的固定性质，再加上限制公寓建设的分区法，共同限制了地方辖区的地理

---

① A Charles M. Tiebout: *Pure Theory of Local Expenditures*, pp: 416 – 424, The Journal of Political Economy, Vol. 64, NO. 5, Oct. 1956.

范围；第七，也是最后一个假设，是那些低于最佳规模的地方辖区想法吸引新的居民以降低其平均成本，高于最佳规模的地方辖区则行事相反，达到最佳规模的地方辖区则维持规模不变。比如低于最佳规模的地方辖区通过建立森林公园吸引其他居民或者建立公共设施吸引工业生产者。最佳地方辖区规模、适度分区法、复杂的房地产经纪协议，足以实现地方辖区稳定。

在上述假设条件下，蒂布特阐述居民"用脚投票"模型。不仅在地方政府为达到最佳辖区规模而进行竞争的过程中，居民会在不同辖区间流动，在地方辖区规模达到最佳状态条件下，居民在地方辖区之间的流动也会产生。人们之所以愿意集聚在某一个地方政府周围，是因为他们想在全国寻找地方政府提供的公共产品和服务与政府所征税收（居民享受公共产品所支付的价格）之间的一种理想组合，以实现自己的效用最大化目标。当他们在某地发现这种组合符合自己的效用最大化目标时，就会在这一区域居住下来工作与生活，遵守并维护当地政府的管辖和接受当地的服务。居民在权衡公共物品、公共服务的效用与价格之后而进行的迁移过程就是所谓的"用脚投票"过程。

居民在地方辖区之间的流动具有重要的信号功能，该信号向地方政府宣示着他们对公共产品的需求。就如同消费者的市场需求向企业发出信号引起企业之间争夺消费者的竞争一样，居民"用脚投票"引起政府间竞争。地方辖区也要像企业那样，对各种信号做出反应，并具体落实到公共收入与公共支出的安排上，有效率地提供公共服务，从而实现资源的最优配置。

（三）蒂布特模型的启示

把蒂布特模型的假设性前提考虑进来，可以看到影响人口在不同政府辖区之间流动的因素，除了辖区公共产品供给、居民税收负担这些内生变量外，还有各地区之间的就业机会、家庭、朋友、历史文化、自然地理、气候、迁移成本及人口密度等外生变量。

蒂布特模型为解释人口流动提供了一定的依据。在现实生活中，许多个人或家庭的迁移确实受到了不同地方公共预算差异的影响。在西方国家，二战以来许多居民由大城市向卫星城市迁移，除了受到污染、交通工具现代化等因素的影响外，主要的因素就是在于居住地相对低的税率和逐渐发展起来的公共基础设施。中国个人和家庭的迁移也有同样的趋向，有上学孩子的家庭纷纷向学校资源比较优质的地区或城市迁移就是一种证明。

模型中关于地方政府竞相吸引居民和投资的竞争理论，为税种税源及事权在政府间的划分提供了依据。大部分国家逐渐地把个人所得税税源划归中央政府所有，因为个人所得税是一种具有高度流动性的税种，如果把个人所得税税源划归地方所有，必将引起地方政府在个人所得税政策上的过度竞争。对商品流转税的课征也有同样的问题，因为这涉及地区间的商品流通，如果任由地方课征，则容易出现商品课税上的各自为政，加剧地区间的经济割据和地方保护主义。因此大部分国家都由中央政府为主、地方政府为辅进行商品税的课征。在支出方面，地方政府逐渐增加了与居民生活密切相关的教育、道路、医疗卫生、社会福利等领域的支出，从而使公共财政的支出范围和结构与居民的需求更加贴近，这些变化都与蒂布特模型相吻合。

## 二、蒂布特模型的局限性及欧茨（Oates）等人对其理论的发展

对于蒂布特模型中的假设，他本人从没有发表或者提及任何实证。直到1969 年，这些假设才由欧茨（Oates）给予了证明[1]。欧茨在文章中首先提出了房屋购买者切实了解社区之间财政状况和公共服务水平的差别的观点，然后用相关统计数据证明，如果地方政府在支出和税收上存在着很大的不同，那么这些不同会在房价中得到体现。简单地说，就是地方政府的税收将资本化进房屋价值中。这种情形被称为税收资本化。根据税收资本化的观点，地方政府可以根据需要征税，只要把所征税收用于本地的公共服务，那么居民的财产价值就会上升。这样，居民支付的纳税成本就取得了相应的收益。欧茨通过对新泽西州北部城市 1960 年的数据进行回归分析发现，如果一个城市提高税率，并用增加的那部分税收收入来改善学校系统，那么预算开支增加所带来的收益，能够大体抵消甚至超过高税率对地方财产价值所带

① Oates Wallace E. *The effects of property taxes and local public spending on property values：An enpirical study of tax capitalization and the Tiebout hypothesis*，pp：957 - 971，Journal of Political Economy，Vol. 77，NO. 6，1969.

来的负面效应。

　　Bradbury、Case 和 Mayer 的研究证实了欧茨关于税收资本化的观点①。这些研究对以下公共事物进行了考查：垃圾掩埋场的位置、空气污染带来的死亡率风险、发现容易出现地震的地壳断层、位于历史古迹所在处、犯罪率、采取发展控制措施、交通流量等等。考查结果证明，地方政府对各种公共事物的影响都相当准确地体现在房屋价值上。这些对蒂布特假设的实证性研究一方面使人们更加关注蒂布特模型，另一方面使人们认识到地方政府对公共事物的详细规划能够通过影响房屋等财产的价值而极大地影响财产税的税基，这就为财产税应该成为地方政府的主体税种的观点提供了实证。至此，我们再一次看到了传统联邦主义理论在政府间税种分配上所作出的贡献。

　　蒂布特模型只简略地提到了供给问题。在 1956 年他的"地方支出的纯理论"中他引用了阿曼·阿尔钦的观点，论证说管理者无须刻意将目标定位为利润最大化，最后仍然能够把提供公共服务的成本降至最低从而达到利润最大化的效果，因为竞争能保证生存下来的公司从客观上来说都是追求利润最大化者。因此，他得出结论说，能够生存下来的地方政府也是追求利润最大化者，这是不屑一说的事情。这样，蒂布特把对地方政府管理者的行为约束概括成了一个自然选择过程，认为政府间优胜劣汰的竞争压力必然会迫使辖区管理者对辖区进行有效的管理。在这一点上，蒂布特真是太过天真了。纵观现实，地方政府间优胜劣汰的竞争机制迫使地方政府进行有效管理的理念，不仅在发展中国家及转型国家中不适用，就连市场发达的国家也不能保证完全的市场机制对地方政府行为形成如此完善的约束。这大概是传统联邦主义理论向第二代联邦主义理论演化的重要原由。

　　William A. Fischel 关注了政府行为的研究，将政治因素引入到蒂布特模型之中。他认为，优胜劣汰的竞争机制对地方公共服务的生产者也就是地方政府而言并不那么重要。因为地方政府很少会被淘汰，而新的城市和乡镇也只是阶段性地出现。所以，不能指望依靠竞争的压力来约束地方政府的行为，而需要

---

　　① 转引自：William A. Fischel：《地方政府企业、房屋业主和财产税的受益论》，载 Wallace E. Oates 编著：《财产税与地方政府财政》，丁成日译，中国税务出版社 2005 年版，第 40 页。

依靠政治力量来确保管理者们能够进行有效管理。具体来说，需要探讨居民将自己的需要传达给管理的途径，需要研究什么样的投票机制更适用于居民对区域管理者的行为形成有效约束。他提出居民对管理者及其政策方案的投票有别于商业企业的"股份投票制"，最好采用"股东投票制"①。

## 三、马斯格雷夫的财政分权理论

马斯格雷夫在 1939 年的《公共经济中的自愿交换理论》一文中，从财政的三大职能出发，分析了中央和地方政府之间分权的合理性和必要性，并对三大职能在中央和地方政府之间进行了划分。他认为，宏观经济稳定与收入再分配职能应由中央负责，而资源配置职能则应由地方政府负责。这样可以根据各地区居民的偏好不同而进行有差别的资源配置，有利于经济效益和社会福利水平的提高，并进一步提出了清晰的中央和地方之间的税收划分原则。不过，从近 20 年来世界各国的实践看来，中央政府在稳定职能方面的中心地位受到越来越多的挑战。特别是在发展中国家和转轨国家，地方政府在宏观经济领域中所起的作用要比传统观点认为的更加重要，地方政府也具有执行稳定和分配职能的作用。

总之，传统财政分权理论以新古典经济学的理论作为分析框架，研究了政府职能在不同级次的政府间进行合理配置以及相应的财政工具如何分配的问题，为各国的实践及理论的持续发展提供很有价值的依据。蒂布特、奥茨和马斯格雷夫三人在这一理论领域的先驱性贡献，被传统财政分权理论（财政联邦主义或联邦主义经济理论）概括为 TOM 模型。

## 四、其他传统联邦主义理论

### （一）布坎南的"俱乐部"理论

布坎南运用"俱乐部"理论来解释最优地方政府管辖范围的形成问题。"俱乐部"理论的简要内容，就是把社区比作俱乐部，研究在面临外部拥挤

---

① William A. Fischel：《地方政府企业、房屋业主和财产税的受益论》，载 Wallace E. Oates 编著：《财产税与地方政府财政》，丁成日译，中国税务出版社 2005 年版，第 40 页。

性的条件下，一个俱乐部如何确定其最优成员数量。其理论的具体内容是：随着俱乐部接收新成员的增加，原有的俱乐部成员所承担的成本会由于新成员分担而下降；当新成员的加入超过一定的临界值时，过多的会员将增加拥挤成本，产生负外部效应。因而，一个俱乐部的最佳规模，应该确定在负外部效应所产生的拥挤成本与由新成员加入所带来的成本下降的均衡点上。

（二）乔治·施蒂格勒—夏普的最优分权论

美国经济学家乔治·施蒂格勒（George Stigler）、夏普（Sharp）从公众需要和更好发挥政府职能的角度回答了地方政府分权的必要性问题。施蒂格勒在1957 年发表的《地方政府功能的有效范围》一文中，提出了认识地方政府存在合理性的两条基本原则：第一，地方政府与中央政府相比更接近于自己的选民，因而更加了解辖区内居民的效用与需求；第二，不同地区的居民有权对自己需要的公共产品和公共服务的种类和数量进行选择。施蒂格勒的逻辑结论是，由最低行政层次的政府部门对满足地方居民的公共需要进行决策，较之于由中央政府进行决策更加有利于实现资源配置的有效性和分配的公平性。从消费者的角度进行分析也说明了地方政府掌握决策权的必要性，因为消费者的意愿一般具有明显的地域性，而地方政府恰好能敏感地顺应其区域利益，取得资源配置的最好效果。

（三）特里西的偏好误识分权论

美国经济学家特里西（Ricard W. Tresch）认为，以往的分权理论都把中央政府设想为全知全能公正无私的政府，他们拥有所有适当的政策工具，并假定拥有完全信息的中央政府能够掌握社会福利函数的偏好序列。在这种完备信息情况下财政分权是没有必要的，因为仁慈万能的中央计划者会提供一套差异化的地方性公共物品和服务，实现社会总福利水平最大化。对于这样一个命题，特里西用"偏好误识论"提出了质疑。他通过模型证明现实中的社会经济活动并不完全具有确定性，而是常常存在信息失真和信息传递阻隔。在不完全信息和信息不对称的现实境况下，更容易接近其辖区内居民的地方政府，自然更容易知晓地方民众的偏好，也更容易掌握地方公共物品和公共服务的供给成本。在决策效率方面，中央政府相比地方政府的劣势还不仅如此。中央政府通常还面临着政治压力或宪法约束，很难为各地居民提供差异化的公共服务。

这就使得中央政府在确定公众个人偏好以及个人边际消费替代率时，难以避免地存在"偏好误识"，因而中央政府不能为地方提供最优水平的公共物品和服务，这就使地方政府提供地方公共产品成为不可替代的事。

传统财政联邦主义理论不仅研究了政府职能在不同级次的政府间进行合理配置以及相应的财政工具如何分配的问题，也解释了转移支付理论。因为地方公共物品效应的外溢性，非本地区的居民也能得到好处，这就引起公共产品供应的不足，因此中央政府应该给予地方政府转移支付，也可以把自己的偏好强加进去。当职责的分配造成预算收入和支出之间的差异时，财政转移支付可以减少这种差异。英国作为单一制国家对地方政府也有相当大的转移支付。最后，由于人口的、地理的和资源禀赋方面的原因，使得地方管辖范围之间的财政能力产生相当大的差异时，通过转移支付实现财政能力均等化成为必要途径。

传统财政联邦主义理论强调的核心问题是：几乎所有国家的公共部门都是有层级的，要使各级政府有效地实施其公共职能，关键是要理清每一层级公共部门的责任，并赋予其相应的财政工具。

（四）传统财政联邦主义理论的缺陷

传统财政联邦主义理论是在集权和分权框架下回答为什么要实行财政分权，以及在制度既定框架下讨论政府间权力的配置问题。隐含了"仁慈型政府"的假设，忽视了对政府机构本身激励问题的研究；传统联邦主义原则中除了多样性原则外，其等价原则、集中再分配原则、区位中性原则、集中稳定原则、溢出效应纠正原则、基本公共服务的最低供应原则和财政地位平等原则，都内含了集权化的倾向。集权化倾向使集权中心特别需要服从更基本层面的、维护个人基本自由与权利的约束，否则个人基本自由与权利根本得不到保障。但传统财政联邦主义没有考虑财政联邦制下政府权力的来源和分权限政的目的，第二代财政分权理论弥补了这一缺陷。

# 第二节　第二代财政分权理论

传统财政分权理论以公共产品生产效率问题为主流分析路线，把中央与地方政府看做是充满慈爱的大公无私的社会福利最大化者，将居民的偏好作为研究的核心。第二代财政联邦主义理论将信息经济学、新制度经济学和政治经济学用于对公共经济的研究，特别关注政治结构对政府行为的激励约束机制对分权效果的影响，从而将居民偏好这一传统联邦主义理论的研究核心放到了一个比较次要的位置上。

以詹姆斯·布坎南为代表的公共选择理论把政府及官员的自利行为加入到政府目标函数中，把政治制度看作市场，把政治过程看作交易过程，看做是社团、党派、国家这些集团之间以及组成这些集团的个人之间出于个人自利动机而进行的一系列交易过程，把政府官员看做是为了实现个人利益目标——权力、地位、金钱、特权而追求政府预算最大化的"经济人"。

理论的新扩展关注了地方政府与中央政府之间的纵向竞争的存在，以及因此有可能诱发的财政机会主义动机而导致的政府预算约束软化以及对经济市场的掠夺。以信息经济学为基础的委托代理理论应用于政府行为的研究加强了公共经济领域对制度研究的重视，也特别关注了宪法、政党体制及民主制度对中央政府与地方政府机会主义动机的约束。

## 一、公共选择理论的分析

在公共经济学领域，传统的思想首先假设完全市场竞争是实现最优经济效能的条件，然后说明这些条件是不充分的，也就是存在市场失灵，如市场的外部性、垄断等等。由此证明政府的干预是正当的，而且政府干预的目的是追求最大化的公共利益，所以他们是无私的，是人民利益的真正代表。

这种观点在20世纪70年代受到了挑战，公共选择理论用全部政治代理人都是理性经济人的假设取代了无私的假设。人们现在普遍认为，政治代理人会利用政治过程来影响财富向自己所在的利益集团或能给予自己有力政治支持的其他利益集团转移。这样一来，人们对政府管理经济过程的看法发生了基本的变化：从一种培育"公共品"的过程变成通过政治过程使政府的自身利益最大化的过程。

奥尔森区分了独裁与民主在经济增长中的不同作用[①]。他分析说，在无政府状态下，流蹿匪帮竞争性地抢占人民生产的财富，所以对任何人来说都很少或根本没有激励进行生产或积累财富，这对匪帮和人民都没有好处。为了改变这种两败俱伤的局面，一个理性的匪帮占地为王，以税收的形式垄断所控区域的财富，这就产生了政府，消除了无政府状态。政府与其辖区（国家）有共同的利益，它会为了在长期中掠取最大化的财富而提供公共物品与社会秩序。所以，即使有一个独裁政府也比无政府状态有利于经济增长。但是，因为健康、寿命及其他因素所导致的权力动摇，会使独裁者目光短浅。当一个独裁者拥有相当短的时间视野时，就会提高他对未来的贴现率，经常违背承诺，没收他的臣民的财产，废除与臣民所签署的借款契约。结果从总体上忽视了可选择的机会集合中的长期经济结构。一个保护个人权利的民主政体，是最有利于经济的持续增长的政体，因为它能使个体拥有最大限度地发展经济的权力，并且确保这个权力不会轻而易举地被政府剥夺。

在公共选择理论的视角下，即使居民偏好没有变化，但追求自身预算最大化的各级政府会不断地挑战现有分权规则，以便为自己争取更多的利益。因此，财政分权将是一个持续不断的利益再分配过程，这一过程的结果，很大程度上取决于各级政府间政治权力的配置情况。Frey B. ，Eichenberger R. [②] 分析说，政治家为追求自己的目标如个人理想、社会特权和物质利益等，经常背离选民偏好，使政府政策与资源配置的社会福利最大化目标之间出现偏差，即出现"政治扭曲"。财政分权化引起地方政府之间的税收竞争有利于约束"政治扭曲"却又导致了"经济扭曲"。地方政府之间的财政协调有利于纠正"经济扭曲"却易在政治家和政党之间结成反对选民的联盟，通过这种联盟他们进行税收协调，以在不同的管辖区之间联合征收高额统一税收的方式"剥削"选民，这便重新回归到了"政治扭曲"。降低这两种减少个人福利的扭曲措施

---

[①] 奥尔森：《独裁、民主和发展》，载盛洪主编：《现代制度经济学》（上卷），北京大学出版社 2003 年版。

[②] Frey B. ；Eichenberger R. ；*To harmonize or tocompete? That's not the question*，pp：335 - 349，Journal of Public Economics，Vol. 60，1996.

有二：一是大众投票制度，二是竞争性管辖权。也就是说，赋予大众充分的政治民主权力以约束政府官员对自身目标的追求，再通过财政联邦主义赋予地方政府财政分权是解决两个困境最有效的手段。

布伦南和布坎南[1]认为政府是一个垄断性机构、一个利维坦，它会不断增加对社会经济资源的榨取来扩大自身规模，限制政府的垄断权力有助于限制政府的货币创造能力。他们认为财政分权对于限制公共部门的增长有重要作用，从而限制公共部门从私人经济中攫取经济资源，因为经济单位和要素在地区间的高度流动限制了地方政府的税收能力。而如果一个政府拥有永久的制度权威，根本无法限制其创造财政收入的冲动。最后他们提出，要让政府真正愿意遵守制度约束，必须建立并维护制度实施代理机制——司法制度，这将有助于减弱政府的直接控制。

实践表明，仅仅立宪约束，还远不足以使均衡的初始制度安排在实施过程中能够始终保持政策的一致性。新财政联邦主义理论还经常关注不同选举体制对财政分权的影响。以选举制度对分权的影响，选举体制根据选区规模、选举规则、选票结构三项特征划分为不同类型。在西方可追溯的投票（retrospective-voting）体制下，投票者可以用手中的选票对政府官员过去的表现问责。对于政绩拙劣的官员，可以通过选举新的继任者将其淘汰。这意味着，投票市场上的政治竞争对政府官员可能的寻租行为是一种有效的约束，不同的选举体制有着不同的约束力度。Perrson[2]研究了90多个国家的样本数据，结果发现简单多数原则的选举体制，相较于比例代表制，更易于形成小政府，而且政府支出的平均增长也较慢。如果用腐败表示政府官员"租金"，则有研究表明比例代表制下的政府更易出现腐败，也即在通过选举抑制政府官员的"寻租"方面，不同的选举体制至少在统计数据上存在较大差异。

Richard E. Wagner 在他们的《理性、政治经济学、财政责任，努力克服财

① Geoffrey Brennan and James Buchanan：*Revenue Implications of Money Creation under Leviathan*，pp：347 – 351，The American Economic Review，Vol. 71，NO. 2，Papers and Proceedings of the Ninety-Third Annual Meeting of the American Economic Association，ISSN：0002 – 8282，1981.

② 王峥、秦林军：《新财政联邦主义理论评述》，载《昆明理工大学学报》（社会科学版）2009年9卷第8期。

政公地问题》① 一文中论述说，持续的财政赤字和不断累积的公共债务同时存在，表明西方民主制度反映了人类管理中的两个理性冲突：私人财产权及其传统和公共产权及其程序结构之间的冲突。笔者将 Richard E. Wagner 的这个观点用托德·桑德勒的话来解释，这个冲突（私人财产权及其传统和公共产权及其程序结构之间的冲突）的意思就是"个人理性不是集体理性的充分条件"。曼瑟·奥尔森则这样表述这种冲突，在有些情况下"无论每位个体如何努力追求自己的利益，社会的理性结果最终不会产生"②。也就是说，私人产权和公共产权之间的冲突，实质上就是"个人理性与集体理性的冲突"。Wagner说西方的民主财政制度因为这个冲突而产生了哈丁 1968 年预言的公地悲剧似的结果——the fiscal commons，本书将其译为"财政公地"③。"财政公地"意味着财政税收成为公共池塘资源，任何政府或利益集团都可从中获取尽可能多的本位收益而成本由所有社会成员承担，因此所有的政治利益集团都有强烈的动机去争取政府的财政资金，形成了政府支出的内生性扩张压力，最终必然出现赤字财政和不断累积的公共债务。我们可以从中看到，这个结果是每个追求个体利益最大化政府之间进行非合作博弈的结局，是非理性的结局，是两败俱伤的"财政公地"悲剧。埃莉诺·奥斯特罗姆说，对公共领域公地悲剧的自主治理只有在严格条件下才能得以解决④，Wagner 认为通过坚持主张自由宪法制度体制与传统还是可以对私人产权与公共产权之间的冲突进行限制的。

克里斯托夫·贝里⑤在其《财政公地悲剧：联邦主义利维坦模型中财政存量的外部性》一文中，分析了动态环境中自利政府之间的垂直竞争问题。如果税收资源没有明确划分而聚在一起，那么联邦制度下联邦政府与州政府之间

---

① Richard E. Wagner：*Rationality，Political ecomomy，and fiscal responsibility：westling with tragedy in the fiscal commons*，pp：261 – 277，Constitutional Political Economy，Vol. 23，NO. 3，ISSN：1043 – 4062，2012.

② 曼瑟·奥尔森：《经济学第二定律》，载盛洪主编：《现代制度经济学》（上卷），北京大学出版社 2003 年版，第 353 页。

③ 曾有文献将"the fiscal commons"译为"共同财政"，似乎不能表达其原义，见王峥、秦林军：《新财政联邦主义理论评述》，载《昆明理工大学学报》（社会科学版）2009 年 8 月第 9 卷第 8 期。

④ 埃莉诺·奥斯特罗姆：《公共事物的治理之道》，上海三联书店 2000 年版，第 275 页。

⑤ Christopher Berry：*Tragedy of the Fiscal Common？：Fiscal Stock Externalities in a Leviathan Model of Federalism*，pp：802 – 820，American Journal of Political Science，Vol. 52，NO. 4，ISSN：1540 – 5907，2008.

必然产生税收竞争。他证明，联邦制度下利维坦政府的财政公地问题较之于单一制下利维坦政府的财政公地问题更加广泛。当然，他也认为财政工地的财政消费有政治稳定的积极功能。

## 二、新制度经济学在财政联邦主义理论中的应用

实践表明，仅仅立宪约束是不够的，它不能使均衡的初始制度安排在实施过程中始终保持政策的一致性。新制度经济学的分析方法考察了从初始的制度选择到制度实行结果这一过程的制度安排。该方法借鉴新制度经济学、信息经济学中的委托代理理论和机制设计理论，强调信息不对称的重要作用，认为一套为公共决策者带来激励与约束的制度，能够让公共官员为他们的决策行为负责。因其强调制度在维持市场经济的效率和发展中的作用，被称为"市场保护型联邦主义"。

### （一）市场保护型联邦主义的制度安排

加布里埃拉·蒙廷诺拉、钱、巴里和温格斯特等[1]用五个条件描绘了一个市场保护型联邦主义的理想化的制度安排。这五项条件分别是：第一，政府层级的边界是可描述的，因而各级政府都在自己的权威范围内自主地管理；第二，地方政府在其辖区内拥有主要的经济权威；第三，中央政府有管辖共同市场的权威以确保商品和生产要素在地方政府的辖区之间流动；第四，政府间收入分享是有限的，政府借款是有约束的以便使所有政府都面临硬预算约束；第五，权威和责任的配置具有制度化的可持续性以使其不能由中央政府单方面地或者在地方政府压力下给以改变。

财政联邦主义的这个理想化制度安排，目的之一是限制政治制度对市场的侵蚀。这除了政府职责权力边界清晰（第一个条件）外，还需要其他四个条件。从保护市场激励机制来看，中央政府的对市场的权力限制在维持区域间共同市场（第三个条件）以及提供不应由地方性政府提供的全国性公共物品上。条件三非常重要，因为中央政府只有一个，而地方政府却有很多。辖区间竞争

---

① Yingyi Qian and Barry R. Weingast：*Federalism，Chinese Style The Political Basis for Economic Success in China*，pp：50－81，World Politics，Vol. 48，NO. 1（Oct. 1995）.

是对各地方政府自由裁量权的自然限制。只有辖区间没有贸易壁垒并且整个国家形成一个共同市场，辖区间竞争才会有效。没有条件三，地方政府就会成为事实上的中央政府，因而无法确保其不侵犯市场的承诺是可信的。第二个条件是对第三个条件的加强，因为没有第二个条件，地方政府受中央政府自由决策的控制，那么中央政府将侵犯并且干扰联邦制度。第四个条件包括两个部分，一是财政收入在政府间的转移，二是从金融机构的借款。硬预算约束限制税收和财政均等化，尤其是温和赠予。金融渠道的硬预算约束限制了其向资本市场和中央银行借款。条件四对于中央和地方政府都适合。它使地方政府的收入与其经济繁荣联系在一起，其财政问题是其本身的问题，因而将激励地方政府对自身的财政健康负责。否则，地方政府将会逃避其财政问题，他们将没有激励去担心其选择结果。硬预算约束对中央政府的限制部分是因为软预算约束下，中央政府会通过使用货币权力来逃避对其权威的限制。条件五使中央政府能够有一个可信承诺，是对其自由行使的权力的一个限制。这是说，仅仅分权是不行的，还必须使分权脱离国家权力的自由控制。条件五是个实施问题，因而是关键问题。

中央政府与地方政府之间的权力制衡是重要的，绝对的集权或绝对的分权都不可能解决权威对市场的侵犯。是否是法律基础上的联邦无所谓，关键是看这五个条件是否具备。

麦金农（McKinnon）[①] 探讨了温格斯特关于硬预算约束这一条件的重要性。他指出，最关键的问题在于货币权和财政权的分离。在联邦体制中，如果中央政府控制着通货，那么地方政府在财政工具的使用方面将会面临约束，因而不能随意地制造货币化的债务。麦金农指出，美国的州和地方政府为其投资方案进行了大量的债务融资。对于长期性投资项目来说，这种分期偿还的方式具有很好的经济意义。然而，地方政府并不是通过公共资源进行债务融资的，而是像私人借款者那样在私人信贷市场上从事借贷活动，通过客户信贷等级和财政绩效监管的其他形式，这些市场本身会促使财政当局以一种负责任的方式

---

① Wallace E. Oates 对麦金农观点的论述，Wallace E. Oates：*An Essay on Fiscal Federalism*，pp：1120–1149，Journal of Economic Literature，Vol. 37，NO. 3，（Sep. 1999）.

行事。在硬预算约束的环境下，这些市场使得地方政府的财政行为遵循着相应的财政纪律。

（二）约束中央政府行为的制度安排

中央政府的权力缺乏约束，便会通过手中掌握的权力攫取经济租金。

有什么力量能够最有效地制约国家的自利行为？诺思提出的一个制约国家追求近期利益目标的因素是：统治者是否存在竞争对手。如果存在竞争对手，统治者就会使选民的收入更多的留在选民自己手中，这无疑是刺激选民生产性努力的规则。这给我们带来一个启示：刺激生产性努力需要产权的明晰化，而确保产权明晰化及稳定性不仅可以通过选民对国家权力进行有效的约束获得，还可通过外来的约束，即使统治者面临一个竞争对手而获得。诺思说："哪里不存在势均力敌的替代者，哪里现在的统治者就好似一个暴君、一个独裁者或一个专制君主。替代者越是势均力敌，统治者所拥有的自由度就越低，选民所保留的收入增长的份额也就越大。"[1]

诺思与温格斯特通过考察十七世纪英格兰治理公共选择制度的演进过程，对民主的经济增长作用进行了经验研究[2]。他们指出，国家拥有矛盾着的双重目标：从社会中榨取最大剩余的短期目标；提供一个有利于长期增长的结构，以便在长期中获取最大化收益的长远目标。如果最高统治者的权力没有可信的约束，他便有可能为了眼前的利益改变产权规则。最高统治者越有可能为他或她自己的利益改变产权，预期的投资回报就越低，对投资的激励也就越低。不仅如此，最高统治者任意所为，还是导致社会革命的导火线。他们分析说，17世纪早期，财政需求导致"专制"政府层次增加，实际上是按照最高统治者的喜好重新定义权力来剥夺财富。斯图亚特王朝先是通过出卖王国的土地赚钱，在土地出卖完了之后，又采取缺乏履约保证的借款以及干扰现有利益结构的经营权专卖、直接增加收入的爵位出售，甚至使用了让一些人可以不受法律约束的豁免权销售等手段赚钱。最终，不仅约束了投资增长，还引起了国内

---

① 诺思：《经济史中的结构与变迁》，上海人民出版社1994年版，第27页。
② 诺思、温格斯特：《宪法与承诺：17世纪英格兰治理公共选择制度的演进》，载诺思等：《制度变革的经验研究》，罗仲伟译，经济科学出版社2003年版，第170页。

战争。

他们通过实证研究得出的结论是：要保证最高统治者将目标锁定在长期利益目标上，刺激经济增长并且保持国内稳定，统治者必须对遵循权力规则做出可信的承诺。而确保英国统治者承诺可信的条件是 1688 年"光荣革命"建立了一套能够约束最高统治者行为的规则。这个规则将最高统治者国王置于议会的监察之下。这是强迫统治者遵守规则的有效制度安排，其结果是产生了前所未有的金融革命。票据贴现规模有了相当程度的增长：1699 年 6 月 13 日到 30 日，8534 英镑；6 月 27 日至 7 月 4 日，14000 英镑；到 1730 年，平均数的日规模超过了 1 万英镑；到 1760 年，超过 10 万英镑的日子已经很多。同时，他们还有数据证明，处于流通中的票据和支出款项也有同样不俗的业绩。

（三）转移支付制度与约束地方政府行为的制度安排

转移支付制度，通常采取两种形式：一种是附加条件的补贴，即对这种补贴的使用附加了各种限制条件；另一种是无条件补贴，也称一次性转移支付，可以由接受补贴的单位任意使用。理论分析认为，在那些地方性公共服务的供给会给其他辖区的居民带来收益的辖区，应该采取按比例补贴的形式进行附加条件的补贴。比例份额应该反映溢出程度，这有利于溢出收益内部化。无条件补贴是财政均等化的重要手段。这类补贴的目的是将资金从相对富裕的地区转移到相对贫穷的地区。这种转移支付的数量是根据各个省、州和地方政府的财政需求和财政能力确定的，一般来说，财政需求最大财政能力最小的辖区会享受到最多的转移支付。

尽管政府间的补贴是财政分权体制下政府间联系的重要手段，承担着解决区域公共产品外溢性的重要功能，有着重要的意义，但均等化绝不是财政联邦制的必然特征。从效率的观点来看，一些观察者将政府间补贴看做是较贫穷的辖区与较富裕的辖区进行有效竞争的重要手段；另一些观察者认为，财政均等化可能妨碍了必要的区域协调，而这些协调可以促进相对贫困地区的发展。欧茨在财政联邦主义文献综述中，谈到了麦金农（McKinnon）的观点。[①] 麦金农

---

① Wallace E. Oates：*Reviewed*：*An Essay on Fiscal Federalism*，pp：1120 – 1149，Journal of Economic Literature，Vol. 37，NO. 3（Sep. 1999）.

认为，二战后美国南方经济复苏得益于相对较低的工资水平和其他成本的低水平，正是因为低工资、低成本的吸引力，最终导致了南方经济的繁荣。因此，财政均等化实际上妨碍了相对贫困地区的发展，因为它阻碍了因成本差异而引起的必要的资源跨区域流动；且财政均等化有重大的政治影响，比如，意大利的民众对大规模持续地向相对贫困的地区进行转移支付产生了厌恶情绪。既然一个有财政困难的地方政府一定能够得到其他政府的资助，那么，政府间的补贴资金就会成为公共池塘资源，所有的理性的地方官员都有强烈的动机去争取政府的财政资金，这便形成了政府补贴支出的内生性扩张压力。

解决财政公地问题的关键是地方政府的预算硬约束。通过转移支付，虽然可以实现中央对地方财政风险的分担，但也可能直接导致典型的道德风险问题。如果地方政府始终预期中央政府会对其施行救助，也许就会削弱其在面对经济冲击时采取结构调整等积极措施的激励，甚至会故意采取造成财政困境的举措。王峥，秦林军转述了 Kornai 和 Wildasin 的观点①，2003 年 Kornai 认为，中央官员基于两个考虑不得不弥补地方赤字，一是地方政府的破产会导致地方居民的福利遭受损失，二是担心失去该地区选民的选票。Wildasin1997 年指出允许一个地方政府破产所造成的社会经济影响太大，因此政治经济影响越大的地区，越是可能获得救助，这与银行业中"太大以至不倒"的原理极为相似。

（四）约束中央与地方政府行为的两难困境

De Figueiredo、Weingast 等②研究了 Ricker1964 年强调的联邦制度的自我运行面临着两个困境：困境 1，如何阻止中央政府过度震慑有选举权的单位而破坏联邦制度？困境 2，如何阻止拥有选举权的单位通过"搭便车"或其他使合作失败的方式破坏联邦制度？困境 1 和困境 2 相互联系构成了两难困境，解决一个困境的方法手段将加剧另一困境。一个微弱的中央政府会引致地方政府的搭便车行为以及形成封闭的"公爵领地"式经济（我们常说的诸侯经济），

---

① 王峥、秦林军：《新财政联邦主义理论评述》，载《昆明理工大学学报》（社会科学版）2009年8月第9卷第8期。

② Rui J P de Figueiredo Jr；Michael McFaul；Barry R Weingast：*Constructing Self-Enforcing Federalism in the Early United States and Modern Russia*，pp：160 – 189，The Journal of Federalismvolume，Vol. 37，NO. 2，ISSN：0048 – 5950，2007.

其至可能使中央政府失去控制能力并破坏国家统一。如果中央政府权力过大，它就会破坏地方政府的独立性、榨取地方租金、阻碍支撑积极的联邦经济效果的州际间竞争。如果地方政府的权力约束不当，则会出现地方政府不负责任的搭便车行为，结果破坏联邦制度的运行。

他们通过研究指出，可持续的联邦制度需要中央政府和地方政府之间的充分合作。要使联邦制度生存，就必须解决这两难困境。解决这两个困境的关键，是所制定的联邦制度规则对各级政府官员来说都能够自我实施，即所有政府官员都有激励去遵守这些规则。因此无论是理论分析还是联邦制度的存续都要求研究能够使政府官员遵守制度的激励机制。这要求在两个困境之间描绘出一个精致的均衡才能保证自我实施机制的稳定。

这种中央和地方关系之间的两难处境不仅仅只在联邦国家存在，在单一制的国家也存在。它实际上是所有国家能否自我稳定面临的同样问题，是任何国家或各级政府之间都存在着的两难困境。解决这个悖论要求通过上下级政府之间的纵向分权建立起一种相互制衡的机制。在缺乏相互制衡时，无论是上级还是下级政府都可能会产生机会主义行为。只有建立起相互制衡的机制，一个国家或政权才能持续和高效地运转。

### 三、财政联邦主义研究范围的扩展：环境联邦主义和实验联邦主义

财政联邦主义不仅把分权的目标由一元的经济目标扩展为多元的政治目标，还把环境目标纳入其中，因而产生了环境联邦主义。环境问题应该实行集权式的管理，这是因为由中央统一治理环境，可解决环境公地悲剧问题并获取全国性的规模经济收益。而地方政府不仅不能解决好环境问题，反而会在地区间环境规制方面进行扑向低层的竞争（Race to the Bottom），造成环境的恶化。因为追求地方利益的地方政府面临具有流动性的制造业和商业活动，担心改善环境会增加企业的生产成本，引起资本流向其他低环境标准的地区而便本地区收益流失。因此应由中央政府对环境事务统一进行管理，纠正由污染外部性引起的政府失灵。

实验联邦主义起源于美国 1996 年福利改革。这次改革逆财政联邦主义的

指导方针而行，将贫穷救济的责任重新划归州政府，但这一改革并不成功。实验联邦主义（Laboratory Federalism）就是在认识到现存联邦公共计划的失败之后，想利用各州作为实验室来寻找有效的联邦公共计划而出现的新发展。虽然目前尚缺乏真正关于实验联邦主义的理论来组织思想和指导实证研究，但这一发展倾向在探索公共政府方面提供了一条很有意义的路径，必将为理论创新提供契机。

# 第三节　财政分权理论的启示

前两节对以财政联邦主义理论为核心的财政分权理论进行了阐述。本节将简单地对理论研究主题中关于职能划分、财政工具分配、转移支付（政府间补贴）以及针对政府行为的相关制度安排的标准进行概括，以期对实践提供参照。

## 一、政府间职能划分与财力分配

### （一）政府间职能划分及其原则

根据马斯格雷夫在他的《公共财政学原理》中对政府财政职能的划分及分析，宏观经济稳定与收入再分配职能应由中央负责，而资源配置职能则应由地方政府负责，这样可以根据各地区居民的偏好不同而进行有差别的资源配置。

特里西、欧茨的理论也都显示了相同的观点。他们认为：地方政府缺乏经济稳定职能所需的财力和货币政策工具（如发行货币、调整利率），没有对主要税种的制订权和调整权，也没有自主的借债权，因而不适合承担宏观经济稳定的职能；经济主体的流动性和地方经济的开放性使地方政府无力执行收入分配职能和宏观经济稳定职能；经济主体的流动性使地方执行收入再分配政策将会产生穷人驱逐富人效应；地方经济的开放性使地方政府的宏观调控政策无法发挥作用；所以宏观调控及公平实现由中央政府执行，资源配置职能主要应由地方政府负责。

提供公共物品和服务，是政府配置资源的重要职能。地方政府是地方公共物品和服务的提供者，因为不同地区居民对公共物品和公共服务有各自不同的偏好。地方政府比中央政府能够更好地了解本地居民偏好，也能够将本地税收与居民从公共物品与公共服务的获益切实结合起来，不像中央政府那样存在偏好误识。

然而，地方政府的财政分权又受到许多因素的制约。其中最主要的因素是公共服务供给的规模经济和范围经济、辖区之间的外部性、各国辖区经济发展状况所决定的自有收入差别导致的财力不同、各辖区服务能力不同而产生的公平问题、支出和税收竞争可能带来的不良后果等等。因此，有些职能应当由中央与地方政府共同分担。

属于中央政府职责的，一般是那些受益范围为全国性的公共产品，如国防、外交、货币发行、财政政策协调、地区平衡和全国性交通。

凡明确清晰的本地化职能由地方政府承担。市、县级政府主要负责本地居民的生活服务性事权和一部分经济服务性事权，其核心职能和活动，也是几乎所有国家地方政府都负担的活动，具体包括：县内的小型基础设施建设和管理、农田水利设施、农村及城镇道路、消防、公园、游乐场所、娱乐及文化活动设施、垃圾回收和处理、地方法规的执行、营业执照、土地使用规划与控制、下水道、自来水供应和卫生服务。省政府的经济服务性职能主要是对跨县市的基础设施建设，包括公路建设、农业等基础设施的管理。一些具有规模经济的职能和具有外部性的职能由中央政府承担或者中央与地方政府共同承担，这些职能有：电力、天然气、学校、基础教育、卫生防疫、社会资助、社会保险等等。

当一些职能划分出现选择困难时，按照财政联邦主义的"分权定理"来处理——将职能安排给最底层的具有良好绩效的政府来完成。这一分权方法被欧盟称为明细分权原则。

（二）财权划分

财权的核心是税权，政府间税权的划分准则是税种分配与政府履行的职责相匹配。为了落实财政职能在各级政府之间的划分，应该赋予各级政府相应的税收管辖权，让各级政府自己负责为本地的财政支出融资，这样才能使得各级政府的财政权力和支出责任对等，防止中央或地方政府行使财政职能时不负责任，从而向上级或下级政府转嫁财政赤字风险，或者绕过法律约束，寻找非正规税收收入来源，导致财政秩序混乱。

从规范角度而言，传统联邦主义理论的财政工具划分准则，基本可以概括为：与稳定国民经济收入再分配有关的税种、税基流动性大的税种和具有全国意义的政策性税种划归中央；非流动性的、非再分配的、非周期性的和不可转嫁的税种由地方政府征收。

按照这样的要求，公司所得税和累进的个人所得税划归中央。因为公司利润随经济周期波动比较大，而个人所得税的累进税率有调节收入以达到公平目标，又有调节收入增长以实现自动稳定功能的双重效应，所以，应将这两种税收划归中央。

地方政府更适合拥有对宏观经济条件不敏感的收入来源。财产税是最适合于地方政府的税种，其税基是土地及其上的建筑物以及居民的其他财产。它是不可移动的，税源比较稳定，地方征收起来也很容易。最为重要的是，人们普遍认为财产税在地方公共收益和地方公共成本（税负）之间有着明晰的关系，是典型的受益税。蒂布特"用脚投票"理论揭示的就是这种关系，人们在权衡纳税与享受的公共服务给自己财产带来的增值之间关系的基础上，决定进入或退出一个社区，因此产生了居民在社区之间的流动。地方政府则通过提供公共设施和公共服务，提升社区内财产价值，为自己扩充税基，增加政府财政收入。

增值税是销售税的一种重要的形式，是否适合地方征收是一个存在争论的问题。当地方确定税率时，地方税率的差异如果太大可能会影响消费者选择和公司办公地点的决策，特别是辖区比较小且与其他辖区相邻时，消费者可能会花费非生产性交通费用去其他辖区购买税率较低的商品；生产者也可能考虑税率问题而选择非最优的办公地点，这会增加这类税收的征管费用。这种税收可以作为中央税或者中央与地方共享税。

营业税通常是属于地方政府的税种，是针对商业活动所征收的税。可以根据财产价值、租赁价值、营业面积、存贮能力和总收益等征收营业税；还可以根据业务种类或活动种类征收，如开业税、执照税。这类税收的征税依据具有非流动性，适合地方政府征收。

适合地方掌握的财政工具，按照同样的原则在省与县市政府之间分配。市县财政的税种包括一般销售税、消费税和财产税、城市维护建设税、车船使用税、印花税、土地增值税、遗产及赠与税、教育税和契税等流动性较低、信息要求较细、适宜由基层掌握的税种。省级政府适当集中财权和财力，提高中观调控能力，主要负责本省内资源配置的职能、具有宏观性的与收入再分配有关的事权和主要的经济服务性事权。与此相适应，将营业税、社会保障税、环保税等涉及社会结构调整和环境改善方面的税种划为省级税收。

（三）转移支付制度是政府间财政关系的重要方面

从规范研究的角度出发，转移支付有着无可替代的经济目的和政治目的。其中经济目的是通过转移支付矫正辖区间公共产品和公共服务的溢出效应，以保证公共产品和公共服务的提供效率。另一个目的是弥补支出责任与收入之间的差额。第三个目的是实现财政的横向均等化。满足这三个目的的两种转移支付方式，附加条件的补贴和无条件补贴，都要求政府确定具体的可评价的标准，包括明确清晰的拨款目的、外部性的程度评估核算、各地方政府收入支出能力的估算以及收入和支出需要的估算。在这些基础上确定的资金分配，应该具有不可协商性、对所有人的透明性、有明确的可问责性、保证地方有效使用拨款的自主权性等特性。

## 二、规范政府行为的制度安排

第二代财政联邦主义理论将信息经济学、新制度经济学和政治经济学用于对公共经济的研究，改变了传统财政分权理论以公共产品生产效率问题为主流分析路线，转变了对政府动机和行为的基本观点。中央与地方政府从充满慈爱的大公无私的社会福利最大化者转变为为了实现个人利益目标——权力、地位、金钱、特权而追求政府预算最大化的"经济人"。

理论的新扩展展现了地方政府与中央政府之间的纵向竞争、政府预算约束软化以及其他监督机制不足而诱发的政府机会主义动机、政府对经济市场的掠夺、追求个人利益和地方利益的个体理性行为所酿成的财政公地悲剧等等。同时，理论的扩展也提供了解决这些问题的制度安排。

第一，民主政体是一种与市场经济稳定增长相一致的政体。虽然独裁也有可能推动经济增长，但奥尔森揭示，因为健康、寿命及其他因素所导致的权力动摇，会使独裁者目光短浅，这就会出现经济增长的极大不稳定。当一个独裁者拥有相当短的时间视野时，就会经常违背承诺，没收他的臣民的财产、废除与臣民所签署的借款契约，此时，便引起经济衰退。一个保护个人权力的民主政体，是最有利于经济的持续增长的政体，因为它能使个体拥有最大限度的发展经济的权力，并且确保这个权力不会轻而易举地被统治者（政府）剥夺。

第二，加强民主制度的实施效果必须重视投票制度的安排。大众投票制度、代议制投票制度对政府的机会主义约束程度是不同的，前者的约束效果最好，后者约束下更容易出现腐败。但是广泛的参与也会降低决策效率，因此在投票制度的安排上需要根据经济文化条件和历史条件进行权衡。但政治市场的选票机制是不可缺少的，这是减少"政治扭曲"、打破政府之间的财政协调而形成的政治家和政党联盟的重要手段。西方的实践已经证明，不同的选举体制在抑制政府官员的寻租方面，至少在统计数据上存在较大差异。在可追溯的投票体制下，投票者用手中的选票对政府官员过去的表现，问责直接淘汰政绩拙劣的官员。这种类似于经济市场上消费者货币选票的淘汰机制，形成了一种压力，或者说是一种可信的威胁，将政府官员置于政治竞争之中，对政府官员可能的寻租行为构成一种有效的约束。

第三，宪法制度是减弱政府直接控制的有效的制度装置。政府是一个垄断性机构，一个利维坦，不断增加对社会经济资源的榨取来扩大自身规模是其内在机制。因此，限制政府的垄断权力或者说限制政府制度权威，需要建立树于国家、政党之上，置于所有选民之上的宪法制度。托德·桑德勒"个人理性不是集体理性的充分条件"的论断和曼瑟·奥尔森"无论每位个体如何努力追求自己的利益，社会的理性结果最终不会产生"的论断以及历史经验，都显示了"个人理性与集体理性的冲突"是人类永恒的主题。根源于私人财产权和公共产权及其运行机制冲突的两种理性之间的冲突，打破了政府、政党或个人谁是"大公无私"的神话，使我们无论对哪一类行为主体和评价都落到了实处。换句话说，包括我们自己在内的所有行为主体，都是需要在外在约束帮助下，才能沿着社会利益的要求，选择适当的行动方式，才有可能放弃对手中权威的滥用。

第四，明确划分税权避免"财政公地悲剧"。

"财政公地"是指财政税收成为公共池塘资源，任何政府或利益集团都可从中获取尽可能多的本位收益却让所有社会成员承担成本。所有的政治利益集团都有强烈的动机去争取政府的财政资金，形成了因政府支出的内生性扩张压力而出现的财政赤字或政府债务困境。政府的财政赤字和债务困境既可能是由于地方政府向中央政府索取财政补贴而形成，也可能是由于中央与地方竞争性地从社会中抢占税收而形成。动态环境中自利政府之间的垂直竞争和横向竞争，根源在于税权没有明确划分。就像市场经济中的共有产权一样。置留于公共领域的产权，每个人都有权从中获取收益，都无权阻止他人从中获取收益。个人理性的做法就是尽快、尽量地为个人捞取，即使是"杀鸡取卵"的方式也在所不惜。结果必然是对公共资源的过度滥用而致使其枯竭，因而个人也失去了赖以生存的资源。个人理性最终形成了集体的无理性恶果，又将恶果留给从个人理性出发的个人品尝。产权理论告诉我们，税权必须明确，且用法律的形式固定下来，只有"分定"，才能不争。

第五，应用市场保护型联邦主义制度安排的系统性，避免政府对市场的侵蚀。

中央政府必须以管辖共同市场的权威确保商品和生产要素在地方政府的辖区之间流动。生产要素在地方政府的辖区之间流动与选举制度安排具有同样的约束功能。没有生产要素的自由流动，地方政府之间就没有了竞争，因而可以任意剥夺经济利益，使自己在辖区内成为独立王国。

地方政府管辖辖区内经济事务的权力应有法律规定，以防止中央政府随意削弱地方政府的自主权力而使自己膨胀为至高无上的权威垄断者，从而以任意行为方式侵犯市场。

政府层级的边界的可描述性，既能确保各级政府都在自己的权威范围内自主地管理，又能实现各级政府之间权威的相互制衡。权威和责任的配置制度化，则是在动态环境中保证双方的职责边界的可维护性、以便使其不能由中央政府单方面地或者在地方政府压力下给以改变的条件。

第六，硬预算约束的实现所需要的条件。

实现硬预算约束，关键在于货币权和财政权的分离。控制通货权力的机构应有相对的独立性，不应被中央政府随意利用，也不应使地方政府能够随意制造货币化债务。各级政府在财政工具的使用方面应面临约束，地方政府不可通过公共资源进行债务融资，而应像私人借款者那样在私人信贷市场上从事借贷活动。通过客户信贷等级和财政绩效监管的其他形式，用这些市场本身的机制去约束财政当局以一种负责任的方式行事，使得地方政府的财政行为遵循着相应的财政纪律。

另一约束地方政府财政行为的条件是转移支付制度，转移支付制度没有明确的评估标准，就会使地方政府产生中央政府对其救助的预期，削弱地方政府在面对经济冲击时采取结构调整等积极措施的激励，导致典型的道德风险问题。

第七，潜在竞争对手的存在，是约束政府行为的一个重要机制。诺思提出的一个制约国家追求近期利益目标的因素，是让统治者面临一个竞争对手。替代者越是势均力敌，统治者所拥有的自由度就越低，选民所保留的收入增长的份额也就越大。选举制度只给政府官员以个人被淘汰的威胁，政府机构破产制度也可以给政府机构被取代的威胁，这是个尚未怎么实施也尚未有可观研究的领域。

随着经济社会的不断演进，需要对新出现的问题进行制度研究。比如环境问题。实验联邦主义启发我们，可以用实验的方式去研究环境治理责任的划分及其效果。

▶| 第三章　CHAPTER 3

# 地方政府间财政关系的
# 国际经验

◇　地方政府职能与收支划分的国别实践

◇　地方政府职能与收支划分以及纵向
　　转移支付制度安排的国际经验

◇　地方政府间财政均等化的美国经验

从各国政府间关系的国际比较中可以看到，各国政府间在教育和医疗卫生等特殊的公共物品和服务提供上的职责划分有着很大的差异；在转移支付制度和对地方政府的激励约束制度的安排上，不同的国家也各有特点。虽然无法找出一个能够被广泛推崇的、最优的政府间关系及约束这些关系的制度安排，但从丰富多样的具体实践中，寻找判断与选择这些安排上被广泛接受的标准，从而给决策者提供实例参照和指导上而言，仍然有着重要的意义。本章还关注以美国为主的西方国家地方政府之间的财政关系，总结其地方政府之间自主进行的财政均等化经验，以及州（省）政府对基层地方政府财政运行所实施的监督机制。这些都为中国地方政府财政问题的解决提供了宝贵的经验。

## 第一节　地方政府职能与收支划分的国别实践

地方政府分担着许多政府经济职能。因为各地居民偏好、公共产品供给成本、公共物品的提供效率可能大不相同。为了使社会总福利水平最大化，各地公共物品的供给水平应该视当地情况的不同而有所变化。由此可以引申出各种支持分权化的理由：地方政府贴近民众，能够为其选民量身定做某些满足其特殊偏好的公共物品和服务，所以，公共物品和服务分权化提供方式比集权化的提供方式更能够促进经济福利提高；有助于提高政府的反应能力并强化问责制；公共物品分权化提供引起地方政府间竞争，推动创新，进而降低行政费用，提高政府绩效等等。因此，将政府职能安排给最底层的具有良好绩效的政府来完成，成了公认的分权逻辑，被有关财政联邦制的文献正式称为"分权定理"。但财政联邦主义的"分权定理"是一个具有一般意义的指导规则，并没有精确地描绘出每一级政府所应提供的公共物品和服务的种类。实践中，政府经济职能的划分在各国形成了不同的特色。

表 3-1        部分国家地方政府 2006 年地方政府总支出的比重

|  | 澳大利亚 | 加拿大 | 丹麦 | 德国 |
|---|---|---|---|---|
| 一般公共服务 | 24.44 | 8.67 | 6.06 | 14.60 |
| 公共秩序和安全 | 2.59 | 9.15 | 0.27 | 4.54 |
| 教育 | 0.39 | 44.19 | 12.94 | 16.21 |
| 卫生健康 | 1.08 | 1.53 | 20.37 | 0.19 |
| 社会保障 | 5.76 | 5.54 | 51.51 | 33.27 |
| 住房和社区设施 | 13.68 | 7.81 | 0.39 | 6.41 |
| 娱乐、文化和宗教 | 15.72 | 6.91 | 2.73 | 6.03 |
| 经济事物 | 26.69 | 13.23 | 4.74 | 11.35 |
| －燃料和能源 | 0.06 | 0 | 0 | * |
| －农业、森林和渔业 | 0.25 | 0.20 | 0 | * |
| －交通和通讯 | 21.49 | 11.61 | 2.77 | * |
| 环境保护 | 9.54 | 5.93 | 0.93 | 5.68 |
| －%10亿（各国的国内货币） | 22901 | 120680 | 94584 | 213017 |
| －占合并政府支出的比例 | 6.67 | 18.84 | 64.53 | 15.78 |
| －占 GDP 的比例 | 3.55 | 9.64 | 36.90 | 7.33 |

注：上表是根据国际货币基金组织 2007 年政府财政统计年鉴中的数据计算得出的。
*表示资料缺乏。

表 3-2        地方政府各项支出占各级政府该项总支出的比重

|  | 澳大利亚 | 加拿大 | 丹麦 | 德国 |
|---|---|---|---|---|
| 一般公共服务 | 14.82 | 12.34 | 30.91 | 17.33 |
| 公共秩序和安全 | 3.54 | 34.63 | 9.11 | 20.60 |
| 教育 | 0.175 | 50.59 | 55.52 | 28.71 |
| 卫生健康 | 0.43 | 1.54 | 98.55 | 2.23 |
| 社会保障 | 1.40 | 3.48 | 78.85 | 11.24 |
| 住房和社区设施 | 33.25 | 69.30 | 26.78 | 48.68 |
| 娱乐、文化和宗教 | 40.82 | 51.10 | 58.19 | 70.53 |
| 经济事物 | 14.72 | 28.41 | 45.14 | 24.99 |
| －燃料和能源 | 0.26 | 0 | 0 | * |

| | 澳大利亚 | 加拿大 | 丹麦 | 德国 |
|---|---|---|---|---|
| －农业、林、牧、渔 | 1.19 | 5.31 | 0 | ＊ |
| －交通 | 24.17 | 48.83 | 53.84 | ＊ |
| 环境保护 | 45.50 | 67.65 | 57.46 | 83.55 |
| 总支出（百万美元） | 22901 | 120680 | 94584 | 213017 |
| －占合并政府支出的比例 | 6.67 | 18.84 | 64.53 | 15.78 |
| －占 GDP 的比例 | 3.55 | 9.64 | 36.90 | 7.33 |

注：上表是根据国际货币基金组织的 2007 年政府财政统计年鉴中的数据计算得出的。
＊表示资料缺乏。

表 3-1、表 3-2 反映了澳大利亚、加拿大、丹麦和德国四国地方政府支出占 GDP 的比重、占全部政府总支出的比重以及地方政府财政支出的范围和结构。这些数据体现出这几个国家地方政府的规模、地方政府在政府总体中的地位，也体现了地方政府的职责范围，以及各项职责在地方政府职责中所占的地位。

## 一、澳大利亚地方政府支出责任与收入来源

（一）澳大利亚地方政府的支出责任

澳大利亚地方政府从州政府中产生，宪法没有对地方政府作出相关规定。地方政府的职责和创收也由州政府决定，从表 3-1 地方政府分项支出占地方政府总支出的比重中，可以看出澳大利亚地方政府的支出数额与支出模式。从数字上看，政府的规模很小，其总支出占政府总支出的 6.67%。从支出结构上看，澳大利亚的地方政府的活动被局限在最基本的地方政府活动上，主要包括道路、休闲娱乐、废物处理、住宅以及地方活动的监管。一般公共服务占地方政府总支出的 24.44%，道路交通支出占地方政府总支出的 21.49%，休闲娱乐和宗教占 15.72%，住房和社区设施支出占 13.68%，环境保护占 9.54%，社会保障占 5.76%。

从表 3-2 地方政府各项支出占各级政府该项总支出的比重可以看出，澳大利亚地方政府的上述主要支出在政府同类总支出中所占的地位。其中，一般公共服务占各级政府该项总支出的 14.82%，道路交通支出占该项总支出的 24.17%，休闲娱乐和宗教占该项总支出的 40.82%，住房和社区设施占该项总支出的 33.25%，环境保护占 45.50%，社会保障占 1.40%。从这个数字上看，澳大利

亚地方政府在各级政府公共职能中的重要作用，主要分布在环境保护、休闲娱乐宗教、住房及社区设施建设等方面，在这几项职能上发挥着重要的作用。

我们也从中注意到，澳大利亚地方政府在教育、医疗卫生、社会保障和福利方面发挥的作用很小，占其总支出的比例只有7%左右；如果从这三项支出占该项全部政府支出的比例上看，其作用更小，几乎可以忽略不计。地方政府在教育方面的支出占政府在该项总支出的比例仅为0.175%，在卫生健康方面所承担的支出比例仅为0.43%，在社会保障和福利方面所承担的支出比例仅占政府该项总支出的1.4%。

（二）澳大利亚地方政府收入

财政收入由各级政府所承担的职能决定，因此地方政府的自有收入应该能够支持其所有职责的支出要求。但是，因为地方政府的职能行使往往存在着外部效应，上级政府往往需要对这些外部性进行补偿。所以，地方政府的自有收入往往少于其常规的支出，而差额则通过转移支付来弥补。转移支付在地方政府的总收入中占1/3的比例是很常见的情况。就自有收入来说，各国都有很大的不同，就如支出责任划分在各国有很大不同一样。

表3-3　　　　　地方政府各项收入来源占地方政府总收入的比重

| | 澳大利亚 | 加拿大 | 丹麦 | 德国 |
|---|---|---|---|---|
| 全部税收 | 38.63 | 39.93 | 50.91 | 41.95 |
| －个人所得税 | 0 | 0 | 46.38 | 15.75 |
| －企业所得税 | 0 | 0 | 0 | 34.11 |
| －财产税 | 38.63 | 37.75 | 3.41 | 5.42 |
| －商品与服务税 | 0 | 0.77 | 0.60 | 2.42 |
| 非税收入 | * | * | 8.1 | 0.13 |
| 捐赠（拨款） | 13.49 | 41.75 | 39.13 | 33.80 |
| 其他 | 47.88 | 18.30 | 8.38 | 22.96 |
| 总收入（百万美元） | 23093 | 106950 | 93327 | 219302 |
| －占政府总收入之比 | 6.35 | 17.83 | 58.38 | 16.84 |
| －占GDP之比 | 3.58 | 8.60 | 36.41 | 7.54 |

注：上表是根据国际货币基金组织的2007年政府财政统计年鉴中的数据计算得出的。*表示资料缺乏。

表 3-3 地方政府各项收入占地方政府总收入的比重中可以看出这些国家地方政府的收入来源。2006 年澳大利亚地方政府总收入为 230930 亿澳元,这年政府总收入为 3637020 亿,地方收入占政府总收入的 6.35%。①

地方政府总收入中来自税收的部分为 89210 亿,占政府总税收收入 2979400 亿的 2.99%,占地方政府总收入的 38.63%。而且,这部分税收收入全部来自财产税。政府拨款部分为 31160 亿,占当年地方政府总收入的 13.49%。非税收入统计资料缺乏,但根据往年统计数据,非税收入占地方政府收入的比重超过 30%,比如 1998 年,该项收入占地方政府总收入的 32.6%,由三项构成:企业和财产收入占 3.0%,规费、销售收入和罚款占 24.3%,其他非税收入 5.3%②。可见,澳大利亚地方政府收入来源主要由三项构成:首先作为地方政府主体税种的财产税是非税收入,再次是政府拨款。

表 3-4    地方政府各项收入来源占各级政府同项来源总收入的比重

|  | 澳大利亚 | 加拿大 | 丹麦 | 德国 |
|---|---|---|---|---|
| 全部税收 | 2.99 | 10.06 | 34.82 | 25.34 |
| －个人所得税 | 0 | 0 | 61.58 | 12.80 |
| －企业所得税 | 0 | 0 | 0 | 51.08 |
| －财产税 | 34.49 | 80.37 | 59.84 | 48.41 |
| －商品与服务税 | 0 | 0.72 | 0.08 | 1.77 |
| 非税收入 | 0 | * | 26.94 | 0.55 |
| 其他 | 16.81 | 20.12 | 8.38 | 50.99 |
| 总收入（百万美元） | 23093 | 106950 | 93327 | 219302 |
| －占政府总收入比 | 6.35 | 17.83 | 58.38 | 16.84 |
| －占 GDP 之比 | 3.58 | 8.60 | 36.41 | 7.54 |

注:上表是根据国际货币基金组织的 2007 年政府财政统计年鉴中的数据计算得出的。

---

① 本人根据《国际货币基金组织的 2007 年政府财政统计年鉴》中,澳大利亚中央、州、地方政府收入加总得出的数据为:269812＋141580＋23093＝434485 亿,这与国际货币基金组织统计的总数 607830 亿澳元不符,且差额很大。如果根据 434485 亿计算,地方政府收入占总收入的比重有所下降,为 5.32%。这表明数据的统计是有出入的,将其作为一个大概的情况看待比较合适。数据统计也很不完全,比如 2007 年国际货币基金组织政府财政年鉴中,美国和日本的政府财政收支统计数据,并没有区分地方政府和中央政府的分配比例,因此无法从中获取可用的分析依据。

② 梅尔维尔·麦克米兰:《地区和地方政府间的财政关系:经合组织五成员国的经验和启示》,载沙安文主编:《地方政府与地方财政建设》,中信出版社 2005 年版,第 29 页。

各国财政总收入是根据当年汇率计算得出的。＊表示资料缺乏。

表 3-4 地方政府各项收入来源占各级政府同项来源总收入的比重。表 3-4 表明，澳大利亚地方政府很小，其收入仅仅占政府总收入的 6% 左右。除了财产税以外，地方政府几乎没有其他的税源。就财产税来说，该项税收收入占地方政府总收入的近 40%，而这项税收收入在澳大利亚政府总税收收入中占比不足 3%，换句话说，澳大利亚联邦政府只将一个占总税收收入不到 3% 的税种划归为地方政府。

## 二、加拿大地方政府支出责任与收入来源

（一）加拿大地方政府的支出责任

加拿大大约有 4000 多个地方政府，其形式包括城市、城镇、村庄以及农村地区的郡和农村市。除了服务于一般目的的市以外，加拿大还有大量目的特殊的地方机构，以及负责学校、治安服务、资源保护区、地方医疗卫生等事务的理事会和委员会。

加拿大地方政府主要负责一些传统的地方服务。地方政府主要负责交通、治安、消防、环境服务，比如供水、污水处理、垃圾收集和处理和休闲娱乐文化等。加拿大地方政府 2006 年的总支出①为 1077.5 亿加元，占当年政府总支出 5719.6 亿加元的 18.84%。其支出项目排序为教育、交通、一般公共服务、住房和社区设施、环保。一般公共服务支出为 93.4 亿加元，占地方政府总支出的 8.67%；公共秩序和安全支出为 98.6 亿加元，占地方政府总支出的 9.15%；教育支出为 43.8 亿加元，占地方政府总支出的 41.19%；卫生健康支出 16.5 亿加元，占 1.53%；社会保障支出 59.7 亿加元，占 5.54%；住房和社区设施建设支出 84.2 亿加元，占 7.81%；娱乐、文化和宗教支出 74.5 亿加元，占 6.91%；交通和通讯 125.1 亿元，占 11.61%；环境保护支出 64 亿加元，占 5.93%。

加拿大地方政府的一般公共服务支出占全部政府该项总支出 756.7 亿加元

---

① 各国地方政府的支出与收入数据皆来源于国际货币基金组织 2007 年政府财政统计年鉴。

的 12.34%；公共秩序和安全支出占全部该项支出 284.7 亿加元的 34.63%；教育支出占全部政府教育总支出 877.3 亿加元的 50.59%；卫生健康支出占全部政府该项总支出 1068.5 亿加元的 1.54%；社会保障支出占全部政府该项支出的 1717.4 亿加元的 3.48%；住房和社区设施支出占总支出 121.5 亿加元的 69.30%；娱乐、文化和宗教支出占各级政府该项总支出 145.8 亿加元的 51.10%；农业、林、牧、渔支出占各级政府总支出 41.4 亿加元的 5.31%；交通支出占各级政府该项总支出 256.2 亿加元的 48.83%；环境保护支出占各级政府该项总支出 94.6 亿加元的 67.65%。

上述数据显示加拿大政府的环境保护、住房和社区设施建设维护主要由地方政府承担，承担的程度接近 70%；交通、教育两项地方政府承担了一半的职能，从世界银行的统计数据上看，另外一半的职能由州政府承担，中央政府在这两项上承担了较小的职责；另外一项地方政府的核心职能是公共秩序和安全，承担着全部政府该项职能的 1/3。

（二）加拿大地方政府收入来源

从表 3-3 地方政府各项收入来源占地方政府总收入的比重中可以看到，2006 年加拿大地方政府总收入为 1069.5 亿加元，占政府全部收入 5997.1 亿加元的 17.83%。全部收入由税收、非税收入、政府拨款和其他收入组成。税收收入 427.1 亿，占地方政府总收入的 39.93%。其中来自财产税的收入为 403.7 亿，占地方政府总收入的 37.75%，占地方政府税收收入的 94.52%，占全部财产税 502.3 亿加元的 80.37%。

非税收入没有统计数字，但 1998 年占地方收入的比重为 17.5%[①]。政府拨款一项占地方收入比重很大，为 41.75%。其他收入 195.8 亿加元，占地方政府总收入的 18.30%。

加拿大地方政府的收入更加简单，由财产税和政府拨款组成，两项总和占总收入的比重为 79.50%，近 80%。

---

① 梅尔维尔·麦克米兰：《地区和地方政府间的财政关系：经合组织五成员国的经验和启示》，载沙安文主编：《地方政府与地方财政建设》，中信出版社 2005 年版，第 6 页表 2。

从表 3-3 地方政府各项收入来源占同项来源总收入的比重中可以看到，加拿大政府把几乎全部的财产税划分给了地方政府，2006 年全国 80% 以上的财产税由地方政府征收。

### 三、丹麦地方政府支出责任与收入来源

#### （一）丹麦地方政府支出责任

丹麦地方政府只有中央和地方两级政府，地方政府有两种机构，分别是郡和市。丹麦共有 14 个郡，275 个地方机构，郡和市是平级的，但任务不同。丹麦的地方政府要求有一定的规模，其标准是能够支持至少 175 名学生入学的初级学校，5000 人口是一个地方机构的下限，大部分的地方机构人口在 5000—50000 之间。郡的规模相对比较大，人口一般都在 200000—400000 之间，设立的标准是要求能够支持中型医院。丹麦地方政府承担着较多的政府职能。郡负责的范围有医院，医疗保险，中级以上学校，残疾人援助和教育，地方之间的交通、环境、规划和发展。市政府负责初等学校、托儿所、儿童健康、娱乐休闲和文化、老人护理（包括家庭护理、日间看护等）、对失业人员提供救济、交通环境保护、供水、污水和垃圾处理、消防和商业规范。

表 3-1 地方政府分项支出占地方政府总支出的比重中可以看出丹麦地方政府的支出模式。2006 年丹麦地方政府的总支出为 5429120 亿克朗，占各级政府总支出 8413230 亿克朗的 64.53%。用于公共服务的支出为 328910 亿克朗，占地方政府总支出的 0.27%；教育支出 702620 亿克朗，占地方政府总支出的 12.94%；卫生健康支出 1105900 亿克朗，占地方政府总支出的 20.37%；社会保障支出 2796730 亿克朗，占地方政府总支出的 51.51%；住房和社区设施支出 21180 亿克朗，占地方政府总支出的 0.39%；娱乐、文化和宗教支出 148240 亿克朗，占地方政府总支出的 2.73%；经济事物支出 257610 亿克朗，占地方政府总支出的 4.74%，其中农林牧渔、燃料能源支出基本为零，道路支出 150460 亿克朗，占地方政府总支出的 2.77%；环境保护支出 50450 亿克朗，占地方政府总支出的 0.93%。

社保、健康、教育三项占地方政府总支出的 85%，这突出体现了丹麦地

方政府的主要职能。

从表 3 - 2 地方政府各项支出占各级政府该项总支出的比重中可以看出丹麦地方政府的上述主要支出在政府同类总支出中所占的比重，这显示了社会各种职能由地方政府承担的程度。

丹麦地方政府的一般公共服务支出占各级政府该项总支出 1064040 亿克朗的 30.91%；公共秩序和安全支出占各级政府该项总支出 162960 亿克朗的 9.11%；教育支出占各级政府该项总支出 1265550 亿克朗的 55.52%；卫生健康支出占各级政府该项总支出 1122180 亿克朗的 98.55%；社会保障支出占各级政府该项总支出 3546990 亿克朗的 78.85%；住房和社区设施支出占各级政府该项总支出 79110 亿克朗的 26.78%；娱乐、文化和宗教支出占各级政府该项总支出 254750 亿克朗的 58.19%；经济事物支出占各级政府该项总支出 570630 亿克朗的 45.14%，其中交通支出占各级政府该项总支出 273610 亿克朗的 54.99%；丹麦政府在经济事务上的总支出十分有限，中央政府独自承担农林牧渔和燃料能源，其支出数额也相当小，分别占中央政府总支出的 0.37%、0.06%；同样，丹麦政府也不重视交通通讯建设，尤其是通讯建设，只有中央政府支 5870 亿克朗，占中央政府总支出的 0.11%。

丹麦地方政府独揽了卫生健康服务，承担了绝大部分社会保障职能，并且在教育、娱乐、文化和宗教、交通等几个职责上承担着近 60% 的职责。这些政府职能在其他大部分国家中属于中央政府的核心职能，就连一般性公共服务职能也承担了 1/3 的总支出责任。丹麦地方政府较之于其他国家而言，是相当突出的强大的政府。

（二）丹麦地方政府的收入来源

2006 年丹麦地方政府的总收入为 5356990 亿克朗，占各级政府总收入 9176830 亿克朗的 58.38%。其中，税收的总数为 2727230 亿克朗，占各级政府总税收 7831690 亿克朗的 34.82%，占地方政府总收入 50.91%。其中个人所得税总额为 2484660 亿克朗，占地方政府总收入的 46.38%，占地方政府总税收收入的 91.11%；财产税 182710 亿克朗，占地方政府总收入的 3.41%。另外一半的收入构成如下：地方政府非税收入 84800 亿克朗，非税收入在地方政府收入中作用不大，占地方政府总收入的 1.58%；拨款一项，地方政府的数额为 2096010 亿克朗，占地方政府总收入的 39.13%；其他收入 44895 亿克朗，占地方总收入的 8.38%。可见，丹麦地方政府总收入中大约一半来自个人所得税，另一半来自于政府的拨款。

这个数据与其他研究者整理的其他年份的数据基本相同，如梅尔维尔·麦克米兰在《地区和地方政府间的财政关系：经合组织五成员国的经验和启示》一文中提到丹麦地方政府的总收入来源"其中 59.9% 来自地方税、40.3% 来自拨款、另有 9% 是其他来源"[①]。

丹麦地方政府总收入 5356990 亿克朗，在各级政府总收入的 9176830 亿克朗中占 58.38%；全部税收收入占各级政府该项收入总额 7831690 亿克朗的 34.82%；个人所得税占各级政府该项收入总额 4034710 亿克朗的 61.58%；财产税占各级政府该项收入总额 305320 亿克朗的 59.84%；商品与服务税占各级政府方式该项总收入 2681300 亿克朗的 0.08%，其余 99.2% 归中央政府所有；非税收入占各级政府该项总收入 314740 亿克朗的 26.94%。

从统计数字上可以看出丹麦地方政府与中央政府在税源分配上的特点。中央政府独揽商品与服务税；地方政府掌握了所得税与财产税的 60%，这两项税收的其余 40% 由中央与地方共享；非税收入一项，地方政府拥有 30%，中央政府获取这项收入的大头；这几项收入占地方政府总收入的 60% 左右，剩余 40% 的地方收入来自中央政府的转移支付。

## 四、德国地方政府支出责任与收入来源

### （一）德国地方政府支出责任

德国是联邦体系国家，有三级政府构成，分别是联邦政府、州和地方政府。地方政府主要包括两个层次，郡和市。郡的总数有 329 个，市的总数大约在 14915 个，还有 115 个不受郡管辖的城镇。德国地方政府不断地进行合并重

---

[①]　梅尔维尔·麦克米兰：《地区和地方政府间的财政关系：经合组织五成员国的经验和启示》，载沙安文主编：《地方政府与地方财政建设》，中信出版社 2005 年版，第 29 页。

组，其目的在于创造适度的地方政府规模以有效地提供公共服务。德国地方政府的职责有三种，委托的、必需的、志愿的。委托职责包括，出生、死亡、婚姻登记、机动车和财产登记、护照管理管理、发放社会援助和住宅津贴、管理公共交通等等，这些职责由地方政府执行，但由委托者联邦政府或州政府给予财政援助。地方政府被要求的职责有学校设施、职业培训、医疗卫生服务、食品监测、托儿所、地方公路、消防、供水、污水、垃圾处理、公墓。地方政府自愿处理的事务：娱乐休闲服务、文化设施、养老院、青年项目、公共住宅、经济发展以及电汽暖等一系列志愿服务。

2006 年德国地方政府的总支出 1664.2 亿欧元，占当年各级政府总收入10544.9 亿欧元的 15.78%。表 3-1 地方政府分项支出占地方政府总支出的比重中可以看出德国地方政府的支出模式。德国地方政府的一般公共服务支出242.9 亿欧元，占地方政府总支出的 14.60%；公共秩序和安全支出 75.5 亿欧元，占地方政府总支出的 4.54%；教育支出 269.8 亿欧元，占地方政府总支出的 16.21%；卫生健康支出 32 亿欧元，占地方政府总支出的 0.19%；社会保障支出 553.6 亿欧元，占地方政府总支出的 33.27%；住房和社区设施支出106.7 亿欧元，占地方政府总支出的 6.41%；娱乐、文化和宗教支出 100.3 欧元，占地方政府总支出的 6.03%；经济事物支出总额为 188.9 亿欧元，占地方政府总支出的 11.35%；环境保护支出 94.5 亿欧元，占地方政府总支出的5.68%。可见，德国地方政府的主要责任范围是社会保障、教育和一般公共服务，三项支出总和占 60% 以上。

从表 3-2 地方政府各项支出占各级政府该项总支出的比重中可以看出德国地方政府的上述主要职责范围内与中央及州政府之间的责任分担程度。德国地方政府的一般公共服务上的支出占各级政府该项支出总额 1401.4 亿欧元的17.33%；公共秩序和安全支出占各级政府该项支出总额 366.5 亿欧元的20.60%；教育支出占各级政府该项支出总额 939.8 亿欧元的 28.71%；卫生健康支出占各级政府该项支出总额 1433.3 亿欧元的 2.23%；社会保障支出占各级政府该项支出总额 4925.9 亿欧元的 11.24%；住房和社区设施支出占各级政府该项支出总额 219.2 亿欧元的 48.68%；娱乐、文化和宗教支出占各级政府该项支出总额 142.2 亿欧元的 70.53%；经济事物支出总额占各级政府该项支出总额 756 亿欧元的 24.99%；环境保护支出占各级政府该项支出总额 113.1 亿欧元的 83.55%。

德国地方政府是环境保护的主角，也担纲负责娱乐、文化和宗教事业。在住房和社区设施建设上担负了一半的责任，同时在公共秩序的安全方面也承担着不可忽视的责任。这些职责大都是没有上级政府强制的，是所谓的由地方政府自愿承担的责任，而不是联邦政府强制地方政府承担的责任。

（二）德国地方政府的收入来源

2006 年德国地方政府总收入 1713.3 亿欧元，占各级政府总收入 10175.7 亿欧元的 16.84%。地方政府的全部税收收入 718.9 亿欧元，占地方政府收入总和的 41.96%；个人所得税 270 亿欧元，占地方政府总收入的 15.75%；财产税 92.9 亿欧元，占地方政府总收入的 5.42%；商品与服务税 41.5 亿欧元，占地方政府总收入的 2.42%；非税收入 22 亿欧元，占地方总收入的 0.13%；拨款 579.1 亿欧元，占地方政府总收入的 33.80%；其他收入 393.3 亿欧元，占地方政府总收入的 22.96%。德国政府的主要收入来源是税收、拨款和其他。个人所得税对地方政府而言微不足道，财产和商品服务税份额也很小。德国中央政府几乎独占了商品服务税，总收入为 1485.5 亿欧元，仅这一项就几乎与地方政府的总收入相当，在中央政府总收入 6758.8 亿欧元中也占比很大，近 22%。非税收入也掌握在中央政府手中，总额为 3832.5 亿欧元，是中央政府总收入的 56.70%。德国地方政府的主要收入来源是税收、政府拨款和其他收入。

地方政府的全部税收收入 718.9 亿欧元，占各级政府该项收入总和 5345.7 亿欧元的 13.45%；个人所得税占各级政府该项收入总和 2108.3 亿欧元的 12.80%；财产税占各级政府该项收入总和 191.9 亿欧元的 48.41%；商品与服务税占各级政府该项收入总和 2345 亿欧元的 1.77%；非税收入占各级政府该项收入总和 4010.8 亿欧元的 0.55%；其他收入占各级政府该项收入总和 771.4 亿欧元的 50.99%。德国地方政府是财产税的主要获得者，其他收入主要是指一些罚没收入等。德国地方政府与其他国家地方政府一样还是政府拨款的主要接受者。

## 第二节　地方政府职能与收支划分以及纵向
## 转移支付制度安排的国际经验

### 一、地方政府职能与收支划分的国际经验总结

#### （一）各国地方政府职能范围与自有收入分配比较

各国地方政府的职责范围在不同的国家中有很大的不同。从地方政府的规模上看，澳大利亚地方政府支出占 GDP 的比例只有 3.5%，而丹麦地方政府的财政支出却占 GDP 的近 37%。其他的发达资本主义国家，如加拿大、德国等国地方政府支出占 GDP 的比重大体都在 8%—9% 上下，美国地方政府的支出占 GDP 的比重也在 9% 左右。

除了各国地方政府规模大小不一外，各国地方政府所履行的职责差别更大。如前所述，澳大利亚地方政府只履行了一些最核心最基本的地方政府职责，如交通通讯、住房和社区居民设施。丹麦地方政府却有着很广泛的政府职责，它不仅履行地方政府的核心职责，还履行在其他国家由中央政府或州（省）政府履行的有着很强的外部效应的政府职责。比如社会福利、医疗几乎全部责任都由地方政府履行，教育、文化娱乐的一半以上的职责也由地方政府完成。加拿大和美国政府有着相同的特点，地方政府的主要职责在教育上。

地方政府的职责与政府间的财政有着密切的关系，如果一国的地方政府承担了较多的政府职责，根据事权与财权匹配的原则，该国就应该给地方政府分配更多的财政收入工具，并辅之以充足的政府间财政转移支付，以确保地方政府有足够的财力履行其职能。

不同国家地方政府执行的职能有很大的差异，相应地，不同国家地方政府所分配到的财政收入来源也有差异。工业化国家的地方政府在多数情况下，只征收一个主要税种，而且大多数是财产税，丹麦等北欧国家和日本则是以个人所得税为主。以个人所得税为主的国家，地方政府的规模比较大，丹麦地方政府的收入和支出都占 GDP 的近 37%，政府总收入的近 60% 都由地方政府掌握和使用。因为丹麦地方政府的职责范围包括了大量的社会项目，就要求有更广

阔的税源，丹麦地方政府得到了全部个人所得税的近50%，在其他国家，这个税种几乎是中央政府的独占税种。德国的地方政府的税收收入在其总收入中占42%，主要来自于所得税，这一方面与丹麦地方政府一样，是少有的主要依赖所得税的地方政府。德国地方政府的另一重要的税收来源是地方的营业税，其地方政府与州政府共享全部营业税的40%①。美国地方政府近40%的收入来源是税收，财产税是地方政府的主体税种。从2005年国际货币基金组织的统计资料中可以看到，财产税中90%以上归地方政府所有。但是，财产税在总收入中占的比重不断下降。早在1902年，财产税收入就占地方政府所有收入的73%②，到1998年，只占地方财政收入的28.4%。商品与服务税在地方政府的收入中有着不可忽略的地位。在三个州中，其比例达到地方财政收入的50%。

（二）地方政府职能与收支分配的基本原则

事权与财力统一的原则。从各国支出分析中可以看出，没有一个放之四海而皆准的支出模式。看来，一个国家的政府职能在进行纵向划分时，不必拘泥于太过严苛的标准，应该考虑本国的历史、文化传统以及当前的经济条件。但是，有一条原则是至关重要的，那就是确保地方政府所承担的职能有一个相应的实施能力，并且有严格的约束以使地方政府的行为规范于其职能范围内并能够有效地实施。承担更多地方职能的地方政府不仅应该拥有税源丰富的税和税基，上级政府还要给予足够的转移支付，如除澳大利亚外的上述各国上级政府转移支付在地方政府支出中所占的比重都在40%左右。

低成本高效率原则。分权的主要好处是发挥地方政府贴近当地民众、更加了解地方条件和当地居民偏好的优势。分权的限制条件则是地方公共物品和公共服务的外部效应，地方政府不能实现规模经济和范围经济；地方政府难以降低决策成本；各地方辖区服务能力不同而产生的地区间的不公平问题；各地方

---

① 这一项在国际货币基金组织2007年地方财政统计年鉴中没有统计，该数据来源于梅尔维尔·麦克米兰：《地区和地方政府间的财政关系：经合组织五成员国的经验和启示》，载沙安文主编：《地方政府与地方财政建设》，中信出版社2005年第1版，第35页。

② John Joseph Wallis：《美国财产税史》，载Wallace E. Oates主编：《财产税与地方财政》，丁成日译，中国税务出版社2005年版，第112页。

政府进行税收竞争可能对经济结构以及宏观经济调整产生不利的影响等。所以，尽管各国有着不同的分权模式，也都能够比较有序地运行，但是分权应该是建立在对这些制约因素的充分考虑基础之上的分权。权衡地方职能或说现有安排可能导致的成本、损失与各种经济利益，是纵向财政分权必须要进行的工作。

受益原则。如同理论分析所揭示的一样，地方政府进行收入分配和宏观经济调控的功能有限，其主要责任在于对市场失灵领域的资源优化配置。在资源配置的领域，有些是由地方政府独立行使的职能，有些是由地方政府与上级政府共同分担的职能，地方政府还经常代替中央政府执行某些职能，因此税收安排的原则之一是受益原则，出发点是地方政府提供那些本地居民愿意分担成本的服务。因此，公共服务所形成的收益与地方支出之间就有相应的联系。只有收益与成本局限于本地辖区之内，才能成为责任追究和负责任的决策制定的一个前提条件，否则容易形成地方政府将成本向辖区之外转嫁的行为，在不实行普选制的地方，还容易形成地方政府对本地居民不负责任的行为。

依法原则。工业化国家的收支责任分配常常用法律的形式固定下来。以德国为例①，联邦法第一百零四条中规定：第一，本基本法如不另作规定，联邦和各州分别支付因完成各自任务而引起的费用；第二，各州作为联邦代理人进行活动时，联邦应支付其费用；第三，由各州执行的并涉及基金支付的联邦法律，可以规定这种基金应全部或部分地由联邦提供，由此确定了各级政府间财力与事权相统一的原则，转移支付制度相关标准的制定提供了更为明确的宪法依据。此外，针对转移支付的财政资金主要是税收收入，基本法第一百零六条还专门就个人所得税、企业所得税及增值税（也有资料译为"营业税"）的分享作了规定。这种有法律依据的权责分配，使各级政府在行使职责及权力时有所约束，避免侵犯其他政府机构的权力。虽然法律约束不能单独完成对各级政府行为的约束，但起码是有效约束各级政府行为边界以防止其缺位、越位行为不可缺少的条件之一。

---

① 李卫民：《德国转移支付制度简介》，载《人大研究》2009 年第 9 期。

## 二、纵向转移支付的国际做法与有益启示

转移支付是各国地方政府的重要收入来源，在工业化国家中，上级政府的拨款在地方政府的收入中占 20%—80%，平均水平在 40% 左右。政府间转移支付的原因有：避免辖区之间公共物品和公共服务收益与成本外部性所导致的资源配置非效率；消除因支出责任和收入机制不匹配而形成的财政差额；实现政府公共服务能力均等化；政治协作与团结。

各国转移支付的主要形式有无条件的与有条件的转移支付。无条件的转移支付是指维护地方自治，促进地区间的以公平为目的的转移支付；有条件的转移支付是一种激励性的转移支付，目标是为承担某些特定政府活动的地方政府提供激励。有条件的转移支付又可分为配套与不配套的转移支付、开放式与封闭式转移支付、以投入为基础的限制条件和以产出为基础的限制条件。

（一）美国纵向财政转移支付的做法与特点

第一，美国政府财政转移支付的形式。

美国政府有三种财政转移支付形式：一是专项资助，二是分类资助，三是总额资助。

其中专项资助就是有条件的转移支付，分为配套补助和非配套资助。配套资助是指，联邦政府按照一定比例对于地方政府在指定项目上的支出给予配套拨款的一种转移支付形式。非配套资助是对地方指定项目的拨款，不要求地方政府在该项目上进行财政投入。接受专项资助的州或地方政府被要求按照指定的用途和方式使用该笔资金，还必须以书面报告的形式向联邦主管部门报告各项资助计划执行情况。

分类资助是美国上级政府根据法定公式对一些特定领域进行的一种更具灵活性的转移支付。分类资助的优点，是能够简化项目管理和推动项目功能之间、政府之间的合作。分类资助与专项资助相比，具有资助领域宽、下级政府拥有更大自主权的特点。这主要表现为接受分类资助的州和地方政府可以在规定的范围内自行确定支出项目、制订计划和分配资源。上级政府对下级政府选择并完成的项目设置了必须达到的特定标准，如果没有达到规定标准，将不再进行分类资助。美国的分类资助包括健康、犯罪控制、社区发展、社会服务、

就业培训、城市交通、贫困救助、妇幼照顾和基础以及对贫困母亲和孩子的长期资助等项目。

美国政府的总额资助是无条件的转移支付。总额资助制度的法律依据是1972年美国国会通过的《联邦政府对州和地方政府的财政资助法案》。这种转移支付方式可以帮助州和地方政府提高社会服务标准且不必过多地增加当地税收负担，可减少由于地区税收能力不同引起的公共服务水平的差异，是以均等化为目的的转移支付。美国政府的总额资资助是依据众议院和参议院设立的计算公式来确定资助额的，公式的主要考虑因素有各地总人口、税收能力、个人所得税收人情况等。

第二，美国政府财政转移支付重点变化。

美国政府财政转移支付重点随着经济、社会状况变化而改变，表现为在不同的时期有着不同的财政转移支付结构。联邦政府向州和地方政府进行转移支付的项目主要有自然资源与环境、农业、交通、地区发展、教育培训就业、卫生保健、收入保障。在不同的历史时期，这些项目在联邦财政转移支付中所占的比重有很大的不同。如下表3-5所示：

表3-5　　　　联邦向州和地方政府转移支付的项目构成情况　　　　（%）

| 项目 | 1960 | 1970 | 1980 | 1990 | 1995 | 2000 | 2005 |
|---|---|---|---|---|---|---|---|
| 自然资源与环境 | 2 | 1.7 | 5.9 | 2.8 | 1.8 | 1.6 | 1.4 |
| 农业 | 3 | 2.5 | 0.6 | 0.9 | 0.4 | 0.3 | 1.4 |
| 交通 | 43 | 19.1 | 14.3 | 14.2 | 10.9 | 11.7 | 10.3 |
| 地区发展 | 2 | 7.4 | 7.1 | 3.7 | 4.1 | 3.0 | 3.5 |
| 教育、培训、就业 | 7 | 26.7 | 23.9 | 17.3 | 15.8 | 14.8 | 13.6 |
| 卫生保健 | 3 | 16.0 | 17.2 | 32.4 | 40.1 | 43.9 | 47.7 |
| 收入保障 | 38 | 24.1 | 20.2 | 26.0 | 24.2 | 22.2 | 21.0 |
| 其他 | 2 | 2.5 | 10.8 | 2.7 | 2.9 | 2.6 | 2.3 |

资料来源：尹磊：《财政转移支付：美国的做法及启示》，载《域外视窗》2007年第12期。

在1960年之前交通与收入保障是联邦政府财政转移支付的主体项目，占全部财政转移支付的80%以上。从1970年之后，这两项转移支付所占的比重位逐渐下降。2005 年交通一项由 1960 年 43% 下降为 10.3%，收入保障一项则由 1960 年的 38% 下降为 21%。这两项的下降总幅度为 30%。而卫生保健则成为联邦政府一项新的转移支付主体项目，它由 1960 年 3%，增加为 2005 年的47%，它集中了由交通、收入保障和教育培训就业所释放出来的所有转移支付占比。

第三，在美国的转移支付构成中，对居民个人的转移支付比重持续上升，近年来一直稳定在 60% 以上的水平，使广大居民成为转移支付的直接受益者，促使和保障了不同地区的居民能够享受到大致均等的公共产品和服务，提高了生活水平。

（二）德国纵向财政转移支付的做法与特点

德国政府纵向财政转移支付在消除收入差距方面的平衡作用十分有效。Thiess Buettner[1] 通过对各种已有文献的研究以及对德国财政联邦经验数据的研究得出，德国财政均等化效果比美国的政府间补贴效果更好。德国的财政联邦均等化制度在 20 世纪的最后 30 年里在收入差距上降低了横截面方差 6.8 个百分点，与美国在收入差距上降低的 4.5 个百分点相比效果要好很多。在具体的做法上，与美国的财政转移支付那样特别倾向于对个人的支出、通过直接使广大居民成为政府转移支付的受益者而产生有效的平衡作用相比，德国的财政转移支付缺乏针对个人居民的转移支付，但其中的失业保险弥补了这一缺失。因此，在 1970—1997 年间，德国转移支付缓解收入差距的效果与美国没有什么差别，二者基本处在同一水平上。

德国财政转移支付有着鲜明的法律特色。不仅在宪法中有着财政转移支付的相关规定，还特别制定了财政转移支付法；不仅在转移支付有关资金来源的渠道上有明确的法律依据，而且税收税种在各级政府间的划分、得到转移支付资金的州所需具备的条件、转移支付在各州之间分配的规则等等，无一不具备法律依据。如，德国基本法第一百零七条规定：联邦立法保证财政上强的和财政上弱的州之间有合理的平衡，同时考虑各镇和联合乡的财政能力和财政

---

① Thiess Buettner：*Fiscal federalism and interstate risk sharing：empirical evidence from Germany*，pp：195 –202，Economics Letters，Vol. 74，NO. 2，ISSN：0165 –1765，2002.

需要。

这些立法规定了应该获得平衡费的州提出平衡申请的条件和应付出平衡费的州担负平衡责任的条件，以及决定平衡费数额的标准，还明确了转移支付有关资金的主要来源渠道。除了宪法的相关规定外，德国还制定有专门的转移支付法，即联邦与各联邦州之间的财政平衡法，对增值税在联邦和州之间的分配作了具体规定，从而将财政平衡制度的实施在法律层面上加以落实。对分配给州间进行分配的增值税，也由法律规定了分配规则。各州应得的增值税份额是通过公式计算的，对于人均财力达不到全国平均水平的州给予补充份额，以使其达到平均水平的 92%。基本法规定了得到补充份额的州在获得补充份额时的程序：用于拨付的补充份额不超过第一级分配中州所得部分的 25%，另 75% 部分按居民数量直接分配给各州。从 2006 年情况看，第二级分配前在德国 16 个州的人均财力中，最高的汉堡州为平均水平的 180% 以上，最低的原东德 5 个州还不到平均水平的 50%。经过第二级分配之后，所有州的财力都达到平均水平的 92% 以上。最高的汉堡州也仅为平均水平的 140% 左右，其他富裕州一般为平均水平的 110%—120%[①]。

（三）加拿大纵向财政转移支付的具体做法与特点

加拿大政府间转移支付主要有四种：健康转移支付、社会转移支付、均等化项目转移支付和地区常规转移支付。转移支付的规模占地方政府财政总收入的 40% 左右。各项转移支付均由联邦政府财政部具体实施。

健康转移支付，是由联邦政府向各省和地区提供长期可预测的医疗健康保健基金的一种转移支付。联邦政府实施健康转移支付的目的是支持实施健康行动计划、加强医疗卫生公共管理、提高地方政府提供医疗这一公共产品的能力。加拿大联邦政府实施的这项转移支付具有较强普遍性、综合性，也是规模最大、最主要的一种转移支付。社会转移支付，是联邦政府向各省和地区为加强中学教育、社会救济、社会福利和幼儿早期教育而设立的专项转移支付。健康转移支付和社会转移支付属于有条件的专项转移支付，都以提高地方政府提供公共服务能力为政策目标。所以，联邦政府对这两种转移支付资金的使用范

---

① 参见李卫民：《德国转移支付制度简介》，载《人大研究》2009 年第 9 期。

围以及使用资格均有具体规定。如果省级政府没有按上述法定范围使用该项资金，联邦政府有权拒绝支付或将其收回。同时，省级政府得到这两项转移支付的条件是，必须遵守社会保险最低水准原则，为本地居民提供必要限度以上的社会救济服务。

加拿大转移支付的规模和标准，是根据客观实际能力由立法的形式确定下来。加拿大医疗健康和教育转移支付的确定标准是与 GDP 增长率相关的人均支付加税点转移支付，转移支付的增长速度不能超过同期经济增长率，税点的确定以 1997 年为例，1997 年卫生和教育的税点分别为 13.57% 的个人所得税和 1% 的公司所得税①。用这种方法确定转移支付的规模有助于实现转移支付的可持续性。转移支付的这些相关规定都由联邦政府以立法的形式确定。

加拿大转移支付对象的确定以各省的实际财力基准，除了三个北部地区外，凡财力低于全国标准的省份都有资格获得这种转移支付。支付数额等于该省税收能力与标准税收能力之差乘以该省人口数。

加拿大均等化项目的财政转移支付，目标是解决地区性财政差别，目的是使所有的省政府收入都能达到规定的最低水平，以免太大的财政差异导致政治上的分裂。所以均等化的财政转移支付有着很强的政治动机，它不仅是为了改善市场配置资源的效率，而且是为了通过财政拨款营造政治上的团结气氛和社会公平的环境。

地区常规转移支付，是联邦政府主要为西北地区三个北方特别行政区设立的无条件转移支付，以确保三个地区政府有足够的收入为其居民提供与全国水平基本相当的公共服务。这些行政区地处北部寒冷地带，人烟稀少，经济总量小，生活成本高，且财政资源有限，政府支出在很大程度上依赖联邦政府的转移支付。

### 三、各国政府的纵向转移支付做法所带来的启示

第一，转移支付的核心随着经济社会发展状况的变化而变化。各国联邦政

---

① 沙安文：《政府间财政转移支付：国际实践的经验和教训》，载沙安文主编：《地方政府与地方财政建设》，中信出版社 2005 年版，第 198 页。

府最先支持的项目是从基础设施项目以及人们生活保障开始，比如交通和个人收入保障。随着经济发展以及基础设施项目的完善和人民生活水平的提高，健康问题成为人们最关心的问题，因而也成为政府关注的重点职能。发展中国家也应该根据自身发展水平，从基本公共产品与公共服务出发，优先发展交通通讯、教育就业培训等项目，在基本完善这些项目的基础上，将重点向卫生保健等项目转移。

第二，财政转移支付应具有明确的法律依据，用以规范和指导转移支付行为。美国的《国会预算法案》、《平衡预算法案》规定了财政转移支付的负责机构、拨款标准、分配办法等基本内容，而《联邦政府对州和地方政府的财政资助法案》则对财政转移支付从形式上到内容上都作出了具体而明确的规定。德国的《基本法》规定了转移支付层次、计算公式、分配比例等等。

第三，财政转移支付应具有明确的计算方法。美国制定出了一系列较为科学的转移支付计算方法，各国针对不同的转移支付目的设计了各种各样的公式和支出标准。比如地方政府对失业工人的资助计算公式，就综合考虑了可分配资金、失业人数、失业率、失业时间以及全国的平均收入水平等诸多因素，虽然计算较为复杂，但提高了转移支付的规范性和科学性。

第四，转移支付资金的使用应有科学的、有法律依据的监督措施，以提高资金的使用效率。美国十分强调对转移支付实施必要的监督和管理，重视考察转移支付的实施效果，提高资金的使用效率。其监督管理机制具体体现在以下三个方面：一是有专门的机构负责转移支付的实施，即拨款委员会负责转移支付的实施并进行监督和管理。二是对转移支付资金使用过程的监督，主要是为了保障转移支付资金的正确、合理使用。如美国接受专项资助的地方政府必须按指定用途使用资金，并向联邦主管提交各项资助项目执行情况的书面报告。三是对资金的使用效果进行跟踪和考核，其方法是对转移支付项目规定了一定的绩效标准，并授权审计总署进行绩效审查和考核，并以此作为将来财政转移支付的依据和参考。珍妮特·M.凯丽和威廉姆·C.瑞文巴克的《地方政府绩效预算》在这方面提供了很好的解释。相比较而言，我国在转移支付资金的监督管理和绩效考核方面还存在很多不足，仍然需要进一步改革和完善。

第五，各国形成了转移支付的不同类型。经济发达的国家根据本国的实际需要和历史传统形成了独具特色转移支付模式，而发展中国家正在随着形势的变化随机地选择转移支付的标准或依据。加拿大的财政均等化转移支付是"家长型"的转移支付，澳大利亚也属于这种类型。德国、瑞典、丹麦则是"兄弟型"的转移支付。这两种转移支付类型与巴西、印度、南非实施的多因素转移支付相比更有针对性和实用性。发展中国家采用的多因素转移支付方法在这三种转移支付的类型中属于弊端最大的一种转移支付方式。

第六，可取的转移支付模式有如下特点：收入共享或税基共享。这是一种更为流行的转移支付方式，这是在赤字拨款和协商拨款失灵的反复实验基础上的新的选择。那种为消除赤字，通过政府间的协商谈判而不是根据客观的计算公式来分配转移支付资金的做法，是不可取的转移支付方式。

第七，均等化的转移支付属于典型的上级政府对下级政府的拨款，在很大程度上属于一种家长式的转移支付。对于拨款项目的设计，形成适当的激励非常关键。激励机制要实现的目标，一是拨款不应当成为地方政府预算约束中的一个弱点，二是转移支付不应该成为制约地方政府创收努力的制度。实现这些目标要求测算各级政府的财政需求和财政能力，而测算财政需求和财政能力要求有一个合理而又可接受的具体指标。

第八，形成政府之间的协商合作网络十分重要。各级政府间的关系相互交织，上级政府要为地方政府承担的具有外部性的职能进行财政补助或转移支付，也要为交叉的职能和相互依存的服务供给提供资助。无论是资助还是服务供给的任务安排，都需要各级政府之间的多方面协商，以形成一个全面的公共服务网络。这要求各级政府对其独立的角色和在集体行动中的角色有一个认识。有的国家采用人员渗透的方式解决政府间合作协商问题，比如德国州立法机构的成员由地方政府议员构成，目的就是便于处理政府间关系以形成政府间合作。

## 第三节　地方政府间财政均等化的美国经验

为了降低城市之间的财富差异，美国实施了许多非联邦性质的城市间的财政转移支付项目。实施的途径之一是由富裕的城市对不富裕的城市或郊区给予补贴，途径之二是联邦政府的财政转移支付实行向较不富裕的城市倾斜的再分配。因后者具体做法是在各州和地方政府之间按照一定的方式划分部分联邦收入，因此又称之为收入分享。城市间财政转移支付的实质是以财政均等化为目的的财政转移支付。其做法是设计一些共享税收收入和共享税基，以便使地区政府的财政能力与区内居民、企业的纳税义务之间实现均衡。这是通常所说的财政均等化的含义，也是各级政府都面临的问题与使命。

美国有四个大城市进行了城市内地方政府间财政均等化的实验项目[①]。最老的一个项目是明尼阿波里斯市—圣·保罗市两个大城市区域实施的，其主要内容是两个大城市确定了一个共享的财产税税基。其他的三个项目分别是俄亥俄的代顿－蒙哥马利县、肯德基的路易斯威尔－杰弗逊县、新泽西的美多兰地区实施的，采取的办法是税基、税收收入共享。这些实验超过了常规的转移支付。

美国城市的这四个财政均等化项目可以概括为三种形式。第一种财政均等化形式是通过在地方政府间共享工资所得税和销售税进行的。其实就是那些征收销售税的地区或城市，从来自其他城市或地方的工人那里，通过对他们所购买的商品征收销售税而实现的一种财政均等化。第二种形式是税基共享项目。在一些城市中使用共享税的目的是为了降低城市间竞争以促进经济发展，这与四大城市为财政均等化而使用共享税的目的不同。四大城市以财政均等化为目的的税基共享，具体做法是通过相关地方政府协商同意，城市内所有地方政府共享辖区内因经济增长而增加的税收收入。第三种形式是区域税基和税收收入的重新分配，这一办法只在有限的财政均等化项目中实施。重新分配的数量标准是通过一个公式来进行的，这个公式包括以下测量标准：居民收入、税收努力、税率、公共服务的责任、效率和生产这些服务的成本等。

## 一、美国大城市实施财政均等化的原因

在美国，大城市中实施财政均等化是个具有普遍要求的问题。经济结构调

---

① Samuel Nunn；Mark S. Rosentraub：*Metropolitan Fiscal Equalization Distilling Lessons from Four U. S. Programs*，pp：90－102，tate & Local Government Review，Vol. 28，NO. 2（Spring, 1996）.

整合产业空洞化使大城市财政出现困难，因而需要找寻途径解决问题。产业空洞化所产生的税源减弱使几乎所有中心城市都面临为居民提供公共服务和为经济发展提供基础设施的挑战。当大城市失去了原本富有的财源，郊区却成为财源富有的地方时，大城市通常的做法是将郊区合并进大城市的税收范围之内，在美国已经发生过很多以此为目的的城市合并。但城市合并在解决大城市财政优势丧失上不是一个可持续的方法，当可合并资源减少之时，大城市的财政困难又要开始加重。因为经济结构调整和产业空洞化等外在压力，持续地加剧大城市的财政问题，所以，通过扩大城市边界的这种通常做法，对于解决一个大城市的财政困境来说作用是有限的。因此，大城市持续演化的财政困境，需要另寻他途进行解决。通过城市之间合作来实现财政均等化就是被人们认识到的并应用于实验中的可行途径之一。

美国大城市考虑财政均等化除了有着上述的客观必要性之外，还有两个利益动因。第一，在统一发展区域中为经济发展而合作能够取得用最小成本提供公共服务的利益。第二，财产税免除给一个区域带来潜在利益，但这种利益主要集中在中心城市，结果提高了这些地区除财产税之外的其他税率，使税率较低的郊区成为更有吸引力的地区，吸引大批高收入者为了避税迁移过去。这种局面将会带来如下问题：如果中心城市主要剩下低收入者，低收入的纳税人所需要的各种服务，以及财产税免除的集中化所导致的各种问题，可能会影响整个区域。这就是说，市郊辖区也要与大城市区域共同承担这些问题才是双赢策略。否则，城市与地方（郊区）之间发展的非均衡状态，对经济发展和繁荣就是一种现实的威胁。

## 二、美国四个大城市地方政府间财政均等化实验项目概况

（一）明尼阿波里斯市－圣·保罗地方财政收入项目

这是一个最大的税基分享项目。大约有 300 个政府单位参与进这个项目，包括 7 个县、185 个大城市、62 个学区、42 个特别区。该项目拥有四个项目中最复杂的一个实施计划：1968 年，市民联盟①讨论决定了税收分成比例；

---

① 一个非政党的公共事务联盟组织，该组织于 1976 年成为 CUED——National Council for Urban Economic Development。

1971 年通过了地方财政收入法案。这个双城市项目的实施没有建立新的组织，而是由财产部行政部门的审计师、评估人和财务主管共同负责项目的运行。项目运行规则采用了两个已有的平行的财产税制度体系。一个是处理地方税的制度体系，另一个是处理公共财政资源的财税制度体系。实施这些程序体系要求大量的人员和时间投资。界定分配程序的变量以 1971 年为基年，包括：城市人口、均等的市场价值（估价为百分之百的市场价值）、有保证的税收（要求是实际财产税收入）、净税收能力（财产的估计价值）。各辖区将其商业和工业财产税基增长率的 40% 贡献给地区范围的公共财政资源池，每个城市保留剩下的 60% 的商业和工业增长税基以及所有的财产税税基。

参与项目的各地方政府从公共财政资源池中的分配份额以辖区财政能力为基础，地方政府将它自己的财政能力与所有参与项目的政府单位的平均财政能力对比排名。如果城市财政能力比平均水平高，那么从公共资金池中分的份额就小，反之，就可从中分到较大的份额。这个双城市项目由各县审计师轮流进行管理，负责核算县公共资金池的税金、管理公共税收池、计算每个城市税基以及决定区域税率。为此，县所承担的行政成本估计大约为每年 35000 美元。

城市经济发展国家地方议会分析了税基分享项目第一年的实施效果，发现 19 个参加城市提高了税基，18 个城市的税基则有所降低。拥有高财政能力的城市做出了贡献，但有些地方税收能力强的城市却得到了较高的收入分享。出现这种结果的原因是所确定下来的分配公式没有说明穷困人口以及其他地方公共部门的特别需要，比如明尼阿波罗斯市就是这样。但项目实施基本上是成功的，大城区地方议会在 1991 年的研究注意到，地方财政收入差异化降低了，高人均税基的城市与低人均税基的城市之比，为 4:1，但没有达到项目预期的 19:1 的比例。

（二）肯塔基州的路易斯维尔市实验项目

肯塔基州的路易斯维尔市及其辖区内的县，1985 年以职业执照费用为共享税实施了财政均等化计划。职业执照费占工资收入和净营业收入的 2.2%。这一协议是地区间合约，要求通过州立法委员会的同意。1985 年通过的路易斯维尔—杰弗逊县合约的有效期为 12 年。设计这个合约的目的是消除路易斯维尔市与县合并问题上的争议，以促进经济发展。合约旨在实现的目标包括经济发展合作、保护路易斯维尔市的繁荣能力、增强市和县的组织效果、把财政责任和提供政府服务的财政控制权力置于由选举产生的官员的手中。这个影响两个辖区的财政均等化的项目具体可概括为三个要素：

第一，通过一个公式来计算路易斯维尔市与县共享的职业证费的分配。每个辖区将所有的职业证费收入贡献给公共基金池，分配则是以全部收入为基础、考虑通货膨胀率和经济增长率进行。所有的市县从共有基金池中能够获得的份额是不同的，具体做法是：先确定一个最低基础数额，如果市、县的职业证费收入数额高于这个基础但低于平均数字，那就往上调整。如果职业许可证费与基础数额相同或少于基础数额，那么，路易斯维尔得到58.735%，杰弗逊县得到41.265%。如果超过基础数额但少于或者等于按消费者指数调整的数字，路易斯维尔市获得59.7%，县获得40.3%。如果超过了按消费者指数CPI调整的数字，则10%留在辖区，剩余90%的57.2%划分给路易斯维尔市，42.8%划分给县。公式中的贡献与分配因素中没有考虑需求、居民收入以及对公共服务的需要是该计算公式的一个缺陷。

第二，路易斯维尔市与县建立了一个合并协议，处理周边地区的合并问题。该协议保护未形成社团的地区避免不必要的合并，但仍然给予路易斯维尔对未形成社团的地区的第一吞并权。协议同时规定了路易斯维尔对未形成社团的地区行使第一吞并权的条件或约束：只要这些社区投票要求保持独立，这个协议便免除社区被吞并的命运。如果这些社区投票要求合并，路易斯维尔州可以在这些地区加入其他城市之前，行使其选择权将这些地区包括在自己的辖区内。

第三，确定了一个职业许可证费收入分享的行政机构。这个机构并不是新设立的，而是一个建立于1851年的市政机构。对偿债基金进行收集以及重新分配职业许可证费收入，都由这个市政机构根据大家同意的公式进行计算的。机构的行政执行官要按照新规定的会计要求，联合向市长或法官汇报资金收支情况。

（三）俄亥俄州蒙哥马利县的实验项目

俄亥俄州的蒙哥马利县1989年创造了税基、税收收入分享项目，并于1992年全面实施。该项目以销售税和财产税为基础创造了两个竞争性的基金，把税基共享与经济发展结合了起来。这两个基金,一是用于参与区域经济发展的项目基金,这部分资金由地方销售税增长率的50%构成;另一个是由共享税基和共享财产税、所得税三项构成了公共基金池。如果参加了一个基金项目,就必须参加另一个项目。目前有24个行政区包括其中。作为参与税基分享的交换,城市可以从本地的销售税和财产税形成的经济发展基金中获得补助津贴。县、郊区和城市代表组成的咨询委员会决定什么项目由经济发展基金提供资金。这个项目的名称叫做经济发展——政府公平项目,这个项目是由50个常务参与人持续工作三年设计出来的,参与该项目的各行政区合作期限为10年。

(四)新泽西州哈肯萨克和美多兰兹的财政均等化实验项目

新泽西州的哈肯萨克和美多兰兹1970年设立了一种财政均等化项目,有14个县参加。设计这个项目的目的是通过地方政府处理税收分享区域的经济发展问题。为实施这个财政均等化项目,该项目设立了一个特别区用来实施辖区间的税收安排。特别行政区边界界定为哈肯萨克河湿地区域的美多兰兹,参加该财政均等化项目的县,没有一个是完全坐落于这个区域的。

这个计划与其他财政均等化的不同之处在于,美多兰兹委员会要对土地发展和湿地再利用负责,这意味着参加城市的税基必然受到委员会土地使用决策的影响。

这个项目的税收收入分享的具体安排为,以1970年为基年,辖区内1970年之后的税收收入,各城市保留经济增长的60%,剩余40%与其他辖区共享。税收分享的目的是确保每个城市得到新发展所产生的财产税税收收入,美多兰兹委员会仅仅服务于成员城市共享收入的交割问题,所有的税收收入返回到14个成员城市。

## 三、美国城市间财政均等化实验项目的启示

城市间财政均等化项目在实验过程中显示了很多问题,这些实验中所出现的问题是其他区域在设计财政均等化项目时应该考虑的。概括地说,这四个项目的实验表明,一个计划必须解决下列问题:财政均等化的目标;可能对财政均等化提出挑战的法律问题;用来建立和支付公共税收池的公式,包括免税财

政成本以及为低收入人群的地方福利承担责任的分担方法；对高效的城市服务提供的激励；税金、税金免除、税收增量的财政管理；确立适度的用于财政均等化的税收资源；确定财政均等化的行政结构。

第一，财政均等化要求实现的目标。有许多目标是财政均等化项目要实现的：降低县域间或城市间的竞争以便于经济发展；降低辖区间的财政差异以创造一个税区间的横向公平；确保参与辖区有一个安全提供公共服务所需要的充足税基；在快速增长时期与低增长时期有一个稳定的税收流；共担财产税免除责任以及地区福利成本；确保企业或个人纳税者无论他们所在区域是哪里都有一个相同的税负。

第二，财政均等化可能面临的法律障碍。财政均等化项目可能带来法律问题：第一个问题就是与管理财产税的州法律相一致的问题。如，是不是所有物业类别（居民商业工业）都征收统一税率？税率高限是适当的吗？第二个问题是为均等化计划项目保驾护航的制度装置问题：是否需要一个特别区？自我治理制度不会引起法律问题吗？第三个问题是财产价值的评估体系可能带来的法律问题。因为在财政均等化中财产税所起到的重要作用，使财产价值的评估体系问题成了另一个重要的引起法律问题的问题。税收增额融资（TIF）区拥有区内税收增长的优先留置权，因此税收增额融资（TIF）区域引生更多的潜在法律问题。

第三，财政均等化的公式问题。一个首要的问题是，到底哪些因素应该包括在共享收入或税基分配的计算公式中。财政均等化必须考虑公共财政基金池贡献与分配的计算公式问题，比如，计算公式是否应该考虑财政能力、服务需求因素，还是仅限于经济增长的共享上？还没有一个区在考虑财政能力、居民收入、对公共服务的需要的基础上，设置出一个政治上可普遍接受的、普遍适用的运行方法，去收集和分配公共税收池的资金。如，蒙哥马利县使用的是以人口为基础的计算方法，美多兰委员会则将土地价值与财政资金的分配直接联系起来，因为它的责任包括土地发展。双城市的实验项目和蒙哥马利县实验项目表明，没有小心使用财政收入分配指标可能会发生从低收入城市向高收入城市的收入转移。再一个问题是，各参与单位对计算公式的考虑因素有不同的偏好。如在蒙哥马利县项目实施中，代顿喜欢以需求为基础再加上人均收入、失业率、贫穷程度、税收征收效率等因素。郊区则反对需求为基础的公式，因为担心中心城市的经济发展水平的下降将会分得更多的公共财政池中的收入。执行委员会采用了一个以人口为基础的分配公式，但没有考虑到需求因素，也没有考虑到不同的税收收入水平。

第四，实施财政均等化项目需要对参与城市设置激励机制以提高其服务质量，也需要选择适当的组织机构负责项目的实施。

第五，中心城市的重要挑战。城市经济衰退和地方政府间合作的缺乏，产生了大城市财政问题。财政均等化项目有助于缓解这一问题，也能够降低城市间为争夺经济发展机会的竞争。创造一个环境以便能够使地方政府认识到，加入这一计划是他们自己的利益所在。所以中心城市的最大挑战是成功地描绘一个能够吸引地方政府眼球的地区实施方案。

▶ | 第四章　CHAPTER 4

# 县乡财政问题的现状、原因与对策

◇　中国县乡财政问题的现状

◇　县乡财政问题的原因

◇　解决县乡财政问题的途径

中国县乡财政问题有多方面的表现，如事权与财政不对称、机构膨胀、赤字及债务负担严重等。形成县乡财政问题的因素有很多，但核心因素是各级政府的机会主义行为没有得到很好的约束。各级政府的机会主义行为与县乡财源培育不足、转移支付制度不健全、财政监督机制不完善相互影响，导致了县乡财政困境。因此解决问题的根本措施是建立一个权力制衡机制来约束各级政府的行为，具体由建立健全转移支付制度、培育县乡财源和建立财政监督机制以及建立财政风险预警机制等等。

# 第一节　中国县乡财政问题的现状

财政分权理论从不同的角度论证了财政分权的必要性。蒂布特"用脚投票的理论"、特里西的"偏好误识论"、"俱乐部理论"等等一系列理论都说明了地方政府在资源配置方面的优势。县乡政府是中国真正意义上的地方政府，承担着重要的政府职能。它拥有近距离了解地方居民需求或偏好的天然优势，也最了解当地的经济政治文化状态与传统，由它来负责地方公共服务和公共产品生产的决策及实施，是最有效率的合理地选择。但中国县乡政府面临的方方面面的问题，正制约着其职能的正常发挥，影响着政府与人民的关系。

## 一、事权财权不对称，收支严重失衡

（一）中央与地方政府之间事权、财权划分不对称

1994 年的分税改革，中央成功地上收了财权。从表 4 – 1 中可以看到，2010 年中央集中了全部国家财政收入的 51.1%，省以下地方政府保留了48.9%。中央和地方财政收入的主要来源都是税收，分别占各自总收入的95.34% 和 80.52%。中央的主要税收来源有国内增值税的 75.37%，消费税（国内消费税和进口货物增值税和消费税）的 100%，企业所得税的 60.69% 和

个人所得税的 60.1%。增值税、消费税以及所得税三类税收构成了中央的税
收收入的主体。地方收入的主要来源为营业税的 98.63%，增值税的 24.63%，
企业所税和个人所得税的近 40%。这三项税收构成地方财政收入的 57%，其
他一些小税种，如资源税、城建税、房产税、土地使用和增值税、车船税、耕
地占用税、契税、烟叶税等百分之百地划归地方政府，这些税收规模很小，在
地方政府的总收入中所占比例大体都在 2% 左右。这些税种税源分散，征收成
本高，对地方政府贡献率有限。

表 4 - 1　　　　　　中央和地方财政主要收入项目（2010 年）

| 项目 | 国家财政收入（亿元） | 中央财政收入（亿元） | 地方财政收入（亿元） | 占该项总收入% | | 占各自总收入% | |
|---|---|---|---|---|---|---|---|
| | | | | 中央 | 地方 | 中央 | 地方 |
| 总计 | 83101.51 | 42488.47 | 40613.04 | 51.1 | 48.9 | 100 | 100 |
| 税收收入 | 73210.79 | 40509.30 | 32701.49 | 55.33 | 44.67 | 95.34 | 80.52 |
| 国内增值税 | 21093.48 | 15897.21 | 5196.27 | 75.37 | 24.63 | 37.42 | 12.79 |
| 国内消费税 | 6071.55 | 6071.55 | | 100 | 0 | 14.29 | 0 |
| 进口货物增值 | | | | | | | |
| 税、消费税 | 10490.64 | 10490.64 | | 100 | 0 | 24.69 | 0 |
| 出口货物退 | | | | | | | |
| 增值税、消费税 | -7327.31 | -7327.31 | | -100 | 0 | -17.25 | 0 |
| 营业税 | 11157.91 | 153.34 | 11004.57 | 1.31 | 98.63 | 0.36 | 27.10 |
| 企业所得税 | 12843.54 | 7795.17 | 5048.37 | 60.69 | 39.31 | 18.35 | 12.43 |
| 个人所得税 | 4837.27 | 2902.97 | 1934.30 | 60.01 | 39.99 | 6.83 | 4.76 |
| 资源税 | 417.57 | | 417.57 | 0 | 100 | 0 | 1.03 |
| 城市维护建设税 | 1887.11 | 150.84 | 1736.27 | 7.99 | 92.01 | 0.36 | 4.28 |
| 房产税 | 894.07 | | 894.07 | 0 | 100 | 0 | 2.20 |
| 印花税 | 1040.34 | 527.82 | 512.52 | 50.74 | 49.26 | 1.24 | 1.26 |
| 证券交易印花税 | 544.16 | 527.82 | 16.34 | — | — | — | — |
| 城镇上地使用税 | 1004.01 | | 1004.01 | 0 | 100 | 0 | 2.47 |

（续表）

| 项目 | 国家财政收入（亿元） | 中央财政收入（亿元） | 地方财政收入（亿元） | 占该项总收入% | | 占各自总收入% | |
|---|---|---|---|---|---|---|---|
| | | | | 中央 | 地方 | 中央 | 地方 |
| 土地增值税 | 1278.29 | | 1278.29 | 0 | 100 | 0 | 3.15 |
| 车船税 | 241.62 | | 241.62 | 0 | 100 | 0 | 0.59 |
| 船舶吨税 | 26.63 | 26.63 | | – | 0 | – | 0 |
| 车辆购置税 | 1792.59 | 1792.59 | | 100 | 0 | 4.22 | 0 |
| 关税 | 2027.83 | 2027.83 | | 100 | 0 | 4.77 | 0 |
| 耕地占用税 | 888.64 | | 888.64 | 0 | 100 | 0 | 2.19 |
| 契税 | 2464.85 | | 2464.85 | 0 | 100 | 0 | 6.07 |
| 烟叶税 | 78.36 | | 78.36 | 0 | 100 | 0 | 0.19 |
| 其他税收收入 | 1.80 | 0.02 | 1.78 | 1.11 | 98.89 | 0 | 0 |
| 非税收入 | 9890.72 | 1979.17 | 7911.55 | 20.01 | 79.99 | 0.47 | 19.48 |
| 专项收入 | 2040.74 | 298.03 | 1742.71 | 14.60 | 85.40 | 0.70 | 4.29 |
| 行政事业性收费 | 2996.39 | 396.02 | 2600.37 | 13.22 | 86.78 | 0.93 | 6.40 |
| 罚没收入 | 1074.64 | 31.79 | 1042.85 | 2.96 | 97.04 | 0.07 | 2.57 |
| 其他收入 | 3778.95 | 1253.33 | 2525.62 | 33.17 | 66.83 | 2.95 | 6.22 |
| 预算外收入 | 6414.65 | 352.01 | 6062.64 | 5.5 | 94.5 | 5.49 | 14.93 |

资料来源：根据中国统计年鉴2011年整理计算所得。

地方政府所承担的财政支出责任重大，表4－2中可见，2010年地方政府承担了政府全部支出的82.21%。从绝对量上看，这与其当年总收入40613.04亿元相比，73884.43亿元的总支出形成了33221.39亿元的收支缺口。收支缺口占其总收入的81.8%。

再从支出结构上看，中国省以下地方政府所负责的支出范围非常广泛。全国一般公共服务支出91%以上都是由地方政府支付的。从第三章表3－2中可以看到，澳大利亚地方政府的一般公共服务支出的贡献率为14.8%，加拿大地方政府在该项支出上的贡献率为12.34%，丹麦地方政府在这一项上的贡献率最高，也只占30.91%，德国占17.33%。在公共安全方面，加拿大地方政府的负担率最高，占 34.63%，德国其次，占 20.6%，其他两个国家的地方政府在该项支出上占的比例都不到 10%，而中国地方政府所占的支出比例为 74.4%。从总体上看，澳大利亚地方政府在各项主要支出中没有一项负担率达到 50% 的，加拿大地方政府在教育、住房和社区设施、娱乐文化和宗教三项支出上达到 50%，除了住房项外，另外两项刚刚达到 50%。丹麦地方政府责任范围之广是令研究专家们叹为观止的，在卫生健康方面承担了政府总支出的 98.55%，另外达到 50% 以上的是教育、社会保障、娱乐文化和宗教支出。德国地方政府只在娱乐文化和宗教支出一项上达到了 70%，其他各项支出中的负担率都在 50% 以下。中国地方政府在各项支出中负担率最高，且高负担率的面最广，教育、文化体育与传播、社会保障和就业、医疗卫生、城乡社区事务、商业服务业事务、灾后重建等各项支出的负担率都在 95% 上下。中央政府的支出责任相对简单，只有外交、国防两项达到 97% 以上，另有武装警察支出达到近 75%，金融监管支出达到 76%，其他支出责任基本上交给地方政府负责。

表 4-2　　　　　　　中央和地方财政主要支出项目（2010 年）

| 项目 | 国家财政总支出（亿元） | 中央财政总支出（亿元） | 地方财政支出（亿元） | 占该项总支出% | | 占各自总支出% | |
|---|---|---|---|---|---|---|---|
| | | | | 中央 | 地方 | 中央 | 地方 |
| 总计 | 89874.16 | 15989.73 | 73884.43 | 17.79 | 82.21 | 100 | 100 |
| 一般公共服务 | 9337.16 | 837.42 | 8499.74 | 8.97 | 91.03 | 5.23 | 11.50 |
| 外交 | 269.22 | 268.05 | 1.17 | 99.75 | 0.25 | 1.68 | 0 |
| 对外援助 | 136.14 | 136.11 | 0.03 | 100 | 0 | 2.27 | 0 |
| 国防 | 5333.37 | 5176.35 | 157.02 | 97.06 | 2.94 | 32.37 | 0.21 |
| 公共安全 | 5517.70 | 875.20 | 4642.50 | 15.86 | 74.14 | 5.47 | 6.28 |
| 武装警察 | 933.84 | 699.30 | 234.54 | 74.88 | 25.12 | 4.37 | 0.32 |
| 教育 | 12550.02 | 720.96 | 11829.06 | 5.74 | 94.26 | 4.51 | 16.01 |
| 科学技术 | 3250.18 | 1661.30 | 1588.88 | 51.11 | 48.89 | 10.39 | 2.15 |
| 文化体育与传媒 | 1542.70 | 150.13 | 1392.57 | 9.73 | 90.27 | 0.94 | 1.88 |
| 社会保障和就业 | 9130.62 | 450.30 | 8680.32 | 4.93 | 95.07 | 2.81 | 11.75 |

（续表）

| 项目 | 国家财政总支出（亿元） | 中央财政总支出（亿元） | 地方财政支出（亿元） | 占该项总支出% | | 占各自总支出% | |
|---|---|---|---|---|---|---|---|
| | | | | 中央 | 地方 | 中央 | 地方 |
| 医疗卫生 | 4804.18 | 73.56 | 4730.62 | 1.53 | 98.47 | 0.46 | 6.40 |
| 环境保护 | 2441.98 | 69.48 | 2372.50 | 2.85 | 97.15 | 0.44 | 3.21 |
| 城乡社区事务 | 5987.38 | 10.09 | 5977.29 | 0.17 | 99.83 | 0 | 8.09 |
| 农林水事务 | 8129.58 | 387.89 | 7741.69 | 4.77 | 95.23 | 2.43 | 10.48 |
| 交通运输 | 5488.47 | 1489.58 | 3998.89 | 27.14 | 73.96 | 9.32 | 5.41 |
| 车辆购置税支出 | 1541.82 | 1209.91 | 331.91 | 78.47 | 21.53 | 7.57 | 0.45 |
| 资源勘探电力信息等事务 | 3485.03 | 488.38 | 2996.65 | 14.01 | 85.99 | 3.05 | 4.06 |
| 商业服务业等事务 | 1413.14 | 139.79 | 1273.35 | 9.89 | 90.11 | 0.87 | 1.72 |
| 金融监管支出 | 637.04 | 488.16 | 148.88 | 76.62 | 23.38 | 3.05 | 0.20 |
| 地震灾后恢复重建支出 | 1132.54 | 37.90 | 1094.64 | 3.35 | 96.65 | 0.24 | 1.48 |
| 国土气象等事务 | 1330.39 | 176.39 | 1154.00 | 13.26 | 86.74 | 1.10 | 1.56 |
| 住房保障支出 | 2376.88 | 386.48 | 1990.40 | 16.26 | 83.74 | 2.42 | 2.69 |
| 粮油物资储备管理等事务 | 1171.96 | 495.12 | 676.84 | 42.25 | 57.75 | 3.10 | 0.92 |
| 国债付息支出 | 1844.24 | 1508.88 | 335.36 | 81.82 | 18.18 | 9.44 | 0.45 |
| 其他支出 | 2700.38 | 98.32 | 2602.06 | 3.64 | 96.36 | 0.61 | 3.52 |
| 2009 预算外支出 | 6228.29 | 459.20 | 5769.09 | 7.4 | 92.6 | 2.87 | 7.81 |

资料来源：根据中国统计年鉴 2011 年整理计算所得。

（二）省、市、县地方政府间的事权与财权划分不对称

第一，县乡政府在地方财政收入分配中处于被动地位。1994 年实施的分税制改革，只规定了中央与地方之间的财政收支关系，省以下的财政收支分配体制是由省级政府决定并以省级政府的名义下发文件、建议决定的。绝大多数省份采用了按税种分税的模式。1994 年实施的分税制改革中，中央政府确保自身财政收入增长的做法被一以贯之地推行到省以下的财政收入分配体制之中。所有省份在中央财政分享后的剩余部分又进一步展开了地方各级财政的分

配，分配的决定权由省政府掌握。在中央划归地方政府的主要财政收入来源，全部营业税，增值税的 25%，企业所税和个人所得税的 40% 中，各省级政府纷纷为本级政府切割了相应的份额。虽然切割的形式和比例有所区别，但各省政府都是在确保省政府利益的考虑下进行的。

第二，县乡政府从省、市政府手中分到的财政收入总体比例较低，且越是不发达省市的县乡政府切割的比例越低。王朝才等[①]对 2006 年全国 26 个省级单位的省对下财政收入分配情况进行了调查，在他们所选的 26 个样本省份中，有 23 个省份选择了按照税种分成的方式安排省与下级政府的财政收入分配；只有江苏、浙江、福建三个省份选择了增量定比分成的方式进行税收划分，增量分成比例都为 20%。这三个省份之所以如此安排，是因为经济发达、经济增长点较多，而财政体制一定若干年，如果选择某些税种进行分成可能会导致省以下财力分布出现较大波动。按税种分成的 23 个省份中，每个省份都在收入稳定、增长迅速的营业税、所得税、增值税中选择全部或者其中两三个作为省级主体税种与基层政府分享。省政府从营业税中切割的比例从河北的 10% 到黑龙江的 50% 不等，其他各省居于这两者中间，占 30% 以上的居多。在中央留给地方的企业所得税和个人所得税的 40% 之中，各省基本都有切割，份额在 10%—24% 之间不等，15%—20% 的切割比例居多，这表明省留给地县两级政府的所得税平均水平在 20% 上下。从中可以推测县级政府的收入占地方政府总收入的比重最多维持在 50% 左右。

河南省的做法是"两税"增量的 30% 部分，省财政分享 15%，市级财政分享 5%，县财政仅分享 10%。江西省实行"八税共享"，即资源税、土地使用税、印花税、土地增值税、个人所得税、房产税、遗产税及证券交易税八项地方税收中的 40% 为省级收入，市级财政分享"八税"的 10%，县财政分享 50%。省和市集中的地方税种、专项收入的种类和项目过多，省级以下财政集中收入的速度过快，体制、结算繁杂，省以下的财政体制尚未理顺。[②]

---

① 王朝才等：《基于基层财政视角的地方政府间财政关系研究》，载《经济研究参考》2008 年第 64 期。

② 韩俊、谢扬：《中国县乡公共财政现状问题与影响——湖北省襄阳县、河南省鄢陵县、江西省泰和县案例研》，载《税收与社会》2003 年第 9 期。

第三，县乡政府承担的公共职能较重。据统计，1994—2003年，县乡财政收入由967亿元增加到2836亿元，财政支出由1703亿元增加到4789亿元。财政收支严重失衡。

再以2003年审计调查的18个县市为例①：分税制初期的1997年，地方财政收入占总收入的70.2%，到2002年下降到51.5%，五年间下降了18.7个百分点。各级政府在财权上收的同时，中央和省级政府在发展义务教育方面承担的责任明显不够，县级以上财政用于农村义务教育的支出很少，农村义务教育投入基本上是由乡镇财政和农民负担。

韩俊、谢扬调查发现，1990—2000年期间，襄阳县教育经费总额为136656.5万元，各级财政预算拨款55460万元，占40.58%；其中乡级财政46919.6万元，占34.33%；县财政8540.4万元，占6.25%；省级以上专款150.5万元，仅占0.1%。乡镇最弱的一级财政承担着发展农村义务教育这一最繁重的任务。

## 二、县乡政府支出与财力不对称

（一）1994年分税制改革前后中央与地方财政收支地位逆转情况

表4-3　　　　　　　中央和地方财政收入（亿元）及所占比重

| 年份 | 财政总收入 | 中央 | 地方 | 中央（%） | 地方（%） |
|---|---|---|---|---|---|
| 1978 | 1132.26 | 175.77 | 956.49 | 15.5 | 84.5 |
| 1980 | 1159.93 | 284.45 | 875.48 | 24.5 | 75.5 |
| 1985 | 2004.82 | 769.63 | 1235.19 | 38.4 | 61.6 |
| 1990 | 2937.10 | 992.42 | 1944.68 | 33.8 | 66.2 |
| 1991 | 3149.48 | 938.25 | 2211.23 | 29.8 | 70.2 |
| 1992 | 3483.37 | 979.51 | 2503.86 | 28.1 | 71.9 |
| 1993 | 4348.95 | 957.51 | 3391.44 | 22.0 | 78.0 |
| 1994 | 5218.10 | 2906.50 | 2311.60 | 55.7 | 44.3 |

---

① 俞传尧：《关于县乡财政问题的调研思考》，载《中国审计》2004年第6期。

（续表）

| 年份 | 财政总收入 | 中央 | 地方 | 中央（%） | 地方（%） |
|---|---|---|---|---|---|
| 1995 | 6242.20 | 3256.62 | 2985.58 | 52.2 | 47.7 |
| 2000 | 13395.23 | 6989.17 | 6406.06 | 52.2 | 47.8 |
| 2005 | 31649.29 | 16548.53 | 15100.76 | 52.3 | 47.7 |
| 2010 | 83101.51 | 42488.47 | 40613.04 | 51.1 | 48.9 |

资料来源：根据中国统计年鉴 2011 年整理。

表 4-4　　　　　　　　中央和地方财政支出（亿元）及比重

| 年份 | 财政总支出 | 中央 | 地方 | 中央（%） | 地方（%） |
|---|---|---|---|---|---|
| 1978 | 1122.09 | 532.1 | 589.97 | 47.4 | 52.6 |
| 1980 | 1228.83 | 666.81 | 562.02 | 54.3 | 45.7 |
| 1985 | 2004.25 | 795.25 | 1209.50 | 39.7 | 60.3 |
| 1990 | 3083.59 | 1004.47 | 2079.12 | 32.6 | 67.4 |
| 1991 | 3386.62 | 1090.81 | 2295.81 | 32.2 | 67.8 |
| 1992 | 3742.20 | 1170.44 | 2571.76 | 31.3 | 68.6 |
| 1993 | 4642.30 | 1312.06 | 3330.24 | 28.3 | 71.7 |
| 1994 | 5792.62 | 1754.43 | 4038.19 | 30.3 | 69.7 |
| 1995 | 6823.72 | 1995.39 | 4828.33 | 29.2 | 70.8 |
| 2000 | 15886.50 | 5519.85 | 10366.65 | 34.7 | 65.5 |
| 2005 | 33930.28 | 8775.97 | 25154.31 | 25.9 | 74.1 |
| 2010 | 89874.16 | 15989.73 | 73884.43 | 17.8 | 82.2 |

资料来源：根据中国统计年鉴 2011 年整理。

表 4-3、表 4-4 大体现展现了中央与地方财政收支在 1994 年分税制改革前后的变化情况。以 2010 年的情况来看，这一年全国财政总支出 89874.16 亿元，地方当年总收入 40613.04 亿元，支出 73884.43 亿元，地方政府承担了政府全部支出的 82.21%，因而形成的 33221.39 亿元的收支缺口的首选弥补途径

是中央政府的转移支付。2010 年中央安排的财政转移支付总额为 25606.64 亿元①。这个数字弥补地方财政收支缺口还差 7000 亿元。不过，另有一项为了解决历史遗留问题的中央转移支付，即中央对地方的税收返还，至今仍然有着可观的规模。2009 年中央对地方的税收返还 4934.19 亿元，2010 年返还额为 5004.36 亿元，根据这个数字来推算，2010 年地方政府的财政收支缺口大体应该在 2000 亿元左右。省以下政府间层层上收财权下放事权的一致做法，将支出与财力不对称的局面集中到县乡政府身上。由于目前政府负债都集中在最基层的县乡政府，所以将 2000 亿元的收支缺口在近 3000 个县级单位均分，每个县每年平均有 0.67 亿元的缺口。这个缺口主要是由纵向事权与财权的分配不对称所造成的，应该说这是一个应由上级政府负责的缺口。

（二）中央对地方政府财力转移力度不均衡对县乡财政的影响

第一，中央对各省财力转移力度不均衡。对经济实力强的省份转移支付力度大，对经济实力弱的省份财力转移力度反而小。财力弱的省政府分配给县乡政府的财政收入自然较少。

政府间转移支付的形式之一是税收返还。1994 年的分税制改革，中央政府通过税种划分提高了中央财政收入在全国财政收入中的比重，也明确要求在今后的财政收入的增量中适当多得一些，以保证中央财政收入的稳定增长。这显然是中央地方财政收入利益格局的根本改变。作为取得地方接受税制改革方案的条件，中央采取了税收增长返还的措施。返还数额以 1993 年为基期核定，具体做法是，按照 1993 年地方实际收入以及税制改革后中央和地方收入划分情况，确定 1993 年中央从地方净上划的收入数额，并以此作为中央对地方税收返还基数，保证 1993 年地方既得财力。对于税收增长部分，1993 年 12 月 15 日公布的《国务院关于实行分税制财政管理体制的决定》中规定：以全国两税平均增长率的 1：0.3 的系数确定返还额的增长率。这个办法在实施中不利于调动各省的积极性，因为返还的数额与全国两税（增值税和消费税）相关，而与各省自身的两税增长率无关，因此缺乏奖励作用，难以调动经济发展较快的省份的积极性。所以，在 1994 年 8 月全国财经会议上，将按全国两税

① 韩宗保：《我国财政转移支付制度存在的问题》，载《经济研究参考》2012 年第 6 期。

增长率确定返还系数确定，改为按各省市区两税上缴中央的实际增长率的 1∶0.3 的系数确定。这就使以税收返还为形式的财政转移支付具有了原有包干基数方法的特点。中央对经济发达省份的税收返还大于对经济落后省份的税收返还。税收返还作为权宜之计，一直存续到现在。根据上述数据计算，2010 年税收返还额占当年政府转移支付总额的比例在 20% 左右。这是数年来导致地方间财力不均衡的重要因素之一。据统计，东、中、西部地区财政收入占全国财政收入比重，1995 年分别为 50.65%、28.98%、20.37%；2003 年其所占比例分别为 60.50%、26.25%、13.25%。东部地区财政收入增长势头快，甚至超过全国平均水平。中西部地区财政收入增长速度缓慢，甚至低于全国水平或呈负增长趋势。由此可见，分税制改革的实践结果，是让穷者越穷，富者越富，拉大了区域间财政不平衡。这是导致经济不发达省份对县乡政府财力分配、财力转移的贫乏以及事权下移的策略性行为的重要因素。

第二，各上级政府财政自保行为制约了全国县乡政府财力的增长。从中央到省市，各级政府保证本级政府财政需要首先的做法，将财政困境罩在了县乡政府身上。据统计，1994—2003 年，我国县乡财政收入由 967 亿元增加到 2836 亿元，国家财政总收入从 5218.10 亿元增加到 21715.25 亿元，省市县地方政府的财政收入由 2311.60 亿元增加到 9849.98 亿元。根据对这些数据的粗略计算可见，县乡财政总收入占全国财政总收入的比重由 1994 年 18.5% 下降为 2003 年的 13.5%。县乡政府财政收入占地方政府财政收入的比重下降幅度更大，由 1994 年的 41.5% 下降为 2003 年 28.7%。县乡政府用份额越来越少的财政收入承担了越来越重的公共服务职能，必然陷入财政困境。

## 三、县乡财政供养人员过多

县乡机构膨胀，财政供养人员过多，导致财政支出的刚性增长大大超过了收入的增长。越是经济欠发达地区，财政供养人员的数量增长越快。

（一）财政供养人口过多

全国大约 2900 个县级行政区域，大约 5 万个乡镇，如果按每个县财政供养人口为 10000 人计算，按每人每年的工资为 30000 元，财政需要的工资支出为每年 3 万亿元。每个县 1 万个财政供养人口的数字，只是一个主观的推测。

但就目前发现的调查数据来看，财政供养人数达到1万人的县级政府十分常见。罗丹、陈洁[1]调查结果显示：1990—2004年，余姚市需要财政供养的人员持续增加，从11999人增加到20881人，14年间增加了74.02%。1990—2003年，长葛市财政供养人员合计从9943人增加到21520人，增加了116.43%。尤其是1997—2000年，该市财政供养负担骤然加重，供养人员数从13133人增加到21253人。后河和坡胡两镇的全额财政供养人员从1990年的582人增加到了2001年的1544人，增加了165.29%。1995年之后是人员增长高峰。石固、后河、坡胡3个乡镇的全额财政供养人员合计从1104人增加到2001年的2631人，增加了138.32%。即使在教师由县级财政供养以后，乡镇人员负担仍然不轻。2003年，石固、后河、金桥和坡胡4个乡镇的财政全额供养人员合计仍然有592人。1990—2003年，会泽县财政供养人员从8800人增加到20107人，短短13年间增加了1.28倍。1995—2002年，金钟镇的全额财政供养人员从915人增加到1785人，增加了95.08%。1990—2002年，迤车镇的全额财政供养人员从404人增加到507人，增加了25.50%。同期，田坝乡的全额财政供养人员从151人增加到493人，增加了2.26倍。只有东至县是个例外。1991年，东至县财政供养人员数从11419人，2006年为12517人，但也增长了9.6%。

县乡财政是典型的"吃饭财政"，只能勉强保证工资的发放。在韩俊等(2003)[2]调查的三个县中，泰和县财政情况最好，但就该县目前财力而言，财政只能勉强保证工资的发放。2000年该县主要支出项目中，生产建设性支出占的比重约为27.3%，行政事业费支出占的比重约为7.1%。鄢陵县的日子要比泰和县难过，财政已到了什么都不干，工资也无法保障的地步。该县工资不能按时、足额发放，拖欠工资问题严重。以该县目前的财力，仅保工资这一项仍有3到4个月的缺口。在调查的三个县中，襄阳县财政状况是最困难的，实际上已成为"半饥饿"财政。襄阳县全县财政收入由1994年的10755万元

---

① 罗丹、陈洁：《县乡财政的困境与出路——关于9县、市20余个乡镇的实证分析》，载《管理世界》2009年第3期。

② 韩俊：《中国县乡财政状况：问题与影响》，载《税收与社会》2003年第9期。

增加到 2000 年 37920 万元，财政收入年均递增 25.98%。调查发现，虽然账面上财政收入高速增长，但财政收入水分太大。根据调查资料推断，该县财政收入的"水分"至少为 30%。该县可用财力的增长根本无法满足财政支出刚性增长的需求。

（二）县乡财政供养人口的相对数量与县乡可支配财力的相对数量之间的不对称

统计显示，全国县乡级财政供养人员占地方财政供养人员总数的 70%，但县乡财力仅占全国地方财力的 40%。所以，仅仅因财政供养人口的问题，就已经形成了县乡财政的赤字。张军对闽南某县的调查显示，2002 年，该县实际可支配财力为 7442 万元，财政供养人员所需工资 7992 万元，仅此一项就形成缺口 550 万元。在此背景下，到 2002 年年底，由于各种欠账等原因，该县的隐性赤字已达 1.1 亿元，相当于该县实际可用财力的 1.48 倍。而且，这种隐性负债不断增加的趋势并没有得到有效控制。[1]

1994—1999 年全国县级财政供养人口年平均增长 4.5%，22 个省市区的县级财政供养人口年平均递增 4.7%[2]。越是经济欠发达地区，供养人员增长越快，一方面因为欠发达地区的改革滞后，机构多，位置多；另一方面是因为就业岗位有限，各种人员安置都挤在行政事业单位。

## 四、债务问题严重

（一）债务规模大

国内部分专家对县乡债务总体规模作了几种估计性分析[3]。一是北京大学教授平新乔的推算。2001 年，北京大学教授平新乔将全国 2000 多个县及乡镇政府 1999 年的财政赤字累加，算出全国县及县以下的财政亏空约达 2100 亿元。又根据一般情况下债务约为赤字 5 倍的规律，测算出中国县乡债务规模超

---

① 张军：《农村学校负债发展的路还要走多长》，载《中国社会科学院农村发展研究所研究动态》2003 年第 14 期。

② 财政部科研所"欠发工资现象研究"课题组：《县乡政府欠发工资问题研究》，载《财政研究》2002 年第 4 期。

③ 吉洁：《我国县乡财政负债现状的实证研究》，载《商业研究》2008 年第 10 期。

过 1 万亿元。二是中国社科院财贸所财税研究室主任杨之刚用收入与债务之间的关系进行的测算。通常县乡债务占财政收入的一半，2004 年全国财政收入达 2 万多亿元，据此推算出县乡债务规模超过 1 万亿元。三是 2004 年财政部财政科学研究所所长贾康，根据所调查的几个省的情况进行的推算，发现一般省份都是几百亿的债务规模，有的则接近千亿，按照中国有 30 多个省份来推算，就是万亿的规模。四是吉洁根据里昂信贷证券对中国县级政府负债情况的全面估计，认为中国的县级财政债务为 3 万亿元，占到当年全国 GDP 的 30% 左右。五是 2000 年财政部借鉴汉娜财政风险矩阵进行的测定。财政部确定了中国地方政府债务统计项目，要求各省市县及乡镇按照规定项目，每年自行上报债务数额，统计项目包括直接显性债务和或有显性债务。依据汇总的统计数据，财政部确认，中国县乡两级政府的债务已高达 5000 多亿元，每年以 200 亿元的速度递增。也有人推测中国县乡债务大约在 4 万亿元的水平上。庞大的债务数字固然可怕，但到底有多少债务至今没有弄清，更加令人惊慌。

中西部地区地方财政的相对债务规模更大。2003 年 6 月 25 日国家审计署公布的数据显示，中西部 10 个省、市的 49 个县（市）截至 2001 年年底累计债务达 163 亿元，相当于当年可用财力的 211 倍，平均每个县（市）债务 3133 亿元。在县乡负债中，乡镇财政负债尤为严重。据统计[①]，福建 18 个县市 2002 年年末直接债务为 43.05 亿元，平均每个县 2.4 亿元，是当年地方财政收入 22.19 亿元的 1.94 倍。此外还有政府担保贷款等形成的债务达 15.92 亿元，这些债务借款大部分都不能按期归还。有的已经扣了地方财政的"吃饭钱"，这给十分脆弱的县乡财政带来了更加沉重的压力和财政风险。

（二）负债面广

我国的县级政府在财政收支上普遍处于收不抵支的状态，已经成为了一个引人注目的现象。据调查，2000 年全国 2074 个县级政府（包括县、县级市）中，有 950 个县属于财政补助县，占 46%；全国 45000 个乡级政府中，需要上级补助的乡镇则占 52%。在维持"吃饭"之外还有财力提供公共建设的乡镇，主要集中在东部沿海经济发达地区，中西部地区乡镇的财政一般仅仅维持在

---

① 俞传尧：《关于县乡财政问题的调研思考》，载《中国审计》2004 年第 6 期。

"吃饭"的水平上，有一些乡镇甚至连"吃饭"都不能保证，根本谈不上再提供县、乡公共事业建设资金。

湖南省农调队对该省 10 个县 20 个乡镇的调查发现，到 1999 年年底，被调查的乡镇平均负债（指显性负债）616.45 万元，比上年增长 30%。这 10 个县的乡镇负债面已达 95%，负债最多的乡镇甚至达到负债 2000 万元。到 1999 年年底，河南省 2152 个乡镇，有负债的达 1941 个，累计债务总额 95 亿元，是负债乡镇当年一般预算收入的 1.9 倍，是乡镇可用财力的 1.6 倍；平均每个乡镇负债 441.5 万元，扣除债权后每个乡镇仍净负债 341.2 万元。

韩俊等 2003 年调查的安徽省大马乡 2001 年财政累计净负债达 44617 万元，马坊乡债务是 556 万元，这两个乡镇财政债务占实际可支配财力的比重分别为 29514% 和 370%。再以湖南省为例，全省 2000 多个乡镇中的负债率达到 88.12%，负债额度达到 85140 亿元，负债乡镇有近乎一多半入不敷出，有的乡镇甚至成了名副其实的"空壳"财政，在 1999 年就把 2003 年的财政预算吃完了。目前，全国这种"空壳"财政很多，即使在经济发达的沿海地区，也普遍存在这种"空壳"财政。

（三）债务增长速度惊人

债务增长速度相当惊人。例如某县 2000 年年底已负债 9 亿多元，2001 年债务增长了 8%，2002 年又增长了 16%。其中某乡 1992 年负债 120 万，至 2001 年债务已增至 845 万元，9 年中债务增幅达 604%，平均每年递增 24%。比如河北某乡，到 2001 年年底，共有显性直接负债 550.7 万元，债务逾期率达 95.6%，比该年初提高 2.2 个百分点。姜长云等 2004 年调查黑龙江省北林区新华乡，发现其 500 万元显性直接负债中，有 10% 属于高息借贷，年利率原先是 30%，现在虽然由于清理整顿乡村债务而有所下降，仍然高 12%，远远高于银行利率。今后，即使不会形成新的乡镇债务，这些高息借贷也会推动乡镇债务规模滚动式地迅速膨胀。

问题的严重性还表现在负债来源面广。主要有欠发工资和各种福利保障、对国有粮食企业应补未补的粮食风险基金补贴和可能要由县级政府承担的国有粮食企业亏损挂账等隐性直接负债，有县乡政府各种形式的担保贷款、中小企业信用担保机构运行所带来的部分相关风险、农村金融机构的不良资产、国债转贷资金、县乡政府办企业的损失、下级组织和所辖企事业单位的部分负债、县乡政府在开发区建设和农业产业结构调整中形成的或有负债。

## 五、税债相互替代,财政支出程序混乱

### (一)乡镇政府使用违规手段完成财政收入任务

在县级对于乡镇政府的考核中,财政收入是第一位的任务,财政收入指标与干部的政绩挂钩。为了完成任务,乡镇政府被迫使用了一些非正常方式,如引税、买税、空转收入、举债垫税等手法增加收入数字。赵树凯[①]对10省区20个乡进行调查,4个乡镇承认有过这种情况。一个乡镇介绍说,2002年地税任务200万元,实际上只收了79万元,完不成任务只有搞空转,办法是,先向信用社借款100多万元交上去;办法之二,买税,将其他地方的税源变为本乡镇的,但要花钱。在本次调查中,至少有5个乡镇坦率地承认从事过这种活动。一个乡镇介绍说全镇地方工商税32万元,实际上收入只有6万多元。他们是通过买税完成任务的,买税实际上是挖别人的税,因为税票是通用的。办法之三,垫税。在完不成税收任务的情况下,乡镇工作人员想办法垫付。垫付的资金通常来源于个人筹措,有的是乡镇主要领导人筹措,有的是完不成个人收税指标的具体工作人员自己筹措,是个人自由款项或者借款。形式上类似于空转但不是空转,因为不从返还中还款。一个乡镇书记介绍,他们这里垫税的情况很普遍,90年代后期就开始了,他到这个乡当书记两年,已经垫付了20万元,而且都是以他个人名义借的款,因为用政府的名义已经借不出来钱。

### (二)财政支出以政绩为核心

财政支出以政绩为核心,没有原则。地方政府财政支出的目标取向有二。一是重视GDP和财政收入,轻视整体规划和产业布局。由于政绩考核对GDP和财政收入的增长有硬性要求,地方干部的投资行为更看重能够拉动地方GDP,创造财政收入的产业和项目,从而忽视了地方经济发展的整体规划与产业布局。二是重视资金投入,轻视效益评价。一些地方领导急于在任期内创造政绩,所以只追求一些见效快的建设项目,发展规划和项目立项都缺乏科学严

---

① 赵树凯:《困局中的乡镇财政——10省区20乡镇的调查》,载《决策咨询》2004年第10期。

谨的论证。如王怀忠打造的阜阳"国际化机场"等工程一样，前期缺乏必要的可行性分析，建成后因条件、环境变化导致开工不足甚至无法进入常规运行的项目虽然大小不一，却频频出现。

# 第二节　县乡财政问题的原因

本节将县乡财政问题的原因归结为：中央及各级政府对下级政府的机会主义行为，县乡政府本身的机会主义行为，历次税制改革的制度缺陷，财政分权的权力制衡机制不健全。有机会主义行为的普遍存在，才有违背规则的现象出现，而制度缺陷才是机会主义行为生存的条件。

## 一、中央及各上级政府对下级政府的机会主义行为

县乡财政问题的第一个根本原因在于中央政府及各级政府对下级政府的机会主义行为倾向。所谓机会主义行为倾向，是指人具有随机应变、投机取巧，为自己谋求最大利益的行为倾向。用经济学术语来说，人的机会主义倾向是指在非均衡市场上，人们追求收益内化、成本外化的逃避责任的行为。通俗地说，机会主义倾向就是人们在信息不对称的环境中，通过造成信息方面的误导、歪曲、掩盖、搅乱或混淆的蓄意行为，将经济活动的收益占为己有，却将经济活动中的成本转嫁他人。

不仅新制度经济学和公共选择理论认为如果缺乏约束，国家政府会产生机会主义行为，马克思恩格斯也这样认为。恩格斯从社会分工的角度论证国家的产生，认为国家是社会分工的产物，是社会分工所形成的一个新的部门，这个新的部门非常重要，尤其经济不发达国家更加需要国家承担起公共经济职能。因为在发达国家，私人能够组成自愿联合体解决公共产品生产，比如农业水利设施的建设，"但是在东方，由于文明程度太低，幅员太大，不能产生自愿的联合，所以就迫切需要中央集权的政府干预。因此亚洲的一些政府都不能不执行一种经济职能，即举办公共工程的职能"[①]。

---

① 《马克思恩格斯选集》第4卷，人民出版社1995年版，第762－763页。

那么国家究竟会不会为了自身的利益违背公共利益呢？用新制度经济学的话来问，就是国家这个代理人会不会违背人民这个委托人的利益呢？

"国家对经济发展的反作用可能有三种：它可以沿着同一方向起作用，在这种情况下就会发展得比较快；它可以沿着相反方向起作用，在这种情况下它现在在每个大民族中经过一定的时期就都要遭到崩溃；或者是它可以阻碍经济发展沿着某些方向走，而推动它沿着另一种方向走，这第三种情况归根到底还是归结为前两种情况中的一种。但是很明显，在第二和第三种情况下，政治权力能给经济发展造成巨大的损害，并能引起大量的人力和物力的浪费。"[1] 马恩的观点十分明确，国家有着自身的利益，会为了实现自身的利益不惜与生产运动方向反动，当国家对经济过程沿着相反方向起作用时，这个民族在一定时期就都要遭殃，结果可能是导致人力物力的巨大浪费甚至一个民族的崩溃。

在《在经济史中的结构与变迁》中诺思提出了一个国家模型。诺思的国家模型，展示了政府的两个目标，一是提供服务以使社会产出最大化，二是获取自身利益最大化。这两个目标并不经常一致，而且常常出现冲突。这就使统治者不得不在两个目标之间不断权衡。他分析说第二个目标包含一套能使社会产出最大化而完全有效率的产权，而第一个目标是企图确立一套基本规则以保证统治者自己收入的最大化。从再分配社会的古埃及王朝到希腊与罗马社会的奴隶制再到中世纪的采邑制，在使统治者和他的集团的租金最大化的所有权结构与降低交易费用的促进经济增长的有效率体制之间，存在着持久的冲突。这种基本矛盾是使社会不能实现持续经济增长的根源。[2]

中国的中央政府的很多行为，恰恰验证了已有理论的预言。在统购统销政策漫长的取消、恢复再取消的反复权衡过程中，中央政府的机会主义行为有很充分的表现[3]。1994年中国以分税制为特征的财政体制改革，有着众所周知的目的和指导思想：一是提高中央财政在全国财政收入中的比重，以保证中央财

① 《马克思恩格斯选集》第4卷，人民出版社1995年版，第701页。
② 诺思：《经济史中的结构与变迁》，陈郁、罗华平等译，上海人民出版社1994年版，第21-26页。
③ 赵英兰：《农业制度变迁中的政府行为》，载《山东师范大学学报》（人文社会科学版）2007年第6期。

政收入的稳定增长；二是加强中央的税收立法权。通过改革，中央把之前十几年下放给地方政府的税收权重新收了回来，将中央税、共享税以及地方税的立法权集中在中央以确保中央政令统一。这两个指导思想以明确的上收财权为目的，其理论依据是要建立一套与市场经济客观需要相适合的财政制度，其实现依据是要引导地方政府注重经济效益的提高。

按照国际通行做法，中央和地方财政关系的调整属于政府间权力的重新分配，应该通过立法解决。但中国的中央和地方财政关系是由行政部门主导的，分税制财政管理体制的具体内容和实施是按照国务院的有关规定执行而不是依据法规执行。

上收财权，在某种程度上是上级政府机会主义行为的表现。以行政权力为主导的1994年分税制财政体制改革，强化了中央财政的调控能力，国家先后把主体税种的大头划归中央政府：增值税的75%、消费税的100%、企业所得税和个人所得税的60%。而留给地方的只是一些数额小、零散、不稳定和征收成本较高的小税种。中国财政体制改革过程中，从中央到地方，各级政府纷纷体现了占有收益转嫁成本的行为倾向，如中央政府对下级政府上收财权、事权下移的做法，各级政府仿效中央政府的行为模式对其下级政府同样上收财权下移事权的做法，基层政府对待辖区纳税主体以及居民的做法，都在用行动诠释着机会主义行为倾向的含义。上级政府的机会主义行为倾向决定了以下各种行为方式，这些行为方式成为产生县乡财政问题的直接原因。

上级政府对下级政府的机会主义行为，能够改变财政管理体制改革的初衷，使财政管理体制改革措施转而成为产生县乡财政问题的直接原因。1982年从辽宁省开始试点的"市管县"财政管理体制，这是一种管理体制上实现财权上收的做法，这种做法的初衷是发挥城市对农村的经济带动作用。但在实行的20年间，虽然发挥过一定的积极作用，却在很多地方演变为"市压县"、"市卡县"、"市吃县"、"市刮县"的城市剥夺农村的制度。为了在任期内搞出政绩，一些市的市政府，向县市抽调财力建设地级市，结果是"富了市，穷了县"。县再通过层层分解，将财政负担转嫁到了基层的乡镇。因此，"市管县"制度也成为乡镇地方财政困难的制度因素之一。[1]

---

[1] 李明强、庞明礼：《"省管县"，替代"市管县"的制度分析》，载《经济学家》1998年第1期。

上级政府层层上收财权使县乡财政收入来源不足，县乡财政越来越陷入"无米之炊"的窘境。

下放事权，与上收财权一样，在某种程度上也是上级政府机会主义行为的表现。其结果是，县乡财政事权负担不合理，承担了许多本该由中央、省级政府承担的事务，如农村义务教育、基础教育以及农村社会保障。根据财政合理分权的受益原则，这些事权责任应该主要由中央、省级财政承担，这也是许多市场经济国家的通行做法。而将这些事权责任都压到县乡财政头上，无疑构成其沉重的负担。更有趣的是，县级政府也在效仿上级政府的做法，将事权转移给乡政府负担。

由行政部门主导的政府层级之间的分税制，在上级政府机会主义行动动机支配下，不仅获取了对财政收入进行分配的权力，致使财力分配在各级政府之间的分布极其不对称，而且致使各级政府之间在政府职能的分担上也存在着严重的不对称。其结果是从两个方向上加重了县乡财政负担。

## 二、县乡政府本身的机会主义问题

尼斯坎南在《官僚与代议制政府》一书中分析说，官僚的目标不是公共利益，也不是效率，而是个人效用最大化。官僚可能追求以下目标：薪金、职务、津贴、公共声誉、权力、任免权、机构的产出、作出改变的自由自在感和管理该部门的自豪感。除最后两个目标以外，其他变量都是官僚在任职期间总预算规模的一个单调正相关函数。因此解释了政府追求预算规模最大化的普遍现象。

（一）权力的内部竞争导致县乡政府机构膨胀与机构臃肿

县乡政府机构膨胀，人员臃肿的一个很重要的原因是权力资源在内部人之间的竞争。县级行政等级制的干部遴选制度与全国的行政官员任命制度一脉相承。县政府的干部人事安排是党组织通过一种推荐式的制度化方式来实现的。这种制度安排必然导致利益相关者人际关系影响力的发挥，致使县级行政层次上产生基于利益关系的各种势力相互之间的潜在竞争，因而形成利益派别。位于高位的官员通过人事任免不断地扩大支持力量、强化权力、延续既得利益分配格局。政治寻租者为获得干部职位进行行贿，行政体系内既有政治力量为获取租金以及扩大自己的政治力量而充分地运用手中掌握的"推荐权"，由此形成的行政内部的利益派别之间的争夺与矛盾，倾向于以扩张人员、增设官位的方式对矛盾进行缓冲。其结果是机构膨胀和人员臃肿，养活庞大的行政人口成为县乡财政的极大累赘。

（二）官员公款私用追求个人享乐最大化加重财政负担

比如众所周知的"三公支出"，财政资金被挥霍浪费情况严重。公款娱乐、公款支付花账；公款投保个人养老保险；公款宴请，套用公款赠送上级领导或其亲属礼物；以出国考察为名义，公费旅游，从国内到国外，各种开支都用公款报销；小汽车成为乡镇和县各级正职干部的必需品，并且档次越来越高，汽车和汽油费用都用公款支付；以开会的名义住高档宾馆等等花样百出。2006 年 3 月国家行政学竹立家教授在《学习时报》发表文章，提到全国用于公款消费的财政资金 2004 年已经达到 9000 亿元，由公车、公款吃喝和公款旅游三大项目构成。财政部科研所的一项调查揭示①，一般来说最穷最小的乡镇有一辆车，比较富的乡镇则有十来辆车。一般情况下，党委书记要有一辆奥迪或者桑塔纳 2000，乡镇长要有一辆桑塔纳 2000，或者普通桑塔纳，起码也有一辆 212 吉普。在最富裕的乡镇，党委班子成员人人有专车和司机。这些车跑一年的里程数甚至超过北京的出租车汽油费、修车费、过路费，成为一笔巨大支出，即便是乡镇开不出工资，车也必须照跑。课题组看到，在西部地区一个乡镇 75 万元总支出中，可以属于公共事业的有两项，分别是农村老党员、老村干部补助 1 万多元，计划生育开支 4 万多元。

（三）地方官员追求个人政绩最大化目标增加财政负担

为追求个人政绩以便构建升迁资本，县乡基层官员没有真正按照"正确划分政府与市场的边界"的原则专心致力于提供地方公共产品和服务，而是"越位"地去做一些本应由市场去做的事情，比如涉足竞争性领域的企业生产和经营，加重了基层政府的支出负担。据调查，我国县乡财政债务有相当一部分是因政府投资开办企业亏损而累积起来的。

---

① 财政部科研所"欠发工资现象研究"课题组：《县乡政府欠发工资问题研究》，载《财政研究》2002 年第 4 期。

形象工程、政绩工程和达标工程的建设是和干部的考核机制紧密联系在一起的。受政绩效应驱动和急功近利思想的影响，某些地方政府领导对加工项目投资积极性高。这一行为不仅分散了有限财力，而且由于许多项目缺乏竞争力，最终成为政府的负担。如安徽宜城市6个乡镇因兴办企业导致贷款负债2894万元，平均每个乡镇480多万元。[①]

（四）地方官员的晋升锦标赛削弱了县乡财源的培育

制度的功能在于约束与激励。中国地方官员晋升锦标赛，刺激了中国经济低水平重复建设，出现了粗放型增长问题、收入不平等问题、环境恶化问题、市场秩序紊乱问题与政府职能错位问题。地方官员从最低的行政职位一步一步提拔，进入一个典型的逐级递进的锦标赛结构，迫使地方官员追求短期利益，凡对短期经济增长有益的，地方官员都支持，结果出现了安全生产问题、由政府担保的违规借贷问题、环境问题等等。但政府的真正职能却没有得到行使，如教育问题、医疗问题这些公共职能反而被忽略了。[②]而这些公共职能行使的好坏，直接与其辖区内经济增长相关、与其辖区内财政的培育相关。[③]

### 三、税制改革的缺陷

（一）税制改革对条件不同的地方政府带来不同的影响

统一的税制改革落到拥有不同资源的县乡政府身上，产生了极为不公平的影响，使一些县市直接出现了财政困难。

1994年税制改革将消费税全部划归中央，使有些县乡财政陷入不利境地，特别是一些经济发展水平低、以烟酒为支柱产业的县乡，因而出现了某种意义上的不公平现象。唐世礼等对四川、贵州两省的9个县市调查，新税制后，中央从这些县市拿走的收入比过去多4000万元。以贵州黄平县为例，1993年实

---

① 财政部科研所"欠发工资现象研究"课题组：《县乡政府欠发工资问题研究》，载《财政研究》2002年第4期。
② 周黎安：《中国地方官员的晋升锦标赛模式研究》，载《经济研究》2007年第7期。
③ 公共职能与经济增长关系的研究成果十分丰富，请参见 Arrow（1962），Romer（1986），Lucas（1988）Barro（1990），North, Alchian, Demsetz, Williamson 的多项研究。

现烟税收入 4200 万元，占当年财政收入的 82%，1994 年仅实现税收 3200 万元。贵州省荔波县 1994 年财政收入（包含中央税）为 2348 万元，比 1993 年增长 32%，而本县的财政收入却下降了 27.7%，中央从"两税"税收中拿走了 522 万元，相当于当年本级财政收入的 1270 万元的 41%。再如，张家港市人均 GDP 排在全省第一，人均上缴财政收入占 GDP 的比例却是 20 位，为 3.76%。而泗阳县人均 GDP 的排在 61 位，只有 2429 元，人均上缴的财政收入占 GDP 比例却排在第 2 位，为 7.54%。泗洪县人均 GDP 为 3129 元，在全省排在 51 位，上缴的财政收入占 GDP 的比重为 6.89%，排全省第 3 位。朱秋霞指出，这两个县是江苏名牌酒——洋河酒的产地，酒类消费税上划中央是这两个贫穷县上缴财政收入比重高的直接原因。[①]

（二）财税改革的制度缺陷造成了县乡政府行为扭曲

1994 年分税制改革改变了中央与地方财税分配格局，一定程度上扭曲了地方政府行为，因而产生了县乡财政问题。分税制改革虽然使竞争性生产投资的财政利益缩小了，但政治利益（考核与升迁）依旧存在。因此地方政府延续着发展本地经济的路径，仍然竭尽全力利用本地资源和优势增强本地 GDP 的增长势头。为了加快对外部资源的汲取，各地掀起招商引资之法，竞相提供优惠政策，以扩大本地税基。这种鹬蚌相争的局面不仅大大降低了外来投资的收益，而且给一些劣质投资项目、投机分子、骗子以可乘之机，结果形成了地方政府以担保形式形成的债务负担。

地方政府从税基扩大上所能得到的利益的确是太少了，于是为了增加地方财政收入而产生了税费征管冲动，出台了五花八门的行政事业收费及各种摊派、集资、罚款等。这些规定为县乡政权提供了足够多的获取财政收入的机会和条件，但也产生了两个导致县乡财政问题的后果：一是通过掌控资源来扩充权力的惯用方法助长了县乡政权的内在扩张趋势，直接表现在干部编制的增长上；二是在财政收入征管环节上的相互挖税、买税卖税、收过头税、寅吃卯粮、收入空转、乱罚款、乱收费、贷款交税、挪用上级下拨的专项资金、垫税等失德行为破坏了财政收支纪律，从而导致财政问题。

---

① 朱秋霞：《中国财政制度》，立信会计出版社 2007 年版，第 127 页。

## 四、财政分权的权力制衡机制不完善

（一）财权和行政权两权集中导致上级政府权力缺乏约束

我国行政官员采取的是自上而下的任命机制，而不是全民选举机制，这使上级政府拥有约束地方政府机会主义行为的力量，也使中央及县乡以上各级政府有能力为本级政府或官员个人从经济领域中实现租金抽取最大化。由行政部门主导的政府间财政关系，实现了上级政府的强势性与优先性。财政权和行政权两权的中央集权制，强化了上级政府的机会主义行为，这在现实中表现明显。动物世界中食物分享规则是强者先食，我国财政分权制下税收收入的分享规则是上级政府先取。中央政府首先从全部财政收入中获取中央固定收入和共享收入的中央部分，之后省政府获取省固定收入和与市、县共享收入的省属部分，再之后是市政府对税收收入的切割，最后是县乡。税收收入分配规则是中央政府制定的。用"税收返还"的方式以免触及地方的既得利益，从而换取地方对财税改革方案的支持。财税改革方案的核心在于，中央在未来经济增长带来的税收增加中占有大头，其他各级政府上行下效，将行政权力的任意性效应在各级政府中扩散，各级政府用所掌握的行政任命权和财政管理权，维护了本级政府的财政利益，把财政支出责任推到行政层级的最低端。

（二）上级政府的过多干预削弱了地方政府的自主权

以行政权力为主导的财政分权改革无法约束中央政府的行为，必然会导致基层财政问题。中央等各上级政府对下级政府自主权的侵犯主要表现在政策性支出上。

政策性支出是指上级政府以法律、规章的形式，规定下级政府财政支出的方向及比例或增长幅度。而且这些规定都具有强制性，因而被称为刚性支出。政策性支出门类繁多，有法律规定形式的政策性支出；有国务院以令、条例、通知等形式出台的政策性支出；还有各地方人民代表大会及其常委会制定的以及各地按地方法规规定的支出、地方政府及有关主管部门制定的政策性支出。政策性支出面之广、规定者之多，实可谓"政出多门"。多层次且不稳定的约束使基层政府失去了管辖本区经济及公共事物的自主权。

（三）预算软约束放纵了地方政府的任意行为

税制改革出现的事权财权不对称，是形成预算软约束的原因之一。要形成硬预算约束有两个条件：一是各级政府能够通过预算安排得到必要的财政收入，也就是让各级政府有一个正当的收入来源；二是地方官员必须对本地居民负责。这两个条件在分税制改革前后都不存在。财政层层上收，事权层层下放，使地方政府既没有足够的税收来源，又担负了过多的支出责任，因此地方政府只有通过本级政府的财政赤字和借债来应付，再加上不规范的收费、拖欠工程款、欠发工资、向企业预征未来年度的税费。这些做法影响了地方官民关系，也影响地方公共服务的正常运行。最终迫使中央政府出面解决问题。

财政预算软约束以及缺乏债务融资限制，激发了地方政府的不负责的行为，导致财政收入浪费，形成地方财政困难问题。缺乏债务融资限制的地方政府可以用三种方式进行财政成本转移。第一，通过中央政府的转移支付或者危机援助，让非居民主要承担税收负担。第二，通过为近期支出借款然后在偿还借款时违约，从而把成本转嫁到放款人头上，这可能是银行、世界金融机构、私人或者是中央银行。如果债务由中央政府偿还则负担通过中央政府的税收增加转嫁到全国的纳税人头上。第三，通过年复一年的赤字累积将成本通过未来的高税率留给未来的居民偿还。如果这些做法成功，现任地方政府就能够让现在非居民或者未来居民、非居民承担一部分公共服务的成本，而赢得执政时期当地居民的支持。

借债已经成为中国各行政事业单位的流行做法。几乎所有的地方政府包括大学，都在尽力从银行贷款，然后向政府宣布自己无力偿还，等待政府通过财政转移支付来偿还。这可谓是地方花钱，中央买单。这种现象是典型的"财政公地"悲剧。地方政府制造了财政危机，中央政府便面临救助与不救助的两难困境：不救，将拖累政治经济；救助，就必然会诱发地方政府出现"道德风险"。一般来说，中央政府不会对地方的财政危机袖手旁观，地方政府和各事业单位也知道中央政府的底限，因而诱发了地方政府的任意财政行为，导致了除任意借款之外财政支出的浪费性使用，比如财政资金使用上的管理混乱、渗漏、截留、套取、挪用现象。这些行为成为形成地方财政问题的直接原因。

（四）民主政治约束不足使地方政府失去抵制中央政府不当行为的动机和力量

蒂布特"用脚投票"模型暗含着强政治约束。蒂布特的制度环境是这样的，有很多很多的地方政府，有完全的信息且居民可以没有成本地在辖区间流动，地方税收限制在辖区内居民头上。这样，竞争性的地方政府相互进行着约束。如果一个地方政府选择了一个非效率的财政政策，居民将退出这个社区，或者其土地价格下降，这将削弱地方政府的税基。所以，在蒂布特的模型中，地方政府的政绩甚至生存都由其辖区内的居民决定。因此这是一种很强的政治约束。而中国地方政府官员及地方政府本身的存在与否，几乎与居民无关，自上而下的官员任命机制使得地方官员不能抵制来自上级政府的律、令、条例，因此也不能对地方居民的偏好负责。改变这种局面，需要一个自下而上的官员产生机制，即县乡干部的全民普选。

# 第三节　解决县乡财政问题的途径

从县乡财政问题的现状和根源上看，解决问题的基本出发点有二。一是要求国家要以法律形式，对政府和市场的关系作出明确的规定，解决政府"越位"和"缺位"问题。将政府职能限定在对公共物品提供上和公共服务上，使政府真正在市场失灵领域发挥作用。二是要求明确政府间职责划分，并且将职能范围、支出责任和税种及其他收入来源，用法律的形式固定下来，以解决纵向政府间的"越位"和"缺位"问题。

解决县乡财政问题的基本思路是要有一个系统的机制，头痛医头的零散策略不可能产生实质性效果。本节首先根据问题的不同侧面提出了具体的解决措施，这包括：发展县域经济以扩大县乡税基，完善财政体制改革为县乡财政提供保障，增强财政收支监督对县乡财政行为加以规范，完善财政转移支付制度以平衡县乡事权与财权的缺口，为县乡债务提供融资平台，建立财政风险预警机制以求对县乡财政风险防患于未然；最根本的解决措施是财政制度和行政制度的建设。本节以财政权力、行政权力、宪法与民主制度四个维度为框架，尝试分析各级政府之间以及政府与居民之间相互依存与相互制衡关系，以期对县乡财政问题的认识和解决提出一点浅见。

## 一、地方政府的硬预算约束是解决县乡财政问题的根本措施

### （一）让地方政府主要依赖自有资金运行

解决县乡财政问题的一个重要目标在于赋予县乡政府基本财力。县级基本财力，是指在一个财政年度内县级政府为维护县乡政权机构正常运转，履行其承担的公共职能所需要的支付能力。县级基本财力是一种综合财力，不仅是县级政府的自有收入，还包括来自上级政府的财政转移支付收入等，但其中最为核心的是政府的自有收入，充足的自有收入是缓和地方政府机会主义行为的重要基础。

为了创造硬预算约束，就要明确有效地衡量地方政府的决策责任，最为明确有效地衡量地方决策责任的衡量标准，是让地方政府的运行主要依赖自有资金。而要让地方政府的运行主要依赖自有资金，一是让地方有自己独立的税种，二是让地方政府的支出责任和收入对称，即我们通常所说的事权财权对称。分税制实施以来地方政府虽然拥有自己的税收和其他收入来源，但其支出责任远远超过了其收入，要用 48.9% 的财政收入承担 82% 的支出责任，比如 2010 年地方政府用 40613.04 亿元的财政收入承担着 73884.43 亿元的财政支出责任，如果没有中央政府的财政转移支付或者地方政府债务，这便是一个根本不能完成的任务。结果是，地方政府要完成它承担的公共经济职能，要么主要依靠上级政府的转移支付，要么通过大量举债然后利用公共银行系统来消化这些债务。通过举债然后利用银行系统来消化债务的做法必然导致大额的预算赤字，进而造成财政和货币紊乱；地方政府对转移支付的高度依赖减少了负责任的财政决策的激励，进而使财政决策变成中央与地方政府在政治上进行协商或者说讨价还价的结果，而不是权衡待建的公共项目收益和成本的结果，因此不能达到帕累托最优。

让地方政府主要依赖自有资金行使其公共职能，首先要科学界定县乡财政的事权范围。科学界定并且有法律保障地界定县乡政府的事权范围，才能明确支出责任。有明确的支出责任才能避免上级政府任意地将事权下移。地方政府

的责任有了明确界线，才能在自己的辖区内行使相应的权力。界定县乡政府的事权范围可参照世界各国的通行做法，明确地方政府的核心职能。虽然世界各国划分给地方政府的事权范围有很大的区别，但在地方政府的核心职能上却是一致的。这些核心职能在第二章理论启示部分和第三章的国际经验中都有描述。然而，公共物品的效用范围不可能与行政辖区完全一致，地方政府的一些活动所产生的利益会扩展到其他辖区，这是我们通常所说的"外部性"，并且能够产生足够重要的影响。要想有效提供这些公共物品或服务，需要政府间的合作，通常是由中央政府承担主要责任，地方政府承担辅助性责任，中央通过转移支付委托给地方政府去完成。教育、社保等就属于这类公共物品。所以，需要把我国县乡财政对农村义务教育、公共卫生、社会保障这些本应由中央、省级财政负担的支出重心提高到中央、省级财政。这样既可以减轻这些支出长期以来给县乡财政造成了沉重的压力，使县乡级政府只承担本级财政力所能及的职责，又使其符合了财政合理分权的"利益归宿"原则及"受益原则"，更有助于保证在这些事项上国家发展和社会进步的重要战略意义的发挥。

因为情况往往非常复杂，各级政府间职能的划分不可能全部是可分离的，有许多情况下是政府参与地方公共物品与服务的提供或委托地方行使一些职能，又或者是将某项职能进行合理的分工。这就要求明确分工的具体安排、合作的实现途径，这样才能避免重复和冲突。明确的责任界线，是实行政府决策及对决策实施问责机制的必备条件，而问责机制能否存在又是能否实现财政硬约束的前提。

让地方政府主要依赖自有资金行使其公共职能，其次要赋予县乡地方政府独立的主体税种。财权的核心是税权，为了落实财政职能在各级政府之间的划分，让地方政府能够独立地完成所划分的职能，要求税权在各级政府之间进行划分，使地方政府拥有属于地方政府的税种。几乎所有市场经济国家的财政分权，都将财产税划归在地方政府名下。

让地方政府主要依赖自有资金行使其公共职能，还要赋予县乡地方政府独立的税收立法权。比如，美国国会制定的联邦税法规定，地方政府在不与州和联邦法律相抵触的前提下，可独立地进行税收立法确定开征一种地方税种，比如绿化税、宠物税、教堂税等税种。这样，地方政府可以根据当地情况，以受益原则和能力原则确定税收来源，为更好地完成地方政府职能提供基本条件。这样还能使得地方政府的财政权力和支出责任对等，可防止地方政府行使财政职能时不负责任、向上级政府转嫁财政赤字风险，或者绕过法律约束，寻找非正规税收入来源等行为，从而维持财政秩序。

（二）科学谨慎地使用转移支付形式

1994年分税制改革建立起来的地方转移支付制度，还没有从根本上解决基层财政困难。各种最基本的社会公共服务甚至在各省内部也尚未实现"均等"。因此，转移支付资金规模、结构都需要进一步调整改善，尤其是应该注重建立稳定的均等化转移支付资金，在资金分配上加强对解决县级财政困境问题的重视。

## 二、开发一个好的财务信息系统和报告体系以便建立监督机制

地方政府能否成功地行使一系列地方职责的能力受到很多因素的影响。但其中最为关键的是可问责性，也就是说地方政府要对其决策负责。地方政府既需要对上负责，也需要对下负责。地方政府需要对市民负责，这不仅是因为市民为其提供税源支持其政治经济活动，而且是因为政府产生与存在的根源本身就在于为居民的需求服务。地方政府也要对上级政府负责，要服从法律和上级政府监督管理，因为它从中央政府那里接受政府间的转移支付。

可问责性建立在完善的财务报告制度基础之上。财务报告所披露的信息使地方政府的运营变得透明，从而增强可问责性。这就要求财务报告能够向社会各方表明资金的来源及使用方向，并且根据地方政府的职能范围和规模确定相应的财务系统细节，如此才能确保资源的正确有效使用，避免资源被任意挪用甚至为少数管理资源者占为己用或用于达到自己目的的行贿、政绩工程开支或者其他途径的财富转移，例如购买关系户的产品或上级领导指定的产品。

由中央政府统一确立或开发一个好的财务信息系统和报告体系是值得的。第一是因为存在规模经济。第二是因为中央政府通过开发或者引进一个通用的财政系统和报告体系，既可以为地方政府提供有价值的操作依据，也可为地方政府规定一个横向政府间比较的数据。第三是因为统一的财务报告体系既为地方政府优化决策提供了工具，也为中央洞悉地方事务、配置转移支付资金提供了标准。第四是统一的财务信息系统和报告体系的应用还能确

保地方政府预算资金按照指定用途使用，从而使腐败无所遁形。

还需一提的是民主。治理良好的决定因素是可问责性，统一的财务报告体系是观察和评价地方政府绩效的标准。但仅仅统一的财务报告系统是不够的。仅仅加上上级政府的监督也是不够的，共事时间长久的上下级官员之间不可避免的相互影响因素会使上级对下级的监督机制失灵。所以，如果财务报告系统的这些信息是人民大众可获得的，那么，每一位居民、每一个社区、利益团体、宣传媒体都可以参与到地方公共事务的讨论中，如此形成人们对地方公共事务的共识可促进社会和谐，形成的公众参与讨论氛围和习惯可提升大众民主素质，这反过来又成为一种监督机制可促成与前述的优势形成良性循环。所以，可问责性离不开政治民主制度与之配套。

在实质上，可问责性、统一且运行良好的财务报告系统、居民的民主参与与监督，也是对地方财政形成硬预算约束的必备条件。

### 三、建立财政危机预警系统

目前中国县乡财政问题的严重性，表明中国迫切需要建立一个财政危机的预警系统，以免盲目地在高危状态下运行导致不可收拾的经济甚至政治后果。

加强省政府对县财政状况的监督，是省直管县的主要内容之一。监督机制设置包括以下环节：一是由研究机构研究财务危机的测试指标，二是选择监督者，三是安排监督程序，四是安排实施机制。这个过程中的每个环节都要求使用法律手段，比如用法律手段确立监督程序及实施安排等。

澳大利亚地方政府的效率保证也来自于州政府的管理审核。澳大利亚地方政府的效率保证来自于各级政府之间的相互协调与制约。例如，最低份额的地方预算必须经过竞争投票（市场检验），州政府实行管理审核，而且还有全国性的标准化程序来确定最优实践和相对绩效，同时也有比较报告出台。绩效评估的审核工作广泛存在，在改进服务质量方面也进行了大量尝试。[1]

---

[1] 麦克米兰：《地区和地方政府间的财政关系》，载沙安文主编：《地方政府与地方财政建设》，中信出版社 2005 年版，第 4 页。

根据国际经验,地方财政危机的预测系统需要几个构成要素:

(一) 学术研究机构和研究人员以及公共利益组织为财政危机预测所提供的危机测量体系

美国财政危机测量体系,就是由来自官方和民间的许多研究机构和学者进行研究的结果。在中国,这样的研究还十分少见,开辟这一研究领域是一个目前十分迫切需要,未来永远需要的一个建设性工作。这些研究将为我们提供财政危机的信号,我们可能据此做出危机存在与否的判断,做出危机爆发概率的判断,以便及早将财政导向健康状态。如美国俄亥俄州确定,财政危机表示这个辖区不能完成有效的合法义务,如政府不能完成对债券本金和利息、供应商货款、工资发放、退休金发放等支付,就表明该政府已经陷入财政危机,此时必须实施严格的治理措施。

(二) 选择监督者并确定监督程序

由省政府对县政府的财政状况进行监督必须落实到具体的人。承担监督责任的人要有相应的资质。但人员的来源可以有相应的灵活性,可以是省政府自己的成员或者地方政府自己安排的人员,最好是选择独立审计师或者地方单位。独立审计员要根据自己对财政报告的分析发现问题,并提出减轻财政问题的意见。同时,独立审计员也要受到监督,应由总审计部门对各地的审计状况进行抽样检查,并对审计员进行问责。总审计部门还要对各地选择的审计标准进行认同,批准审计员的挑选。

(三) 对有危机征兆的县进行积极的帮助,对陷入危机的县实施严格的纠正措施

帮助的方式可以选择贷款或补助金以及政府债务担保。但这些手段的选择还值得研究,因为每种救助措施都有可能引致地方政府的道德风险。至于让县政府纠正危机状态,可以采取指定管理者、更换部门主管、服务私有化等措施,也包括暂时提高某些税率并严格要求减少政府支出。对有些拒不执行这些要求的县,还可以采取一些法律制裁的方式,让官员们真正承担财政收支的责任。

## 四、必须构建纵向政府间的制衡机制

传统理论假定政府官员总是有足够动力去提供公共产品和维护市场秩序。但实际上，不同层级政府的行为模式，都是在给定约束条件下将自身利益最大化。政府的机会主义行为表明，任何政府单位都想获得租金却让别的政府单位承担生产公共产品的成本；中央政府有激励地将资源转移给自己，为的是一些非社会最优目的，比如，为了私人利益、权威、腐败或选举利益。地方政府的行为也是如此。双方的机会主义行为所形成的政府间争夺利益推诿责任的博弈，是造成财政危机以及公共产品公共服务提供不足的关键。

公共选择理论揭示，财政分权制度存在着联邦悖论：一个微弱的国家政府会引致地方政府的搭便车行为以及形成封闭的诸侯经济，甚至可能形成太过独立的地方政府而使国家失去控制能力并破坏国家统一；如果国家政府权力过大，它就会破坏地方政府的独立性、榨取地方租金使一个国家趋向衰弱。

解决联邦悖论要求通过上下级政府之间的纵向分权建立起一种相互制衡的机制。在缺乏相互制衡时，无论是上级还是下级政府都可能会产生机会主义行为。只有建立起相互制衡的机制，一个国家或政权才能可持续和高效地运转。

# 解决县乡财政问题与财政体制变革

◇　财政体制变革中县乡政府财政地位的演变

◇　从财政体制出发解决县乡财政问题的思路

◇　"省管县"体制缓解县乡财政困境作用评析

财政管理体制指的是通过一定法律的形式确定各级政权对财政收支或税收的权、责、利的分配方式，实质是处理财政资金分配和管理上的集权与分权、集中与分散的关系问题。实际上财权、财力在各级政府间的分配，是中央、地方政府各自利益的分配，每一次财政税收制度变更则是对中央政府与地方政府的利益关系的重新调整。因而，财政体制变革必然伴随着中央与地方利益博弈策略变化和收益分配格局变化。目前中国县乡政府存在的财政收支问题与1994年分税制财政体制改革有着密不可分的联系。

# 第一节　财政体制变革中县乡政府财政地位的演变

1949年新中国成立至今，我国进行了多次财政体制改革，经历了从计划经济时代的高度集权的体制向市场经济时代以分权为特征的体制的演变，在全国性财政体制变革中，县乡政府的财政地位也处于不断演变中。理清县乡政府财政体制的演变过程及其特点，有助于从根本上把握县乡政府财政收支问题的本质。

## 一、我国财政体制改革的历史回顾

（一）1994年之前财政制度的演变

1994年之前的财政体制可以分为三个阶段：1949—1957年高度集权的财政体制、1958—1977年传统体制下的财政管理体制以及1978—1993年以放权让利为特征的财政管理体制。

1. 1949—1957年高度集权的财政体制。

新中国成立初期，为恢复国民经济和社会的正常发展，在借鉴前苏联财政体制的基础上，我国建立了高度集中、统收统支的中央集权式财政体制。这一高度集中的财政体制，是1950年统一全国财政经济工作时形成的。1950年3月3日，政务院会议通过《关于统一国家财政经济工作的决定》。《决定》的基本内容是：财政收支统一到中央；公粮统一，除了 5%—15% 的地方附加外，全部由中央掌握调动使用；税收统一，所有关税、盐税、货物税、工商税统一集中到中央；编制统一，解决编制庞大，人浮于事的状况。国家选择高度集中的财政体制，主要是因为中央面临战后重建、战争以及与之相关的各种负担使得中央财力不能支撑，而作为国家财政主要收入项目的公粮和税收却仍然由各地方人民政府自收自用。所以，在当时，国家将财力物力集中于中央，对平衡收支、稳定物价、扭转当时的财政经济困难局面、保障战争供给、支援经济的重点建设与恢复方面起了很大作用。

与高度集权的计划经济体制相同，高度集权的财政体制统过于死板，地方政府的公共收支没有主动性、积极性。大量繁琐的财政收支事务集中在中央，也影响了国家财政对重大的问题的研究与解决能力。

2. 1958—1977 年传统体制下的财政管理体制。

1958 年，我国社会主义改造基本完成，经济建设有了很大发展，为了加强对国有企业的经营管理，有必要把一批适合于地方经营的企业下放给地方管理。同时，地方也要求掌握更多的财权，以便因地制宜安排本地的经济文教建设事业的发展。在 1957 年第一次财政分权改革基础上，我国于 1958 年开始了以分权为特征的财政体制改革。但此后先后经历了"大跃进"、自然灾害以及"文化大革命"等事件，这一时期的财政管理体制变化频繁，并未形成一套原则统一、中央地方责权利明确的完整的财政管理体制，既有中央放权给地方的尝试，也有些年份采取集权的方式。总体上而言，这一阶段的财政体制与前一阶段相比，并未有本质上的变化，仍然属于集权式的财政管理体制。

我国在改革前的 30 年里，财政体制几经变动，有时中央财权过于集中，有时地方财权过于庞大。财政在中央与地方之间反复调整，主要是随着政治形势的变动而变动，目的是为了解决当时出现的突出问题，在困难中勉强维持财政运行。但总的来说，财政体制是集权式的，地方机动财力在地方财力中所占的比重有限，地方自主支配的财力是有限的。①

---

① 戴园晨、徐亚平：《财政体制改革与中央地方财政关系变化》，载《经济学家》1992 年第 4 期。

3.1978—1993 年以放权让利为特征的财政管理体制。

1978 年，我国实行改革开放，政府工作重心转移到社会主义现代化建设上，财政管理体制也相应变革。1979 年在四川和江苏两地试点，分别实行"划分收支、分级包干""总数分成，比例包干"的办法，扩大地方财权增加地方责任。这一时期的财政管理体制改革是渐进式的改革，由中央政府主导，以行政性放权让利为特征，通过减少财政在国民收入分配格局的份额，还权于企业、让利于居民，分配上向农民、城市职工和企业适度倾斜，财政收入的分配上也实行放权，倾向于减少中央政府收入，增加地方政府收入。

1979 年，国家采取了提高农副产品收购价格、提高了部分职工工资、减免一部分农村税收、扩大劳动就业、试行企业基金制度的改革措施，从而造成1979 年国家财政前所未有的巨额赤字 170.9 亿元。"当时的局面是，中央财政压力很重，各方面都向中央财政要钱，难以应付，因而，当时从试点转向全面推行分灶吃饭，扩大地方财权，使财政体制改革在城市经济体制改革中先行了一步，这并不是有意识的安排，而是逼出来的，是把担子分给地方，'千斤重担众人挑'。"[1]

从 1980 年进行的"划分收支，分级包干"体制改革，到 1985 年"划分税种、核定收支、分级包干"体制，再到 1988 年后"多种形式地方财政包干"体制，结合 1983 年、1985 年的两步"利改税"和多税种配合发挥作用的复合税制的形成以及财会制度的不断规范，使我国的财政收入逐步从按行政隶属关系划分向按税种划分转变，再加上财政支出结构的调整，使我们可以清晰地看到财政管理体制渐进式的变迁轨迹。

1980 年 2 月，国务院颁发《关于实行"划分收支、分级包干"财政体制的暂行规定》，决定除京、津、沪三个直辖市仍采用 1976 年实行的"定收定支、收支挂钩、总额分成、一年一变"的财政体制模式外，其余地方均实行财政承包体制，从此中央与地方政府财政由"一灶吃饭"改为"分灶吃饭"。

随着经济体制改革的需要，1983 年和 1984 年，我国财政体制相继进行了第一步利改税和第二步利改税，打破了原有的政府间分配格局。为了进一步改

---

[1] 戴园晨、徐亚平：《财政体制改革与中央地方财政关系变化》，载《经济学家》1992 年第 4 期。

变政府间的分配关系，1985年将1980年的"划分收支、分级包干"，改为"划分税种、核定收支、分级包干"。这次改革按照第二步利改税的税种设置进行收入划分，将收入分为中央税、地方税和中央地方共享税。流转税被定为共享税，地方所得比例根据各地的收入支出基数对比确定，从40%到100%不等。对于贫困省份，中央给予定额补助。1988年7月28日，国务院发布了《关于地方实行财政包干办法的决定》，开始了全国范围的财政承包制，承包办法包括：收入递增包干、总额分成、总额分成加增长分成、上解递增包干、定额上解、定额补助六种形式。如果再加上五五分成的分税制试点等形式，可以看出财政承包制的具体办法在各地差异很大。由于对地方财政收入增长能力不同，再加上信息不对称和决策不透明等问题，包干体制形成明显的"讨价还价"特征，财力分配在很大程度上取决于讨价还价能力而不是客观需要。

伴随财政包干制激励各行政机构把财政包干任务层层加码地分派下去，把任务完成情况作为地方政府官员政治晋升的标准。这种政治与经济相结合的双重激励制度，激发了地方官员推动经济增长且认真进行税收征缴的积极性。

这种积极性辅之以相应的行政权力和经济权力，如地方立法权、财政自主权、干部任免权；固定资产投资权、城乡基本建设投资权、外汇投资权、经济管理权等，为地方政府开辟地方政府的财源创造了充足的条件。经济和政治双重激励以及经济政治权力的双重辅助，还引发了地方政府按照自己的意图理解中央政府制定的各项方针政策、放大对其有利的方面、回避对其不利的一面的内在动机和实施能力。各地方政府为了获得增长分成，集中一切力量进行了地方投资，在一定程度上带来"诸侯经济"，引发地区间市场封锁，影响了全国统一市场的形成。

这一时期地方政府主要收入来自第二产业的流转税，激励了地方政府选择以外延式为主的发展道路，各地出现大量低层次的重复建设，忽视了一、三产业发展，制约了产业结构的调整。投资的低效性、短期性以及由此形成的银行等各种途径的债务，为县乡政府的财政问题埋下了隐患，一旦地方政府手中掌握的财政资源减少，其财政危机必然随即到来，1994年分税制改革中央掌握税收主动权后，各地方政府的财政问题随即暴发就是证明。

财政承包制除激发了地方政府的创税收税积极性外，还形成了严重的向地方倾斜的财政收入分配格局。由于包死了中央收入，将经济增长的大部分收益留在了地方，使中央财政陷入的困境。中央财政收入占全国财政收入的比重连续下降，中央财政赤字增加，运转困难。

（二）1994 年分税制改革

为配合 1992 年开始的以社会主义市场经济新体制为目标的经济体制改革，1993 年 12 月 15 日，国务院发布了《关于实行分税制财政管理体制的决定》，开始进行以经济性分权为特点的分税制财政体制改革。

1. 1994 年分税制改革基本内容。

（1）按税种划分税权。

1994 年分税制改革后，税种结构发生了较大变化。根据税制改革之后税种设置情况以及中央和地方的事权划分，将与维护国家权益密切相关和有利于实施宏观调控的税种划分为中央税；将收入数额较大，能够稳定增长的税种划分为中央与地方共享税；将与地方经济发展关系密切，适合地方征管的税种划分为地方税。具体税权划分如下：

中央固定收入包括：关税，海关代征的消费税和增值税，消费税，中央企业所得税，非银行金融企业所得税，铁路、银行、保险等部门集中交纳的收入（包括营业税、所得税、利润和城市维护建设税）等；外贸企业出口退税除现在地方已经负担的 20% 部分外，全部由中央财政负担。

地方固定收入包括：营业税（不含银行总行、铁道、保险总公司的营业税），地方企业所得税（不含金融企业所得税），个人所得税，城镇土地使用税，固定资产投资方向调节税，城市维护建设税（不含银行总行、铁道、保险公司集中交纳的部分），房产税，车船使用税，印花税，屠宰税，农牧业税，耕地占用税，契税，遗产和赠予税，房地产交易增值税，国有土地有偿出让收入等。

中央与地方共享收入包括：增值税、资源税、证券交易税。增值税中央分享 75%，地方分享 25%。资源税按不同的资源品种划分，海洋石油资源税作为中央收入，其他资源税作为地方收入，证券交易税中央地方各分享 50%。

1994 年分税制改革之后，我国对税制又不断进行调整，经过近 20 年的调整，现行税制设置及中央地方税权划分情况如下：

中央税：消费税、关税、车辆购置税、海关代征的增值税和消费税。

地方税：车船使用税，契税，房产税，车船使用牌照税，遗产或赠予税，城镇土地使用税，牧业税，土地增值税，耕地占用税，筵席税，屠宰税。

中央地方共享税：营业税（其中各保险总公司、各银行总行和铁道部集中缴纳的部分归中央一般预算收入，其余部分归地方一般预算收入），印花税（其中证券交易印花税收入的94%归中央一般预算收入，其余6%和其他印花税收入归地方），城市维护建设税（铁道部，各银行总行、各保险总公司集中缴纳的部分归中央一般预算收入，其余归地方），增值税（其中地方政府分享25%，中央政府分享75%），企业所得税（其中铁道部、各银行总行及海洋石油企业缴纳的部分归中央一般预算收入，其余部分中央与地方政府按60%与40%的比例分享），个人所得税（中央分享60%，地方分享40%），资源税（其中海洋石油企业缴纳的部分归中央一般预算收入，其余部分归地方一般预算收入）。

（2）划分中央与地方的财政支出范围。

中央财政支出：国防费，武警经费，外交和援外支出，中央级行政管理费，中央统管的基本建设投资，中央直属企业技术改造和新产品试制费，地质勘探费，由中央财政安排的支农支出，由中央负担的国内外债务的和还本付息支出，以及中央本级负担的公检法支出和文化、教育、卫生、科技等各项事业支出。

地方财政支出：地方行政管理费，公检法支出，部分武警经费，民兵事业费，地方统筹的基本建设投资，地方企业技术改造和新产品试制费，支农支出，城市维护建设费，地方文化、教育、卫生等各项事业费，价格补贴支出以及其他支出。

（3）建立中央对地方税收返还和转移支付制度。

为了补偿地方因新体制造成的财政收入的减少，也为了减少地方财政收入的区域性差异，中央施行对地方税收返还和转移支付制度。

税收返还即以1993年为基期年，按分税后地方净上划中央的收入数额，作为中央对地方的税收返还基数，基数部分全额返还地方，返还的税收数额与消费税和增值税（75%）的增长率相关联，每年递增返还，按当年全国增值税和消费税平均增长率的 1：0.3 的比例确定税收返还的递增率，1994 年 8 月又将税收返还的递增率改为按各地区分别缴入中央金库的"两税"增长率的 1：0.3 系数确定。

中央向地方的转移支付制度是为了调节各级政府之间的纵向以及同级政府不同地区间的横向财政不平衡、保证地方财政正常运行，但是在分税制建立之初，存在中央财政财力有限、转移支付所需统计数据不完整、测算方法不完备等问题，因此转移支付制度的规范建设职能采取"总体设计、分步实施"的战略。1995 年财政部出台了过渡期转移支付办法，之后，每年都在上年基础上根据执行情况和各方面的意见加以改进和完善。

分税制改革主要目的在于调节中央和地方财政收入的分配比例，对于省以下的财政体制并未涉及，各省省内财政体制的变革是由各省自行进行的。各省基本按照分税制改革的思路调整省、市、县、乡的体制，主要集中于地方财政收入的共享比例、税收返还、上解和补助等方面，在改革过程中对县乡财政及财力贫乏地区有所倾斜。

2. 分税制改革导致中央地方利益格局变更。

（1）财政收入格局。

表 5 - 1　　　　　　　中央和地方财政收入（亿元）及所占比重

| 年份 | 财政总收入 | 中央 | 地方 | 中央（%） | 地方（%） |
|---|---|---|---|---|---|
| 1993 | 4348.95 | 957.51 | 3391.44 | 22.0 | 78.0 |
| 1994 | 5218.10 | 2906.50 | 2311.60 | 55.7 | 44.3 |

资料来源：中国统计年鉴 2011 年。

分税制改革后，中央和地方税收收入的分配结构发生了很大变化，中央政府的税收收入比重，从 1993 年的 22% 迅速上升到 1994 年的 55.7%，而地方税收收入比重则从 78% 下降到 44.3%。1994 年之后，中央政府税收收入占全国税收收入的比例常年维持在 50% 以上，2004 年甚至达到了 58.62%。分税制改革的目的是增加中央财政预算收入在总财政收入中所占的比重，从而增强中央对整个国民经济的宏观调控能力，从数据中看这个目的是达到了，但同时大幅降低了地方收入，为后来的地方财政困难埋下了伏笔。

1994 年分税制改革主要集中在调整中央和地方收入方面，但对于省以下财政体制改革并未有统一的规定，各省按照中央分税制改革的方式结合地方具体情况自行进行改革，改革的结果类似于中央地方收入划分情况，造成省内财权上收，而省以下财政收入的进一步减少，尤其是县乡政府的税收收入下降过快。省级政府的集中程度不断加大，年均提高 2%（从 1994 年的 16.8% 提高到 2000 年的 28.8%），市一级政府同样在想方设法增加集中程度，2000 年地方财政净结余 134 亿元，而县、乡财政赤字增加①。这实际上说明财力在向省、市集中，而县乡政府财政收入却逐渐相对减少，不得不依靠从中央、省、市三级政府获得大量转移支付，并通过股权债权融资、土地转让等方式来拓展收入渠道，结果陷入债务不断累积的财政困境。

（2）事权划分。

1994 年分税制改革对于我国中央政府与地方政府间的事权划分并不清晰，并且我国宪法和有关法律法规对各级政府的事权划分只作了原则性规定，没有对各级政府的具体支出责任的划分做出明确规定，执行过程存在很大的随意性，政府间财政支出责任的划分缺乏法律依据，造成实际上各级政府间没有明显的区别，除外交、国防等专属中央政府的少数事权以外，地方政府拥有的事权几乎是中央政府事权的翻版，从而呈现出"上下对口、职责同构"的特征。由于中央政府的权威性，存在中央政府的"机会主义行为"，即中央政府不恰当地将某些事权下放给财权有限的地方政府，1994 年之后地方政府承担的基本建设、教育、医疗、文化等支出逐步增加。这造成了地方政府尤其是县乡政府的财权与事权不匹配的情况，地方财政收入不足以弥补支出，不仅影响了地方支出责任的履行，还加大了地方财政的支出压力，使地方财政陷于被动的地位，财政赤字不断扩大。

3. 利益格局变化引致地方政府的策略行为及行为后果。

1994 年中央政府以分税制代替包干制。分税制确定了中央政府和地方政府独自享有的税种和共享税，其中引人关注的一项是将增值税的 75% 划归中央。采取这一举措的目的，除了中央集中财权之外，针对的就是地方政府短视

---

① 贾康、白景明：《中国地方财政体制安排的基本思路》，载《财政研究》2003 年第 8 期。

的投资行为，是为了纠正在财税包干体制下，地方政府为了增加财税收入所选择的外延为主的专注于第二产业的发展道路。

这次分税制改革没有放弃对地方政府的财政激励，地方政府在财政包干体制下所形成的经济主体角色仍然有一定程度的保留，干部考核体系没有根本性变化，地方经济增长仍然是地方官员考核晋升的指标。所以，分税制改革后，地方政府行为有两个取向：一是旧有的投资冲动，二是税费征管冲动。

地方政府仍然维持着包干制下形成的投资冲动，分税制改革虽然使竞争性生产投资的财政利益缩小了，但政治利益（考核与升迁）依旧。因此地方政府延续着发展本地经济的路径的同时，仍然竭尽全力利用本地资源和优势推动本地 GDP 的增长势头。为了加快对外部资源的汲取，各地掀起招商引资之法，竞相提供优惠政策，以扩大本地税基。这种鹬蚌相争的局面不仅大大降低了外来投资的收益，而且给一些劣质投资项目、投机分子、骗子以可乘之机，结果造成了地方政府以担保形式形成的债务负担。

分税制改革后，地方政府从税基扩大上所能得到的利益大大缩减了，为了弥补地方财政收入因此而产生的缺口，地方政府产生了税费征管冲动。支持税费征管冲动的制度基础是中央制定的各种政策以及中央赋予地方的搭车收费权①。所以，地方政府在1994年分税制改革后所产生的税费征管有着政策合理的外衣。县乡政府收取本级政府的各项税费往往是通过利用中央及省市政府赋予的财政税收管辖权和土地审批权，与国家正式税收搭车收取，如地方政府征收的乡统筹和村提留以及义务工、积累工的以资代劳费，各级政府部门出台的行政事业收费及摊派、集资、罚款等，就是在征收农业税、农林特产税的同时征收的。

县乡政府通过税费征收等途径获得了大量的财政收入，这造成两个直接后

---

① 中央赋予地方政府的搭车收费权特权有着悠久的历史。早在新中国成立初期，中央政府因无力照顾地方财政，就允许地方政府参与对农业剩余的分享。其形式是：国家允许地方在征收国税——人们称之为正税——的同时，按一定比例征收农业税地方附加。1950 年《新解放区农业税暂行条例》规定农业税地方附加的比例最高不得超过正税的 15%，1951 年变为 20%，1956 年为 22%，1957 年为 15%。最终这一比例被 1958 年颁布的《中华人民共和国农业税条例》规定固定为 15%。这是基层政府作为中央政府征税代理人合法收取的代理费用。有国家政策保驾护航，地方政府便根据财政开支的需要，向农村进行各种摊派，并将收取地方税费与完成国家税收任务结合一块收取，即"搭车"收取。

果：一是通过掌控资源来扩充权力的惯用方法助长了县乡政权的内在扩张趋势，直接表现在干部编制的增长上；二是在财政收入征管环节上违规违法行为层出不穷，如寅吃卯粮、相互挖税、买税卖税、收过头税、贷款交税、收入空转、乱罚款、乱收费、挪用上级下拨的专项资金、垫税等。

## 二、财政分权的权力制衡机制不完善所导致的县乡支出刚性及其后果

政府行为缺乏宪法、法律约束，以行政权力为主导的财政分权改革无法约束中央政府的行为，必然会导致基层财政问题。

政策性支出侵蚀着地方政府的财政自主权，成为地方政府财政问题的直接原因。

政策性支出一般指在有关法律法规、部门规章中，以规定支出的比例或增长幅度的方式，规定了财政对某一特定领域的投入规模，以促进各级财政在编制预算时优先保障这些领域所需的资金来源。由于支出的规模和方向具有强制性，政策性支出又被称为刚性支出。政策性支出有以下几类，一是以法律规定为形式的政策性支出。如《教育法》第七章第五十五条规定："各级人民政府教育财政拨款的增长应当高于财政经常性收入的增长。"2010年颁布的《国家中长期教育改革和发展规划纲要（2010—2020年）》规定："到2012年年末，财政性教育经费占GDP的比例达到4%。"再如，《农业法》第五章第三十八条规定："中央和县级以上地方财政每年对农业总投入的增长幅度应当高于其财政经常性收入的增长幅度"等等。各级政府以此为依据的支出皆为以法律形式规定的刚性支出。二是国务院以令、条例、通知等形式出台的政策性支出。这些政策性支出涉及面很广，包括基层文化建设、人口和计划生育工作、村村通工程、农村电影、农村义务教育、疫苗流通和预防接种、新农合、城市低保、农村低保、城市居民医疗救助、城镇居民医保、社会保障、调整机关事业单位人员工资标准等方方面面。三是各地方人民代表大会及其常委会制定的以及各地按地方法规规定的支出、地方政府及有关主管部门制定的政策性支出。各地方人大及相关主管部门的政策性支出文件，一般是细化国务院的各项规定，并且为了确保任务完成，层层加码对下级政府提出要求。

从政策性支出面之广、规定者之多，可以看到经常被提及的"政出多门"的局面。多层次且不稳定的约束使基层政府失去了管辖本区经济及公共事物的自主权。欠发达地区的基层财政教育、科学技术和农林水三个科目支出已占其当年可用财力的69%[①]。

再如"新农合"问题。2003年政府开始在农村实行的新型农村合作医疗试点工作，是一项政府主导的医疗保险制度，其资金来源以个人出资为辅、各级政府财政补助为主。但在实际操作中，新农合统筹层次以县为单位，在没有建立一种与地方财政支撑能力相联系的中央和省市补助制度的情况下，现阶段要求基层政府提供配套的政策性补偿支出，加重了基层政府的财政负担。对于新农合政策性补偿支出对基层政府财政负担可能带来的影响，已经引起了学术界的关注。比如，高梦滔通过对云南省的调查研究发现新农合财政补助支出加重了部分贫困县的财政负担[②]。顾昕发现实行"一视同仁"的新农合财政补助分担机制会使财力较弱的县市承担相对更重的财政负担，而且即使实行"有所区别"的新农合财政补助分担机制，县市财政苦乐不均现象依然存在[③]。张广科的调查研究发现，新农合较高的筹资成本和管理成本使得财政困难的县乡政府只能通过种种方式将费用转嫁给所属卫生机构，最后又被转嫁给患者，从而削弱了合作医疗制度的公平性和有效性[④]。

## 第二节　从财政体制出发解决县乡财政问题的思路

1994年分税制改革遗留下来的最大问题是政府间财权与事权不匹配，这导致县乡政府财政收入总量下降以及增长乏力，而财政支出却在快速增加，从而出现县乡政府的赤字财政问题。财政收支压力逼迫县乡政府要么依赖中央政

① 王小龙、兰永生：《新型农村合作医疗：政策性补偿支出与基层政府财政负担》，《经济学家》2011年第4期。

② 高梦滔等：《从需求角度分析新型农村合作医疗制度运行的效果——云南省3个试点县的实证研究》，载《中国卫生经济》2005年第5期。

③ 顾昕、方黎明：《公共财政体系与农村新型合作医疗筹资水平研究——促进公共服务横向均等化的制度思考》，载《财经研究》2006年第11期。

④ 张广科：《新型农村合作医疗制度保障能力及其建设建议》，载《财政研究》2008年第10期。

府及省市政府的转移支付要么通过发债、卖地、建立融资平台融资等各种渠道拓宽财源，这又导致地方政府债务规模和结构以及土地财政等方面出现问题。要解决县乡财政问题，根本上在于解决财权与事权的划分和匹配问题。

## 一、解决县乡财政问题要求合理划分政府间事权

### （一）政府与市场间事权划分

中央一级和省以下各级政府事权的划分，关键在于企业投资权的界定问题，特别是在兴办一般竞争性投资项目方面[①]。而投资权的划分取决于政府与市场之间事权的划分。我国政府职能仍带有计划经济时代的痕迹，政府规模庞大，对竞争性、盈利性经济领域干涉太多，在追逐自身经济利益的激励下支出结构向发展支出和经济投资倾斜。在庞大的政府支出中，直接用于企业的、促进经济发展的各项支出和政府本身支出占据了很大份额，一些无利可图的基本公共服务如基础教育、社会保障、福利、医疗卫生等反而份额较小，造成政府职能缺位和越位并存的局面。这样各级政府在收入最大化的激励下必然争抢好税基好税源，把本地本级税基做大，将短期内无助于地区经济发展的支出项目压缩下来或干脆推下去。正因如此，在投资权方面，中国的分权决不能以上级政府向下级政府的"行政分权"作为自己的目标，而必须超越行政性分权，实现从政府向市场主体的"经济分权"[②]。

政府与市场之间事权的划分主动权在政府，我国也是如此。中央政府以及各级地方政府应转变现有的政府职能，抑制投资和干预冲动，从一般竞争性领域退出，并逐步从电讯、电力、石油等自然垄断产业领域退出，将自身定位于公共产品与服务的供给者角色；具有非竞争性和非排他性双重特性的纯公共物品应有政府提供，仅具有竞争性或排他性的准公共物品，可以在政府主导下，引入企业和非营利组织参与提供，以公共事业民营化（PPU）、私人部门参与（PSP）、公私合作伙伴关系（PPP）、特许经营、专卖、BOT、外包（Outsourc-

---

① 贾康、白景明：《县乡财政解困与财政体制创新》，载《经济研究》2002 年第 2 期。
② 国家发改委宏观经济研究院课题组：《公共服务供给中各级政府事权财权划分问题研究（下）》，载《经济研究参考》2005 年第 26 期。

ing）等方式提高经营性公共品的提供、融资和经营管理效率。合理的政府与市场间事权划分有助于减少政府的财政支出压力，又能利用市场竞争机制提高公共产品与服务的供给效率。

（二）政府间事权划分

在合理划分政府与市场间事权的同时，我国必须解决中央政府与各级地方政府之间的事权划分问题，以便化解县乡政府的财政困境。政府间事权划分应以立法形式而非行政命令的形式确定和规范，政府间关系也应按法律程序进行调整，这可以实现中央和各级政府的事权相对稳定，有法可依，依法运行，从而在实际运行中节约协调成本，避免了争权夺利和互相推诿扯皮的现象。

具体事权的划分可以按"受益、效率、技术"原则来确定①：

政府间事权划分首先要考虑政府提供的各项公共服务所覆盖的居民范围，由覆盖范围来确定某项服务归哪级政府承担，即受益原则。如果受益范围覆盖全国或者在全国范围内受益均匀，如国防、外交、外贸等，则应划归中央负责；若只覆盖一定区域，具有较强的地域特征，如消防、市政建设、公共卫生、住宅等，则应划归地方各级政府负责。

效率原则指从政府提供各项公共服务的成本效率方面来界定政府间事权划分，对于某种类别的公共产品和服务，哪一级政府提供的效率最高，相应的事权就应列入哪一级政府的职能范围。在提供公共服务方面，只有当每一级地方政府提供它应该提供且能够提供的公共服务时，才能实现"帕累托最优"，在这一点上，由于下级政府在提供部分公共服务过程中所拥有的效率比较有优势，下级政府往往比上级政府更有效率，由此效率原则衍生出"地方优先"原则。即在事权划分上，优先考虑划分给较低级政府；如果存在外部性，可以通过上级政府转移支付加以补偿；如果存在规模效益，则通过政府间联合供给或者部分市场化运作加以解决；如果各种解决方式都不能实现高效率，则将事权转移至上级政府。如此往复，直至合理划分出中央政府和地方政府的事权范围。

---

① 李齐云、刘小勇：《我国事权与财力相匹配的财政体制选择》，载《山东社会科学》2009 年第3 期。

技术原则是指凡是政府提供的公共品和公共服务，其规模庞大、需要高技术才能完成的，则事权划归中央政府，否则属于地方政府。

## 二、事权与财权的匹配需要确定县乡的主体税种

政府间事权的划分还需要和财权相匹配，才能从根本上解决县乡财政收支问题。财权的核心是税权，财权的划分主要在于税权的划分。一般而言，在中央和地方的税权分配中，应该赋予地方政府相应的税收管辖权，让地方政府自己负责为本地的财政支出融资，这样才能使得地方政府的财政权力和支出责任对等、防止地方政府行使财政职能时不负责任，从而向上级政府转嫁财政赤字风险，以及绕过法律约束、寻找非正规税收入来源，导致财政秩序混乱。

根据分税制的理论，权责划分的主要原则是将辖区的收益与支出配套起来，以便使政府有资金去做要求他们做的事情，同时还能保证经济有效地、平衡地运行。

目前中国地方政府掌握了营业税的98.63%，增值税的24.63%，企业所得税和个人所得税的近40%。这三项税收构成地方财政收入的57%，其中营业税占地方政府总收入的27.10%。这是地方政府最大的一项收入来源。另有其他一些小税种，如资源税、城建税、房产税、土地使用和增值税、车船税、耕地占用税、契税、烟叶税等。营业税是许多国家允许地方政府对商业活动的征税，但工业化国家很少依赖这种税，发展中国家的地方政府对营业税的依赖相对大一些。在工业化国家中，法国、日本和加拿大是允许地方政府征收营业税的。加拿大多数省份中的地方政府可以根据以下特征征税，如财产价值、租赁价值、营业面积、存贮能力和总收益等征收营业税。企业税占非居民财产税的40%，所以成为政府的主要收入，占这三个国家地方税收总量的40%，这也构成了企业成本的一个非常显著的部分。所以容易对经济主体造成经济行为的扭曲。据估计，有42%—73%（另一项研究中是75%—95%）的营业税收被转移到了辖区之外[①]。所以各国政府都对营业税其进行规定。营业税在发展

---

① 麦克米兰：《以提高绩效为目的的地方政府设计》，载沙安文主编：《地方政府与地方财政建设》，中信出版社2005年版。

中国家的地方政府预算中很重要。地方政府要采用各种形式征收地方税，可就销售收入、资产、租赁、营业面积、净收入等征税；可根据业务种类或活动种类的不同，例如开业和执业而征收不同的税，包括执照税、费等等。如果对不同的业务征收的营业税是不同的，就会造成经济扭曲，而且营业税的税收征管成本往往很高。这应该是工业化国家的地方政府一般不依赖营业税的原因。

财产税是很适合于地方政府的税种。大部分国家将财产税定为地方政府的独享税种。根据蒂布特模型及该模型的发展研究，财产税之所以是一种适合地方政府的优先税种，是因为它可以在地方政府服务为居民提供的收益与要求居民承担的成本之间建立明晰的关系。说明这个问题的典型理论是税收资本化。许多研究证明，各种地方公共事件影响会惊人准确地体现在房屋价值上，比如垃圾掩埋场或者历史古迹所在处，交通、学校和医院的状况都会在房屋价值上有所体现。地方政府致力于地方公共设施及公共服务的提供，将提高地方房屋价值，地方政府的财源就会随着投资环境的改善不断扩大。这样，地方政府职能的重点和其财源的培养，这正好是政府职能和财政职能调整的导向。将财产部作为县级财源支柱，还因为财产税税基的非流动性，使其成为最适合基层地方政府掌握的税种，地方政府只要努力优化地方的投资及生活环境，房产价值就会上升而且不会外流，因此对地方政府的积极性会得到全面的回报。目前我国财产税在地方税中所占的比例不大，但随着市场经济体制的成熟完善以及国家对个人财产的法律保护的完善，将成为一个有快速上升趋势的税种。应该将财产税逐渐培育成为地方政府的一个支柱性税源①。

## 三、县乡政府事权与财权的划分及匹配要求政府层级改革

县乡政府事权的合理划定以及县乡固定税种的确定都需要配之以行政结构的改革。行政结构改革是其处于财政压力下的必然选择。财政体制与行政体制，乃至政治体制之间有着密不可分的联系。释放基层财政压力需要政府行政治理结构的改革。

---

① 贾康、白景明：《中国地方财政体制安排的基本思路》，载《财政研究》2003 年第 8 期。

（一）分税制国家的政府层级与税权划分[1]

1. 美国模式。

美国政府实行是分权型税权治理模式。作为典型的联邦制国家，美国各级地方政府都独立行使隶属本级政府的税收立法权和税收管理权，分级管理、自成体系。美国联邦政府开征的主要税种有个人所得税、社会保障税、公司所得税、遗产与赠与税、消费税和关税等，其他税种征收权归属于州及地方政府，各州及地方两级议会都可在联邦宪法规定的范围内行使税收立法权，并独立执行，联邦政府一般不予干涉。由于美国的州及地方政府拥有较为独立的立法权，因此反应在税收上的各州和地方的税收政策差异也很大。财产税是各地方政府最为主要的税种，此外，还可以根据州议会的授权，选择性地开征销售税、消费税、个人所得税和公司所得税，甚至汽油税、香烟税、酒税等。州和地方各有其相应的税务机构，有较强的独立性，征管方式也各具特色。

2. 法国模式。

法国是单一制国家的典型代表，实行集权型税权治理模式。法国政府分为中央政府和地方政府，地方政府又分为三级，分别是大区、省以及市镇。法国施行高度集中的税收管理体制，中央政府拥有税收立法权及管理权，建立了垂直管理的一整套税收征收及管理机构，不受议会、行政区的任何干预，没有地方税专设机构，各种税收均由中央统一掌握。法国的税收体系以中央税为主，地方税在财政收入中所占比重较低，如中央政府管辖的税收包括增值税、个人所得税、公司所得税、消费税、关税等中央税，而地方政府可以征收营业税、居住税、土地税、驾驶执照税、不动产交易税和行车执照税等地方税种。从政府税收收入结构来看，中央税占政府税收收入的较大比重，约为70％，而地方税收收入只占30％左右。地方政府将近一半的财政收入依赖于中央政府各种类型的补助，不足部分通过发行公债方式加以补充。

3. 日本模式。

日本是实行地方自治制度的单一制国家，政治体制实行中央、都道府县和市町村三级自治，税收权限相应分为中央、都道府县和市町村三级。日本税制

---

[1]　杨天金：《政府层级间税权划分的国际经验与借鉴》，载《西部财会》2007 年第.6 期。

上的突出特点是施行兼顾集权与分权的混合型税权治理模式，即财政立法权集中、执行权分散、财政收入集中、支出相对分散，其税制具有明显的地方自治和中央集权相结合的特点。日本的税收立法权归国会，内阁为实施税法发布政令，各级地方政府根据政令制订条例。地方有独立管理地方税种的权力，可以根据国会颁布的法律制订属于地方税种的条例，也可以在地方议会同意的情况下开征普通税，以弥补地方财政收支缺口。在日本税收收入结构中，中央税收所占的比重很大，约占全部税收收入的2/3，而地方仅占1/3。从事权和财权相对统一的角度看，地方税收远远不能满足地方政府支出的需要，地方财政支出不足部分通过国家下拨税、国库支出金、国家让与税等进行财政转移支付，但地方政府对中央政府在财政收入方面的依赖性相对不强。日本税务行政组织包括国家税务行政组织和地方公共团体税务行政组织两套体系，分别负责中央税收和地方税收的征收管理。

美国、法国、日本三国的税权划分各不相同，政府层级间税权划分呈现出多样性特征，但其共同点在于三个国家的政府机构都运转正常，都能够充分发挥政府应该具有的公共服务职能，究其原因，在于三个国家的各级政府间可以通过转移支付来协调各级政府财权与事权的匹配问题，以此来保证政府的有效运行。所以，我国政府层级间税权划分，应结合财政体制进行分析，由政府职能所确立的事权，应与其所具备的财力相适应。而税权的划分决定的财权，确定了各级政府的财政支配能力。

（二）中国政府层级与税种划分困境

贾康、白景明[①]提出，通过政府层级和财政层级改革为财政合理分权和县乡财政解困创造一个良好的政府体制环境。我国目前的五级政府架构和五级财政体制，使得"分税种形成不同层级政府收入"的分税制基本规定缺乏最低限度的可行性。他们分析说，从税收的属性和各税种的不同特点看，把我国现存的28个税种分成三个层次相对容易，分成5个层次难上加难。从世界范围看，成功地实施分税制财政体制的国家通常只有三级政府架构，对应形成三级财政层级。如前文所述的美国、法国、日本三国均实行三级政府架构，税收权

---

① 贾康、白景明：《县乡财政解困与财政体制创新》，载《经济研究》2002年第2期。

限在三级政府间进行合理分配。这样的划分符合各税种的具体特点，也符合分税分级财政的内在要求。因此，借鉴国外经验，结合我国的实际情况，应确立构建"中央政府—省级政府—市（县）政府"三级政府架构，并相应形成"中央财政—省级财政—市（县）财政"三级财政体制的改革目标。实现这个改革目标的建议途径是分步推行省直管县；撤并乡镇，使其成为县政府的派出机构。这样，政府行政结构由过程的五级变为三级，这样便于为每级政府确定一个相应的主体税种。

他们提出的建议得到了理论界广泛的认同，出现了大量的研究省直管县以及乡财政实际情况的文献，研究结论也相当一致，认为省直管县更符合经济发展规律，乡镇财政在税费改革尤其是 2006 年农业税全面取消后失去了存在的客观基础且实际上已经"虚化"，算不上一级财政了。

在这种情况下，推行行政结构的改革不仅是分税制的要求，也是改革进程推进的必然要求，还是进一步推进改革的要求。国家推行这项改革越早、越彻底，越有利于进行新的财政体制改革，有利于解决县乡层面上出现的财政危机，还有利于通过减少行政层次降低行政成本，平衡城乡间公共服务、理顺政府间财政关系。

## 第三节 "省管县"体制缓解县乡
## 财政困境作用评析

"省管县"是作为"市管县"的替代品出现的。"市管县"体制在运行二十多年的时间里出现了诸多弊端，如体制缺乏法律依据、小马拉大车、行政管理压力加大以及城市虚化县乡严重等，而"省管县"这种跨行政级别的省对县级城市的直接管理被认为可以克服"市管县"的诸多弊端，解决县乡政府财政问题。

### 一、由"市管县"到"省管县"的改革变迁

改革开放初期，我国长期实行的市县分治的行政管理体制造成了典型的城乡二元体制，城市长期孤立发展，脱离了周围农村，使经济增长日益陷入块块

分割、条条分割和城乡分割的困境之中。因此，1982 年我国开始在部分省市进行"市管县"试点，20 世纪 90 年代后半期"市管县"的试点被中央认可，成为地方纵向政府间关系的治理模式。截至 1998 年年底，全国共有 219 个市领导 1228 个县（包括县级市、自治县、旗等），平均每个市领导 5.6 个县，"市管县"成为我国地方行政体制中的普遍现象。"市管县"的初衷是以城市带动乡村，发挥中心城市的辐射作用，让地级市承担起地域内县级财政平衡的责任，迅速实现城市化、工业化，形成以大中城市为依托的、城乡一体化为特色的城市经济区。实践证明，"市管县"制度在一些发达地区一定的程度上实现了目标，许多城市借助资源集聚效应壮大了经济规模，提高了经济运行质量，对所辖县乡的经济发展起到了很大的带动作用。但是也有相当多的县并未从这种体制中获得实际利益，反而长期受困于市级政府的"掠夺"和"盘剥"之下。市级政府利用行政权力抽取县域经济资源，发展市区经济，"市卡县"、"市刮县"现象普遍存在，使这些县的发展受到了重大影响。

在这种情况下，2002 年我国开始在一些省份改"市管县"为"省管县"。2005 年 10 月，中共十六届五中全会在《关于制定"十一五"规划的建议》中提出，"理顺省级以下财政管理体制，有条件的地方可实行省级直接对县的管理体制"。2009 年和 2010 年连续两年的中央一号文件又明确提出关于"省直管县"财政体制改革的要求，并于 2012 年开始在全国大部分地区实现省直管县的财政体制。中央政府为扩大县级权责做了大量的准备工作，如十七届三中全会之后，中共中央在中央党校、国家行政学院等五所干部培训学校，举办县委书记培训班，对全国的县委书记进行轮训，并出台了《中国共产党党校工作条例》，规定学员在中央党校的考核情况将作为干部任职、晋升的重要依据之一。此后，中组部下发《关于加强县委书记队伍建设的若干规定》，强调将加强县委书记队伍建设作为全国干部工作的一项战略重点工程。这些举措皆为中央对县域扩权的信号。

对县级政府扩权是实行"省管县"财政体制的内在要求。因为，"省管县"必然增加原省级政府的管理幅度和工作负荷，而且在原省区不变的情况下，管理者离管理的对象距离较"市管县"时加大，这就加大了省政府直接进行管理的成本。换句话说，增加县政府的责权成为提高政府效率的必然要求。对县级政府扩权也是经济社会发展中地方各类行为主体的内在的要求。在市场经济发展的过程中，民营企业家、众多的行业协会或商会各自从各自的经济效益出发或从政绩出发，产生了进一步拓宽县域经济的发展空间的共同要求，形成了共同涵盖的利益，建立起了以共同利益为纽带的政策联盟。他们或者作为民间组织向政府进言，或者利用其人大代表或政协委员的身份提出议案，或者在参加上级政府的相关会议时提出政策建议，不断地表达着对地方权利的追求。只有满足这些行为主体的内在要求，才能激发它们的积极性和主动性。

## 二、"省管县"可能存在的问题

实施"省管县"的地方财政体制，是否能够在地方政府间财政均等化上产生预期的效果呢？"省管县"是不是会演变为"省卡县"、"省吃县"呢？

由"市管县"到"省管县"的制度变迁是纵向财政关系的集权与分权的再调整。将地区政府的职能合并到省级政府，就意味着扩大政府的辖区范围，无疑可获得公共产品提供的规模经济效应并解决部分外部性问题。淡化地市政府的财政职能，减少一级政府级次，可以减少政府本身的决策成本，获得政府公共管理的规模经济效应。

由"市管县"到"省管县"的制度变迁是对县级政府的权责的强化。地级政府财政职能的取消，在权力上移的同时也必然伴随一部分权力的下移。那么，地级市权力的削弱与省、县权力的增强，是否能够形成以大中城市为依托的、城乡一体化为特色的经济发展区呢？从制度演变过程中的许多实际问题的特点上看，情况并不乐观。一方面，地级市仍然将县视为自己的"附属行政单位"，对其财政资源进行"提取"与截留；另一方面，省、县政府的行为也存在诸多隐患。省、市、县关系的调整涉及行政区划、政府职能、政府间关系等几个方面，对各级政府的管理能力提出了更高的要求。首先，由于"省管县"扩大了省的业务范围，也加强了县的权力。业务范围的扩大和权力范围的扩张都对省、县政府的工作能力和业务素质提出了更高的要求。无论能力还是素质都需要花费时间来培养，因此，各级政府对新增职责进行熟悉的过程，也是容易出现问题的过程；其次，由于距离遥远与所辖单位众多，"省直管县"较"市管县"更容易产生信息不对称和信息不充分问题，省对县的管理易流于形式，导致监督不力，可能增加各级政府的机会主义行为。

实施"省管县"，在避免省、县政府的机会主义行为方面的效果将会如何呢？在实施"市管县"体制时期，由于我国在经济体制转轨的过程中，没有建立相应完善的政府间纵向关系协调机制。"市管县"这种由市领导若干个县的做法，目标之一是直接利用市作为上级政府所拥有的行政权威，对本地区范围内的县域矛盾和城乡矛盾进行裁断和协调，以期消除各地发展的不平衡，实现区域经济的共同发展。这种利用上级政府行政权威进行平衡与协调的结果却激励了市政府的机会主义行为倾向，出现了"市卡县"、"市吃县"的现象。

而今，实施"省管县"体制的制度环境也没有根本性的变化。首先，政府间纵向关系协调机制仍然没有建立与完善，"省管县"体制改由市领导若干个县的做法为省领导县的做法，仍然是直接利用上级政府所拥有的行政权威，对本地区范围内的县域矛盾和城乡矛盾进行裁断和协调。虽然说，省管县较市管县进步，"因为'省管县'的管只能够是负责财政平衡，而不可能是过多的行政干预。一个省管理那么多的县，就不可能实行具体的事务性管理，而是制度上的定理，统一的财政政策，比如农业补贴政策，中小企业或者科技企业扶持政策等。一个省长也不可能与那么多的县长发生直接的联系。这样市和县都将获得更多的自主发展的空间"①。

但是，这种进步在现实中的实际效果可能非常有限。省政府如果运用自己掌握的行政权威像市政府那样控制县级经济资源，在目前的自上而下的财政控制机制以及官员任命机制下，尚没有什么条件能够给予彻底的制止。"省管县"还有可能会演变为"省卡县"、"省吃县"，县级政府也很有可能会采取策略性行为向上级政府转嫁财政压力。

### 三、"省管县"与县乡财政困难的缓解

省管县财政体制也就是将省市县财政管理关系由省、市、县三级体制转变

---

① 朱秋霞：《中国财政制度——以国际比较为角度》，立信会计出版社 2007 年版，第 125 页。

为省、县二级体制，直接起到减少政府层级的作用，进而收敛政府间摩擦因素，减少行政成本。贾康、阎坤①认为实行中央省市县三级体制，有利于从根本上解决政府职能过宽和机构重叠、财政养人过多的问题。傅光明②认为实行省直管县财政体制是简化财政级次、提高财政资金使用效率、降低行政成本的需要。苏明、张立承③认为通过财政体制的扁平化带动行政体制的扁平化，可以有效实现政府机构的精简，降低行政运行成本。

也有研究者认为省直管县并不能解决县乡财政困难。庞明礼④认为"市管县"本身不是县乡财政困难形成的直接原因，"省管县"并不能从根本上解决县乡财政困难。"县财省管"改革可以提高行政效率，减少财政资金的中转环节，有助于县乡财政困难的缓解。李猛⑤采用实证方法分析了"省直管县"对县乡财政困境的影响，得出的结论是"省直管县"对县级财政困境的影响为负，即推行"省直管县"改革反而加剧了县级财政困境。

总结诸多研究者的观点，可以得出以下几点：

1. "省管县"在某些方面是有效的，甚至是起到重要作用的。如减少政府层级，实现扁平化管理；缩短了政府间信息链条，提高政府间信息传递及反馈速度；财政资金在省和县之间直接流动，提高财政资金的使用效率，同时减少了地市一级政府利用行政强权截留中央及省对县乡政府的转移支付；扩大县域经济和财政权限。

2. "省管县"体制对于县域经济的发展是有利的，但这种体制变革的促进作用存在时间上的限制，即在短时间内可以刺激县域经济的发展，但在更长的时间里作用明显下降，甚至可能起到反作用。这一点从李猛⑥的研究中得到了验证，他的研究认为"省直管县"对县域经济增长率的影响显著为正，而

---

① 贾康、阎坤：《改进省以下财政体制的中长期考虑与建议》，载《中国财政》2005 年第 12 期。

② 傅光明：《论省直管县财政体制》，载《财政研究》2006 年第 2 期。

③ 苏明、张立承：《我国县乡财政管理体制改革的思路与对策》，载《地方财政研究》2006 年第 8 期。

④ 庞明礼、李永久等：《"省直管县"能解决县乡财政困难吗?》，载《中国行政管理》2009 年第 7 期。

⑤ 李猛：《"省直管县"改革的经济影响》，载《经济学家》2012 年第 3 期。

⑥ 李猛：《"省直管县"改革的经济影响》，载《经济学家》2012 年第 3 期。

其滞后一期对县域经济增长率的影响为负,"省直管县"体制改革还会增加县域经济的波动率。罗植①等人的研究也表明"省直管县"体制对县域经济绩效存在着显著的正效应,这种正效应在体制实施第一年就存在,通常会持续3—5年,但"省直管县"对县域经济的积极效应会逐年下降,第5年变为负面影响。

3. "省管县"体制对于增加县乡政府的财政收入是有利的。县域经济的发展扩大了县乡政府的税源,必然增加政府的财政收入。

4. "省管县"体制下县乡政府的财政支出也会随之增加。如果以财政支出大于财政收入导致的赤字财政来定义县乡财政困难的话,"省管县"体制是否有利于县乡财政解困尚有待进一步研究。

5. 从较早实施"省管县"体制的浙江省情况来看,该体制对于缓解县乡财政压力,促进县域经济发展作用明显,但这种正面作用是建立在县乡政府较大的自主权的基础上的。因此,"省管县"体制的实施需要以明确划分中央及省以下政府间事权和财权、扩大县乡政府的财政自主权为基础。

---

① 罗植、杨冠琼等:《"省直管县"是否改善了县域经济绩效:一个自然实验证据》,载《财贸研究》2013年第4期。

▶ | 第六章　CHAPTER 6

# 县乡财政支出收入问题与
# 培育县乡财源

◇　县域经济发展的区域特征与模式分析

◇　经济强县县域经济发展经验分析

◇　贫困地区县域经济发展困境与对策

◇　发展县域经济培育县乡财源

县乡财政有几个资金来源，分别为税收、收费、土地使用权转让收入、债券发行收入、上级政府的转移收入等。税收收入和费用收入，依赖于县域经济的发展；土地使用权转让收入，取决于土地的商业价值，而土地的转让价格高低又取决于地理位置、县域经济、预期等因素；债券发行分为两类，一为以县乡政府名义发行的政府债，二为县乡政府掌控的公用事业类企业发行的企业债券，前者由于政策的限制在目前的县乡财政收入中占比很低，后者在近十年时间里发展迅速，但在提供大量资金供县乡政府使用的过程中存在大量问题；上级政府（包括地市、省乃至中央政府）的转移收入存在较强的政策限制。综上，占据县乡财政收入较大比例的税收、收费等资金来源均与县域经济的发展水平密切相关，因此，本章讨论我国县域经济的发展问题，以及县域经济发展与县乡财源之间的关系，探讨如何通过发展县域经济来解决县乡财政收入问题。

## 第一节　县域经济发展的区域特征与模式分析

2002 年 11 月召开的党的十六大正式提出了县域经济的概念，具体是指在县级行政区划的地域和空间内统筹安排经济社会资源而形成的开放且具有特色的区域经济。县一级是我国经济社会生活中宏观和微观的结合部，具有重要地位。县域经济以县城为中心、集镇为纽带、农村为腹地，区域广阔，资源丰富，以发展农产品加工业和乡镇企业为重点，城乡一体，工农并进，区域经济特色明显，是我国社会经济功能比较完整的基本单元。

### 一、县域经济的特点

县域经济是在行政辖区内的经济活动，而行政区划是按照地理位置设置的，县域行政区划在面积、地形、人口数量、资源禀赋上差别很大，这就决定了县域经济的基础条件差异性非常大。县域经济特点的多样性和复杂性，也决定了经济水平的差异性。具体来看，县域经济发展包括以下几个特点：

（一）基础性

县域经济的基础性，主要体现在它是国家最基础的经济发展和布局的单元，国家所制定的所有的经济发展战略都要立足和落实到县域这个基本经济政策单元上。并且近十几年来，县域经济的发展速度较快，已经支撑起全国经济总量的半壁江山。据中国社会科学院工业经济研究所发布的《中国县域经济推动产业升级实践》报告统计，从 2008 年起，县域经济的增长速度明显高于全国总体水平。2010 年，全国县域 GDP 总和占全国 GDP 总量的 49.8%，并且增长态势仍在持续。①

（二）地域性

地域性是指县域经济依存于一定的地域空间，这是由县域经济所在地区的人文地理环境决定的，并延伸至社会、经济、历史等领域。其地域性有以下几方面：一是经济网络的地域性，指县域经济是整个国民经济网络中的小网络，也就是基本地域性网络；二是经济活动的地域性，指县域经济的运行，即社会再生产过程中生产—分配—交换和消费等一系列经济活动，大体上都是在一定地域范围内进行的；三是经济优势的地域性，即由于历史、自然、社会条件等方面的不同，各个县的经济一般都形成了自己的优势。总之，由于县域经济地域性特点，就决定了发展县域经济一定要遵循因地制宜的原则，抓住优势选准特色。

（三）开放性

现代的县域经济是在市场经济条件下进行的，不是封闭的"诸侯经济"，而市场是开放的，没有国界，更没有县界。这就要求县域经济必须以市场为导向，在更大的区域内进行资源配置，跳出县域范围发展经济，确立竞争优势。这种开放性涵盖对县域以外的国内其他地区和对国外的开放，同时也需要接受国家宏观经济政策的引导。

（四）多样性

县域经济是特色化、多样化经济。县是一个特定的地理空间，并与其历史

---

① 中国社会科学院工业经济研究所：《中国县域经济推动产业升级实践》，社会科学文献出版社2013 年版。

人文、特定资源相关联。由于各地特色的不同，县域经济呈现多样化。每一个成功的县域经济都有各自的显著特点：有的一县一品，有的一县多品；或特色农业、特色工业；或特色出口贸易、特色矿产资源产业；抑或是特色旅游业等等。

（五）民营化

民营经济是改革开放过程中出现的新生事物，具有竞争性、灵活性、广泛性、多元性的特征。民营化是建立社会主义市场经济体制的必然趋势。实践证明，县域经济民营化，是一种机制灵活、潜力巨大的经济发展模式，是激活生产要素、解放和发展生产力、提升县域经济水平的发展战略。换句话说，富县先要富民，富民要靠民营。县域经济民营化主要体现为所有制结构多元化、利益分配要素化、生产经营社会化、产品生产标准化等等。温州既无区位优势，也没有资源优势，其快速发展主要得益于温州人"千家万户办工厂，千军万马闯市场"的以个体户、私营企业、家庭工业为主的私营经济的发展。邵东县大力发展个体私营经济，在县域经济范围内形成了全国规模的药材市场和小五金市场，个体私营经济提供了90%以上的县域财政收入。

（六）综合性

县域经济是我国基本的行政单元和经济单元，但却是"麻雀虽小，肝胆俱全"，具有较强的综合性。首先表现在机构的设置上，基本上是按照上级部门对口设置涉及经济建设、社会发展、人民生活等各个领域，涉及工业、农业、财政、金融、商贸、交通、信息等各个行业，自上而下，产生了纷繁复杂的条块关系；其次在产业结构上，县级区域内不仅有农业，而且还有工业和第三产业，不仅有国有集体经济，也有个体私营经济；在一定程度上，县域经济就是国民经济的缩影，其经济活动既涉及生产领域，又涉及非生产领域，既包括社会产品的生产、流通、分配、消费各个环节，又包括农工运建，涉及财政、金融、物价以及教科文卫等方面。

（七）独立性

县域经济是国民经济中最基本的子系统，同时，由于县域经济具有综合性，因而使得县域这一层面在经济、社会的发展上具有很大的独立性和自主性。这种独立性来源于以下三个方面：其一，县域经济的决策者在决策上具有法律赋予的相对独立的决策权，因而，县域经济的发展可以称为能人经济，许多情况下，不同的领导对县域经济的发展会作出完全不同的发展规划和决策，因而产生的效果也完全不同；其二，县域经济的产业结构能够自成体系，大部分县域经济都会由一、二、三产业构成，在产业内部也有门类不同的产业体系，只不过各产业的结构可能会有很大区别，产业体系也不尽相同；其三，县域经济本身就是一个具有独立的人文环境的社会群体，县域经济从行政区划上来看，是独立自主的，有自身的利益，从社会层面来看，县域内群体，基本具有自己有独立的人文环境特征。

## 二、我国县域经济的区域差异及主要模式

我国幅员辽阔，陆地面积约九百六十万平方公里，地形地貌丰富，县域间经济文化差距较大，再加上地理位置的不同，反应在经济发展水平上就展示出东强西弱、环经济圈强其他地区弱的大格局。由此也决定了各县级行政区的经济发展水平极不平衡，发展模式存在较大差异，各地因地制宜，发展出丰富多彩的模式。

（一）县域经济的区域差异

1. 东中西部经济发展水平不均衡，东部占有绝对优势。

根据国家统计局 2011 年数据分析（如表 6-1），我国东部地区 11 个省份 2011 年 GDP 总量为 293,581.45 万亿，占全国 GDP 总量的 56.30%，人口总数 55,446 万人，占全国人口总数的 41.36%，县级区划数为 881 个，占全国县级区划总数的 30.88%；中部地区 8 个省份 2011 年 GDP 总量为 127,624.70 万亿，占全国 GDP 总量的 24.48%，人口总数 42,374 万人，占全国人口总数的 31.61%，县级区划数为 896 个，占全国县级区划总数的 31.41%；西部地区 12 个省份 2011 年 GDP 总量为 100,234.96 万亿，占全国 GDP 总量的 19.22%，人口总数 36,222 万人，占全国人口总数的 27.02%，县级区划数为 1076 个，占全国县级区划总数的 37.71%。从以上数据来看，东部以 1/3 的面积、2/5 的人口完成了全国一半以上的 GDP，而西部地区 GDP 占比不足 1/5，东西部存在很大差距。即便在相关数据中扣除了地级市以上城市的部分，东中西部县域经济的差距依然明显，东部最强，优势明显，中部偏弱，西部最弱。

表 6 - 1 　　　　　　　　　2011 年东中西部分省年度数据统计

| 区域 | 地区 | GDP（亿元） | 人口总数（万人） | 人均GDP（元） | 县级区划数（个） |
|---|---|---|---|---|---|
| 东部 | 北京市 | 16,251.93 | 2,019 | 81,658 | 16 |
| | 天津市 | 11,307.28 | 1,355 | 85,213 | 16 |
| | 河北省 | 24,515.76 | 7,241 | 33,969 | 172 |
| | 辽宁省 | 22,226.70 | 4,383 | 50,760 | 100 |
| | 上海市 | 19,195.69 | 2,347 | 82,560 | 17 |
| | 江苏省 | 49,110.27 | 7,899 | 62,290 | 104 |
| | 浙江省 | 32,318.85 | 5,463 | 59,249 | 90 |
| | 福建省 | 17,560.18 | 3,720 | 47,377 | 85 |
| | 山东省 | 45,361.85 | 9,637 | 47,335 | 140 |
| | 广东省 | 53,210.28 | 10,505 | 50,807 | 121 |
| | 海南省 | 2,522.66 | 877 | 28,898 | 20 |
| | 小计 | 293,581.45 | 55,446 | 52,949 | 881 |
| 中部 | 山西省 | 11,237.55 | 3,593 | 31,357 | 119 |
| | 吉林省 | 10,568.83 | 2,749 | 38,460 | 60 |
| | 黑龙江省 | 12,582.00 | 3,834 | 32,819 | 128 |
| | 安徽省 | 15,300.65 | 5,968 | 25,659 | 105 |
| | 江西省 | 11,702.82 | 4,488 | 26,150 | 100 |
| | 河南省 | 26,931.03 | 9,388 | 28,661 | 159 |
| | 湖北省 | 19,632.26 | 5,758 | 34,197 | 103 |
| | 湖南省 | 19,669.56 | 6,596 | 29,880 | 122 |
| | 小计 | 127,624.70 | 42,374 | 30,119 | 896 |
| 西部 | 内蒙古自治区 | 14,359.88 | 2,482 | 57,974 | 101 |
| | 广西壮族自治区 | 11,720.87 | 4,645 | 25,326 | 109 |
| | 重庆市 | 10,011.37 | 2,919 | 34,500 | 38 |
| | 四川省 | 21,026.68 | 8,050 | 26,133 | 181 |
| | 贵州省 | 5,701.84 | 3,469 | 16,413 | 88 |
| | 云南省 | 8,893.12 | 4,631 | 19,265 | 129 |
| | 西藏自治区 | 605.83 | 303 | 20,077 | 73 |

（续表）

| 区域 | 地区 | GDP（亿元） | 人口总数（万人） | 人均GDP（元） | 县级区划数（个） |
|------|------|-----------|----------------|--------------|----------------|
| 西部 | 陕西省 | 12,512.30 | 3,743 | 33,465 | 107 |
| | 甘肃省 | 5,020.37 | 2,564 | 19,595 | 86 |
| | 青海省 | 1,670.44 | 568 | 29,522 | 43 |
| | 宁夏回族自治区 | 2,102.21 | 639 | 33,043 | 22 |
| | 新疆维吾尔自治区 | 6,610.05 | 2,209 | 30,087 | 99 |
| | 小计 | 100,234.96 | 36,222 | 27,672 | 1076 |
| | 总计 | 521,441.11 | 134,042 | 38,901 | 2853 |

注：1. 表中数据来源于国家统计局国家数据网站中的地区数据，为分省年度数据。2. 表中东中西部部小计及总计数据中GDP、人口总数及县级区划数为加总所得。3. 表中东中西部部小计及总计数据中人均GDP数据 = GDP/人口总数。4. 据国家统计局网站公布的《中华人民共和国2011年国民经济和社会发展统计公报》，2011年全年国内生产总值为471564亿元，由于统计口径的不同，该数据与表中总计数据有出入。

从2005年国家统计局发布的全国百强县的数据来看，东中西部的差距仍然明显。2005年全国百强县中有92个位于东部地区，中西部地区一共只有8个，其中，中部3个，西部地区5个，而且，百强县的前50强全部位于东部地区。从发展水平来看，中西部地区排名最靠前的内蒙古东胜区的综合经济实力与位于百强县之首的江苏昆山市相比有不小的差距，新疆石河子市与之相比则差距更大（见表6-2）。

表6-2　　　　我国三大地带部分县域经济比较[①]　　　（单位：亿元）

| 县域 | 地区生产总值 | 第一产业产值 | 第二产业产值 | 第三产业产值 | 财政收入 | 人均生产总值（万元） |
|------|-----------|-----------|-----------|-----------|---------|------------------|
| 江苏昆山市 | 430 | 12 | 289 | 129 | 36.91 | 4.13 |
| 内蒙古东胜区 | 62（0.14） | 1.65（0.14） | 37（0.13） | 23.4（0.18） | 4.3（0.12） | 2.82（0.683） |

---

① 数据来源闫天池：《我国县域经济的分类发展模式》，载《辽宁师范大学学报》（社会科学版）2003年。

| 县域 | 地区生产总值 | 第一产业产值 | 第二产业产值 | 第三产业产值 | 财政收入 | 人均生产总值（万元） |
|---|---|---|---|---|---|---|
| 新疆石河子区 | 65.67 (0.15) | 21.01 (1.75) | 19.2 (0.07) | 23.31 (0.18) | 3.06 (0.083) | 2.19 (0.53) |

注：所使用数据为2003年数据；括号内数据表示该地区此项指标相当于昆山的比例。

2. 从地理分布上看，集中于长江三角洲、珠江三角洲和环渤海三大经济圈。

2005年我国百强县大部分分布在长三角、珠三角和环渤海三大经济圈，其中，长三角地区46个，珠三角地区15个，环渤海经济区21个。这三大经济圈自然条件优越，基础设施完备，交通网络发达，沿海区位优势明显，在我国对外开放大格局中占据了重要地位。三大经济圈以占全国10%的人口，创造了占全国40%的地区生产总值，是我国经济强劲发展的源头。三大经济圈范围内的经济强县与区域内的中心城市特别是大城市的交流与合作日益密切，在我国城市化进程中逐渐发展壮大，县域经济快速发展。

其他经济强县也主要分布于大城市周边、交通要道或口岸地区，如百强县中的晋江、石狮、福清、长乐和惠安，都位于福建省东南沿海。晋江市是古代"海上丝绸之路"的重要起点站之一，是全国著名侨乡，也是台湾同胞主要祖籍地之一，晋江市外资中台资和侨报投资占很大比重。再如新疆的石河子市是新疆最早对外开放的城市之一，交通区位优势显著，著名的亚欧大陆桥和312国道，分别贯通市区南北两侧，市郊有新建的石河子飞机场，亚欧通讯光缆从市中心通过，享有国家和沿边开放城市的各种优惠政策，被誉为古丝绸之路上的"戈壁明珠"。

3. 分省情况来看，浙江、山东和江苏三省占全国的2/3强。

2005年全国百强县中，浙江、山东、江苏三省占据了68个，占全国的2/3强。其中，浙江省有30个，山东省20个，江苏省18个。百强县在其他省份的分布情况依次为：广东10个，福建5个，河北4个，天津、新疆和四川各2个，上海、北京、河南、山西、黑龙江、辽宁和内蒙古各1个。浙江省县域经济整体实力最强，民营经济突出，县域经济产业发展从多样化转向特色化，块状经济成为县域经济增长的支柱，进入百强县的数量最多。江苏由于苏南、苏中和苏北差距较大，百强县都位于苏南和苏中地区，虽然数量在全国不是很多，但经济实力强大，在百强县前十名中，江苏凭借其强劲的苏南板块占据了6席。

4. 从地形看，80%以上的百强县位于平原和低山丘陵地区。

我国绝大多数县域经济的产业结构中农业依然是主体，农业生产大县在百强县中占有重要地位。其中，粮食生产大县有18个，如山东邹平市、邹城市、乳山市等；蔬菜、禽蛋、奶类生产大县约占一半，如山东寿光市、莱西市等；水果、肉类生产大县约占1/3强，如山东诸城市、胶南市、辽宁海城市等。有些县市享有数个农业大县的称号，如山东即墨市既是全国油料生产百强县，又是全国肉类生产百强县。因此经济社会发展较好的县域主要分布在地理条件优越的平原和低山丘陵地区。在我国的全部县域中，平原县占31%，丘陵县占26%，山区县占43%，但2000年全部县域所创造的国内生产总值中，平原县占46%，丘陵县占30%，而山区县仅占24%。

（二）县域经济发展的主要模式

1. 区位导向型县域经济。

区位导向型县域经济是指一些县域在地理位置上存在特殊的无可比拟的先天优势，譬如沿海、河、江，临近交通枢纽或毗邻政治经济文化发达的大城市等，凭借得天独厚的地理区位优势，通过为上级经济中心地提供补充服务并接受其辐射，或利用便利的交通运输等条件而获得推动县域经济全面发展的动力的一种经济发展模式。在这种模式下，优越的区位优势是县域经济发展的决定性因素，区位优势的发挥程度决定了县域经济的兴衰。这些具有区位优势的县域经济通常具有这样的特点：位于经济发达的大城市周围，交通条件便利，与大城市的经济文化交往比较密切，吸收并借助大城市极强的现代工业生产力和城市文明的辐射功能发展县域经济。在区位优势既定的情况下，经济社会历史沉淀壁垒较低，起步较快，能够迅速发展壮大，且得益于区位优势的相对稳定性，经济发展动力相对比较持久。如山东半岛的胶州、胶南、文登、荣成、莱阳等县域，借助临近沿海的港口以及临近韩国的优势，积极有效的吸引韩国的人才、技术、装备、产业转移、资金来发展县域经济；江苏、浙江等"长三角"的许多县市，如上海的崇明县、江苏的海门市和吴江市、浙江的平湖市和嘉善市等，凭借临近上海的区位优势实现了县域经济的迅速发展；广东"珠三角"地区毗邻香港、澳门，借助这种地缘优势，形成了"珠三角""前店后厂"的模式。区位导向型县域经济虽然可以借助区位优势迅速稳定的发展经济，但这种模式存在先天的缺陷，即经济对区位中心存在极强的依赖性，经济发展自主性不强，与区位中心的风险联动性较强，区位中心的重大变迁往往会对县域经济造成致命的影响。如 1997 年和 2008 年韩国经济危机时期，山东半岛部分县域经济受到较大影响。

2. 资源导向型县域经济。

资源导向型县域经济是指通过充分利用本地区丰富的自然资源和特有的人文资源，优先发展自然资源采集、开发、利用，促进和带动整个县域经济发展的一种经济发展模式。资源导向型县域经济要求县域范围内必须拥有丰富的自然资源或者独特的人文资源，且所拥有的资源具有广阔的市场前景，资源开发领域的行政性和经济性进入壁垒都不高，政府相关政策及法律不会形成明显的障碍，而且资源开发相关产业没有很高的技术要求和资本要求，范围较广泛的经济主体有能力进入资源开发产业。资源导向型县域经济的优点是，在条件具备的情况下，起步难度比较小，规模扩张比较迅速，见效比较快，能在较短的时间内取得可观的经济效益，特别适用于县域经济发展的初期阶段。

资源主导型模式有三种主要类型。

第一种是某些县域因其特殊的气候和地形条件具有发展农副产品加工业的资源优势，大力发展具有地方特色的名优特产品的规模生产，提高工农业相关度，以此建立地方公共品牌。如浙江的新昌县利用明显的茶叶产业优势，把"大佛龙井"做成了闻名全国的绿茶品种。再如，河北迁西县大力发展板栗这一优势产业，板栗的产量、出口量均居全国首位，形成独特的县域经济发展模式。

第二种类型是某些地区拥有丰富的矿产资源，依托矿产资源发展资源型工业。如山西大同、辽宁抚顺、陕西神木等地利用丰富的煤炭资源，黑龙江大庆、山东东营、内蒙古东胜区和新疆库尔勒市等利用当地丰富的煤炭和石油资源，辽宁鞍山、安徽马鞍山、四川攀枝花等利用铁矿资源，以资源型经济带动县域经济的发展。矿产资源依赖型县域经济在初期发展速度较快，可以在较短的时间内取得可观的经济效益，但从长远来看，由于矿产资源的不可再生性以及资源的过度开采所带来的环境污染及开发成本的上升导致资源型城市发展容易陷入困境、面临转型难题。

第三种类型是一些县域内拥有丰富的自然风光、历史古迹、民俗文化等旅游资源，大力发展旅游业，并带动诸如交通运输业、宾馆服务业、旅游商品生产等部门的发展，以此促进县域经济的发展。如广东信宜市，充分利用丰富的旅游资源，开展"乡村参与式"旅游开发；广东恩平市凭借得天独厚的热矿水资源和富有特色的温泉旅游，建成了一个大规模、高品位的"中国温泉之乡"；再如山东曲阜市是国内外闻名的孔孟之乡，1994 年联合国教科文组织将曲阜孔庙、孔林、孔府列为"世界文化遗产"，载入《世界文化遗产名录》，曲阜充分利用孔子、孟子等历史名人，发展旅游产业。

3. 资本导向型县域经济。

资本导向型县域经济对于县域内企业的要求比较高，同时要求要有较强的对资本的集聚效应。这种模式下，县域必须拥有为数众多的优质的资本增值载体——企业，多样化的高效率的资本进入与退出渠道，以此搭建资本集聚平台，持续的吸引县域内、县域外、省域外甚至国外资本的流入，多渠道增加区域资本供给，带动整个县域经济发展。县域所吸引的资本来源可以分为内资和外资两种类型。

内资导向型县域经济要求县域市场经济发育程度较高，法律制度较为完善，经济运行机制相对健全，同时拥有数量众多的优质企业，尤其是国内外上市的公司。业绩优良的企业群能够持久地吸引资本流入，尤其是上市企业，可以借助国内外资本市场筹集资本。持续的资本流入，配合优质企业的发展，可以增强县域内工业发展水平，带动农业以及第三产业的发展，进而推动整个县域经济的发展。如号称"华夏 A 股第一县"的江苏省江阴市就是典型代表，2012 年，江阴有 10 家企业成为"中国企业 500 强"，列全国第 7 位，有 34 家在国内外证券市场上市的上市公司。

外资导向型县域经济除了具有较强的经营企业的能力、完善的经济法律制度外，往往地理位置优越，对外开放程度高，对外资具有较强的吸引力，经济结构中的外资经济比重比较突出。珠江三角洲的县域经济走在外资导向型发展模式的前列，拥有侨资优势的闽南金三角地区和浙江甬绍地区的县域经济也是外资导向型发展模式的典型代表，而后起之秀昆山更堪称外资导向型经济的典范。

4. 企业带动型县域经济。

企业带动型县域经济模式是指县域内存在一个或几个大型企业，这些企业的经营产值往往占整个县域 GDP 的相当大的比重。围绕这些大企业，引进或建立一大批上下游企业或辅助型企业，从而形成围绕某一产业或行业的产业集群，来带动县域经济的发展。县域内大部分企业基本围绕统一产业，或机密相关产业，或有限的几个产业从事产品开发、生产和销售等经营活动。产业集群内部企业之间实行分工合作，通过集群成员之间供需关系的联结，实现采购本地化，形成整个集群的成本优势。产业内部的单个企业绝大部分属于中小企业，规模不大，但是整个集群却具有显著的规模优势、很高的市场占有率和较强的市场渗透力。随着市场开发的深入，部分产业集群专业化程度不断提高，逐渐使该地区成为了某一产品的集群中心。反过来，专业市场的发展为产业集群提供市场平台、物流服务平台和信息交流平台等，为集群的进一步壮大发展提供条件。如广东的顺德以家电制造为经济支柱，2011 年，顺德规模以上家电企业实现产值 2186 多亿元，占全区工业产值的 39.3%，约占全国家电行业产值的 20%；拥有美的、科龙、容声、万家乐、格兰仕等五大中国驰名商标，是中国最大的家电生产基地之一[1]。

5. 综合发展型县域经济。

综合发展型县域经济是指县域经济是在多种因素共同作用下发展起来的，这是县域经济发展类型中的高级形态。县域经济发展比较成熟，在 GDP 的产业结构中，第一产业比重较低且快速下降，第二产业比重上升，第三产业逐步实现跨越性发展，县域拥有较完整的产业体系，基础设施、科技、文化、社会保障等事业全面发展，县域经济整体竞争力较高、可持续发展能力强。如江苏省昆山市，地处"长三角"地区，紧邻上海，区位优势明显；具有优越的地

---

① 刘炜、李郇：《产业集群的非正式联系及其对技术创新的影响——以顺德家电产业集群为例》，载《地理研究》2013 年第 3 期。

形、气候条件和丰富的旅游资源，既有湖光山色的自然资源，又有众多的历史人文资源，以周庄为龙头的旅游业蓬勃发展；有着良好的人居环境和充裕的人才资源。昆山市农业生产综合机械化水平高达88.3%，电子信息、精细化工、精密机械行业为优势行业和领先行业。民营经济快速增长，科技与经济一体化进程快，经济外向度高，昆山已成为在综合因素作用下具有较强综合实力的大县、强县。

# 第二节　经济强县县域经济发展经验分析

我国县域经济发展区域差异较大，存在较明显的不均衡性，既有经济实力较强、已经进入良性快速发展轨道的强县，也有无实力、无特色、经济发展陷入困境、年年需要中央及地方政府支援的贫困县。总结经济强县的发展历程及经验教训，对促进县域经济进一步发展具有较强的现实意义。

从历年公布的全国百强县的区域分布看，东部地区始终占有百强县的绝大多数，且东部与中部、西部地区百强县的发展差距不断拉大。百强县区域分布的差异基本反映了我国区域经济发展的差异。如何通过县域经济的发展缩小东西部差距，是促进区域协调发展的重要课题。经济活动与经济现象的不均衡分布是区域经济的一种常态，因此，分析县域经济差异及其成因，对于加快落后地区县域经济的发展，保持发达地区县域经济的竞争力具有重要的理论意义和实践价值。

根据国家统计局公布的全国百强县（市）的社会经济综合发展测评结果，2009年全国县域经济百强县（市）的相关数据为：人均地区生产总值为54350元，城镇居民人均可支配收入约19750元，农民人均纯收入约9240元，分别为同年全国平均水平的2.13倍、1.15倍和1.79倍①。

仔细研究历年百强县的发展轨迹，可以发现我国经济强县的发展存在一些共同的特点和经验。

---

① http：//www.stats.gov.cn/.

## 一、充分利用区位优势发展县域经济

根据中国中小城市科学发展评价体系研究课题组 2012 年的研究成果，2011 年在综合实力百强县（科学发展百强县）中，东部地区占据了 59 席，中部、西部和东北分别占 16、13 和 12 席。一方面，江苏和浙江两省在这份名单中的表现最为抢眼，江苏省在百强中占据 17 席，浙江省占据 13 席。这表明，江苏和浙江在县域经济发展方面走在了全国前列。另一方面，中小城市综合实力百强县（科学发展百强县）分布较广，江苏、浙江、广东、山东、安徽、河南、广西、四川、新疆、内蒙古等 20 个省市自治区均有县市入选。江苏省昆山市连续八年稳居中国中小城市综合实力百强县（科学发展百强县）第一名。湖南省长沙县、四川省双流县、辽宁省海城市继续稳居中部地区第一名、西部地区第一名和东北地区第一名。①

从百强县及其他经济强县的情况来看，经济实力较强的县域大多具有较强区位优势。或分布于沿海地区，或临近大江大河，或临近铁路公路等交通枢纽，经济强县均修建有港口、铁路网、公路网，充分利用交通便利条件，促进物资和人员的流动，在快速的资源流动中促进县域内企业的成长壮大，带动县域经济的发展。也有些经济强县位于大城市的周边，接受大城市的经济文化辐射，与大城市形成互动和互补关系，借此促进经济发展。

山东省寿光市是"寿光—北京、寿光—哈尔滨、寿光—海南"三条鲜活农产品公路运输"绿色通道"的源头。为保障"绿色通道"安全畅通，"十一五"期间寿光市累计完成公路建设投资 25.5 亿元，规划建设了羊田路、大西环（羊青路）等主干道路，新建改建干线公路和农村公路 2100 多公里，这些道路的建设及有效管理，使得蔬菜流通更加快捷，降低了终端销售成本。

2009 年 10 月 31 日，世界上规模最大的桥隧结合工程——上海长江隧桥建成通车，崇明、长兴两岛与上海陆域实现陆上连通。崇明本岛距离上海市中心人民广场 45 公里，距浦东国际航空港 40 公里，车程均在 40 分钟以内。便利

---

① 中国中小城市科学发展评价体系研究课题组：《2012 年度中国中小城市科学发展评价体系研究成果发布》，《光明日报》2012 年 9 月 15 日。

的交通缩短了崇明与上海的距离，为崇明发展生态休闲旅游、会议度假、中高端养老、休闲运动等产业提供了条件。

## 二、注重培育特色产业，调整产业结构

从历年的全国百强县的经济结构来看，都有自己的特色和优势，各县都能够根据自己的经济特点来进行定位，走有本区域特点的经济发展之路，其产业构成也各有特色。从各个县域经济要素的比重结构来分析，比较优势一般包括三个方面：一是自然资源，包括土地资源、矿产资源以及地理区位等；二是资本资源，包括资本量和技术水平；三是劳动力资源，包括人才和人际关系。各地根据本地的要素禀赋结构，找到有自己特色和市场前景的产业，大力发展特色经济，打造特色产业体系，把资源优势转变成了经济优势。全国县域经济十强之一的浙江绍兴，是中国著名的历史文化名城，也是全国著名的纺织城。绍兴发扬传统的轻纺优势，全力打造国际纺织品制造中心和国际纺织品贸易中心。以工业区作为载体，培育了一批主业突出、拥有自主知识产权和核心技术、具有国际竞争力的企业集团。

## 三、重视民营经济的发展，激发经济活力

民营经济经过30余年的发展，已经成为我国国民经济的重要组成部分，民营经济灵活性强、较大的发展潜力，也成为县域经济发展中新的经济增长要素。加快民营经济发展，培植县域经济的核心力量，是县域经济发展的首要问题；民营经济的壮大可实现县域经济的繁荣，为县域经济在在县域间激烈的竞争中立于不败之地提供了保证。同样，县域经济的发展也促进了民营经济的发展。农业产业化为县域民营经济的发展提供了广阔的经营空间；县域工业化赋予民营经济更多的重任，同时为民营经济发展提供了更多的机遇；县域城镇化为民营经济的发展增加了新领域。只有实现了县域经济与民营经济之间的良性互动，才能在县域竞争中立稳脚跟，实现县域经济的持续快速发展。

浙江省义乌市政府制定若干政策扶持民营企业发展，将义乌发展成为闻名世界的"小商品之都"。2011年年底，义乌共有个体工商户148722户，注册资金总额57.91亿元，比"十五"末期的2005年分别增长了91.75%和21倍；

民营企业 19693 家，注册资金总额 526.4 亿元，分别比 2005 年增长了 161.4% 和 289.6%。据不完全统计，民营经济对这些经济指数的贡献度超过了 80%[①]。

## 四、施行外向型经济战略，充分利用县域外资源

综观强县的发展，一个被时间和实践证明的模式就是突破行政界限，充分的对外开放，吸引包括外资和县域外内资等资金进入，实现要素的自由流动和最优配置，利用国内外"两个市场、两种资源"，使得县域融入国内国际的产业分工，整合优势资源提升当地的发展水平和规模，大大激发县域经济的发展活力。

以江苏省昆山市为例，昆山市始终坚持发展外向型经济，抓住国际资本和产业转移的有利时机，大力引进国外资金、技术，加快工业化和经济国际化，形成以外向型经济为特色的"昆山之路"。从 20 世纪 80 年代中期开始，昆山市就确立了引进国际资本和技术、培育特色优势产业的发展战略，迅速实现了经济总量的扩张和产业结构的升级，形成了以国家级开发区为龙头、以现代加工制造业为主导的开放型经济发展格局。仅 2004 年，全市实际到账外资就达 9.55 亿美元，占当年全国实际利用外资额的 1.5%，成为全国引进资金技术最多的县（市、区）。正是在外资拉动模式的带动下，2004 年昆山人均 GDP 实现 90714 元，位居江苏省首位[②]。

## 五、发展产业集群，推动产业结构升级

产业集群[③]是经济全球化背景下产生的经济现象，已逐渐成为构成经济基本空间的重要组成部分，体现着一国或地区经济发展的前景和竞争力水平。改革开放以来，我国产业集群取得了很快的发展，截至 2008 年，全国 280 多个城市中已有近 200 个城市拥有了不同程度的产业集群，大大小小的产业集群已

---

① 数据来源：义乌市工商局。

② 数据来源：《江苏统计年鉴－2005》。

③ 按照美国哈佛大学迈克尔·波特（Michael E Porter）的观点，产业集群是指在某一特定领域中（通常以一个主导产业为核心），大量产业联系密切的企业以及相关支撑机构在空间上集聚，并形成强劲、持续竞争优势的现象。

发展到数千个，主要分布在以环渤海湾、长江三角洲、珠江三角洲为中心的东部地区。产业集群对县域经济发展具有非常重要的推动作用，两者之间存在相互作用、彼此影响的耦合机制。这主要表现为产业要素与县域经济通过互补，耦合成为一个整体，各子系统之间相互作用、相互依赖、相互协调，能够发挥出"1＋1＞2"的协同效益，实现产业集群实力与县域经济竞争力的互动共增。

珠江三角洲的 404 个建制镇中，以产业集群为特征的专业镇占了四分之一。广东省电子信息产业和电气机械制造业在全省地位突出，与珠江东岸的信息产业集群的发展（含广州、东莞、惠州、深圳等市的几十个镇，规模 3000 亿元以上），以及珠江西岸的电气机械产业集群的发展（含顺德、中山、南海、江门、珠海、广州等市的十几个镇，规模 1300 亿元）是密切相关的。广东的传统产业分散到上百个专业镇中，如南海西樵（纺织印染）、欲步（内衣）、石湾环城（童装）、张搓（针织）、中山沙溪（休闲装）、东莞虎门（服装生产和贸易）、大朗（服装）、云浮罗定（针织）、佛山石湾（陶瓷）、南海南庄（陶瓷）、云浮云城（石材）等①。

## 六、合理定位政府职能，建立并完善市场秩序

县域经济的发展离不开政府的支持，特别在我国县域经济发展过程中，政府往往发挥主导作用，但在市场经济条件下，应当充分发挥市场配置资源的作用，尽量减少政府行政力量对市场经济的干预，因此在县域经济发展过程中，省级、市级以及县级政府的合理定位就显得尤其重要。政府的合理定位就是要求政府要不断转变职能，为企业发展提供公共产品和公共服务，建立和维护市场秩序，为微观经济主体创造良好的发展环境。从经济强县县域经济发展中可以看出合理的政府定位能有效地促进县域经济的发展。大多数经济强县交通、水利、能源等基础设施相对完善，承载经济发展的功能强劲，有效减少和避免经济发展的瓶颈；从软环境而言，政府职能得到根本转变，政府效率有效提高，政策环境宽松，政策条款透明度和配套性形成合力，对企业发展发挥引

---

① 石向荣：《区域产业集群培育对策研究》，华中科技大学，2005 年。

导、促进和辅助作用，形成通畅的资金、技术、人才的流动渠道。

以江苏省为例，江苏省政府采取了多种措施引导和扶持集群经济发展。一是提供政策援助，把普遍优惠、区域优惠改成产业优惠、企业优惠，吸引具有产业带动优势或配套协作功能强的项目进入集群区域。二是优化服务，实行审批代理制和全程服务制，除前置审批条件之外，县级行政审批的门槛一律取消。三是建立共享型电子政务信息平台，收集国家宏观政策、行业发展动向、价格及供求情况等重要资料，供企业决策借鉴。同样的，浙江省实行省管县（市）的财政管理体制改革，缩减财政供养人员，保证国家规定工资和津贴补贴的正常发放；落实省对县（市）财政的扶持政策和补助资金；省对县（市）的财政信息和实际情况掌握准确、及时，加强了对县（市）财政的有效监管，提高了工作效率减轻了县级政府负担。

# 第三节　贫困地区县域经济发展困境与对策

中国的贫困人口居住相对较为集中，大部分分布在 18 个集中连片的贫困地区，具有交通不便、资源匮乏、信息闭塞等特征，因而多数贫困地区的县域经济以农业为基础，农业仍然是县域的主要就业渠道和收入来源。由于农业生产直接受制于土地，土地又具有固定性，并且县域经济以乡、村集体所有制为主体，因而经营活动客观上具有比较分散的特点，点多面广，且受到现有农业生产方式的限制，空间聚集性较弱。

## 一、贫困地区县域经济的特征及发展困境

具体来讲，贫困地区县域经济具有如下共同特征：

（一）区位劣势明显

与经济强县多沿江沿海或分布于平原地区不同，我国贫困地区主要分布在地质地貌复杂、自然灾害频发、生存环境条件极为恶劣、生态环境脆弱的地区，恶劣的自然环境严重威胁当地的农业和牧业生产。另外，多数贫困地区都较为偏僻，远离经济中心地区，交通不便，无法接受经济发达地区的辐射作用，地理位置十分不利。这些地区既不利于人类居住，又不利于发展贫困人口

赖以解决温饱问题的农业生产，这既是贫困地区贫困落后的重要原因，又是一些贫困人口初步脱贫以后又大面积返贫的根源。如在长江上游的水土流失敏感区就有 135 个是贫困县，占全国贫困县总数的 22.8%。

（二）经济发展水平低

我国贫困县的经济发展水平普遍较低，各项经济指标不但低于全国平均水平，和发达地区的经济强县更是相去甚远。以我国有名的"将军县"同时也是 2012 年国家级贫困县的湖北省公安县为例，2010 年公安县实现地区生产总值 105.29 亿元，其中：第一产业增加值 38.76 亿元，第二产业增加值 35.40 亿元，第三产业增加值 31.12 亿元，城镇居民人均可支配收入 11868 元，农民人均纯收入 6610 元，在岗职工年平均工资 23115 元①。另一个连续多年名列国家级贫困县的新疆和田县，2010 年和田县实现地区生产总值 26.48 亿元，其中：第一产业增加值 2.90 亿元，第二产业增加值 7.98 亿元，第三产业增加值 16.61 亿元，人均生产总值仅为 8327 元②。从 2005 年全国百强县中随机抽取山东省胶州市和江苏省张家港市两个县级城市作为对比。2010 年胶州市全市生产总值完成 557.06 亿元，其中，第一产业增加值 39.39 亿元，第二产业增加值 319.77 亿元，第三产业增加值 197.9 亿元，城镇居民人均可支配收入达 22184 元，农民人均纯收入达 10433 元，职工年平均工资为 25066 元③。张家港市 2010 年全市实现地区生产总值 1603.51 亿元，完成第一产业增加值 21.94 亿元，第二产业增加值 974.75 亿元，第三产业增加值 606.82 亿元，人均 GDP 达 17.77 万元④。

从数据中来看，2010 年公安县生产总值仅为胶州市的 18.85%、张家港市的 6.55%，同期的和田县比例分别为 4.75%、1.65%。由此可见我国县域经济发展的极端不平衡性。

（三）资源贫乏，基础设施薄弱

贫困是贫困地区的主要特征，美国经济学家迈克尔 . P. 托达罗

---

① 数据来源：《2010 年公安县国民经济和社会发展统计公报》。
② 数据来源：《2011 年新疆统计年鉴》。
③ 数据来源：《2010 年胶州市国民经济和社会发展统计公报》。
④ 数据来源：《2010 年张家港市国民经济和社会发展统计公报》。

(MichealP. Todaro) 在《经济发展与第三世界》中曾经提出地域差异理论来解释贫穷国家经济发展缓慢的原因。他指出："从整体来看,当今第三世界国家所拥有的自然资源要少于目前发达国家开始他们现代增长时所拥有的资源。除了少数几个第三世界国家拥有世界需求日益扩大的大量石油、其他矿产品和原材料资源外,大多数欠发达国家,如几乎占世界人口1/3的亚洲国家,自然资源都很贫乏。"我国贫困地区的情况也是如此,主要表现在水资源短缺、电力供应不足以及交通不便等方面。

(四)产业结构不合理,经济效益差

由于交通不便、资源匮乏、信息闭塞,贫困地区的县域经济仍以自给自足的自然经济为主,产业结构不合理,偏重第一产业,而二、三产业规模较小。产业结构不合理又进一步固化了贫困地区县域经济的发展模式,导致持续贫困。

贫困地区产业结构单一、结构层次低,表现为:一方面,产业结构不适应市场,产业之间发展不均衡,原料型产品居多,大量农副产品不能实现加工增值,难以形成生产、加工、运输、销售一条龙的资源型加工工业体系,二三产业规模过小,对GDP贡献率较低;另一方面,产业发展的导向型受到限制,产业发展基本上是面对资源而非面向市场,基本是有什么资源优势就发展什么,而不是市场需要什么就发展什么,缺乏市场开拓意识和技术创新的动力;再有,特色产业布局比较分散,难以形成规模效益,企业规模过小,无法像东部沿海地区一样形成产业集群。

贫困地区县域经济所依靠的农业生产周期较长,受自然条件的影响较大,生态环境破坏、自然灾害频繁、水土流失严重都会严重影响农业生产的进行,客观上造成县域经济发展不稳定,起伏变化相对较大。而贫困地区地形条件的限制使得可耕作农地数量并不多,再加上农业生产机械化程度较低,从客观上也限制了贫困地区农业的发展。

(五)人口受教育程度低,高素质人才流失严重

人口增长过快和人口素质的普遍低下是贫困地区资源开发、经济社会可持续发展的基本障碍。与经济落后、增长缓慢相反,贫困地区人口增长过快,很多地区已经超出了人口承载最大限制,处于人口超载状态。受特殊的自然环

境、社会环境和历史发展的影响，贫困地区人口发展的突出区域特征，除了人口增长过快、人口超载以外，就是人口的文化素质低下。贫困人口大多居住分散、偏僻，办学条件差，教育设施落后，加之贫困户生活困难，无力支持子女上学，适龄儿童失、辍学率高，青壮年文盲比例偏大。

除了人口素质偏低以外，贫困地区的高素质人才流失也十分严重。虽然中央和各地方政府对贫困地区初高等教育均给予政策倾斜，但仍无法改变人才流失现状。以吉林省延边朝鲜族自治州为例，十五期间延边地区高校毕业生到延边州报到总数11036人，其中2001年报到毕业生3135人，2002年2673人，2003年2272人，2004年1287人，2005年1669人。而十五期间报到毕业生中实际就业人数为4526人，仅占报到人数的41.01%，其余6510人报到后并未在当地就业。1997—2006年，延边州本地高校培养的本科毕业生在本地工作的约为30%—40%，外地一般院校培养的本地本科毕业生返回延边工作的仅为20%左右，重点大学培养的本科毕业生，研究生返回延边工作的几乎等于零[①]。

（六）县级政府经济调控手段的匮乏及调控水平低下

县域经济活动的一个重要参与主体是县域经济体所在行政区域的辖区政府，即县级政府。县级政府是县域经济活动的调控主体，是县域经济活动的管理者，除贯彻执行中央和各上级政府经济调控制指令外，主要承担如下经济职能：协调和管理县域经济活动，提供地方性公共品服务，引导县域经济健康发展。而县级政府能否充分履行有关职能取决于两个相互关联的因素，即县级政府及其职能部门拥有的调控管理手段和县级政府及其职能部门具备的决策技能与努力程度。一般而言，县级政府掌握的调控工具、资源和权限越多，县级政府对县域经济活动可以施加的调控管理就会越充分，如果所施加的调控管理又都是合理和科学的，则县级政府对县域经济的干预与引导就会越有效。

县级政府调控管理县域经济主要借助于三种主要手段，即财政手段、法律手段和金融手段。政府通过这些手段强制性地获得相应的财政资源、立法权力或金融工具，以对辖区经济活动施加影响，实现政府的经济职能和意愿。在我

---

① 数据来源：根据1997—2006年《延边州统计年鉴》整理。

国，县级政府所能支配的财政资源、立法权力或金融工具基本是由中央政府并通过县以上政府给定的，长期以来，我国国家宏观经济发展战略及其配套体制度对我国县域经济未予足够重视而做出了不利的安排。在这种情况下，作为我国县域经济调控主体的县级政府所能支配的财政资源、立法权力或金融工具少之又少，严重限制了县级政府经济职能的充分履行。

县级政府作为县域经济调控主体普遍存在调控管理不当或失效的行为现象，体现出我国县级政府调控管理能力和水平的不足，它对县域经济的发展依然或正在形成实际的制约作用，成为县级政府阻碍县域经济发展的重要因素之一。县级政府机构扩张、设置庞杂、冗员剧增，增加县域财政的"吃饭"负担，严重影响财政资金中生产性经济建设资金的到位率；县级政府的经济权责过分分散，职能分割充斥重叠和矛盾，对县域经济活动的超市场干预，影响了县域经济的正常市场秩序和投资环境；同时，县级政府负责人的频繁变动、规划和战略意识以及规划人才的缺乏、政绩考核及评价体系对短期经济表现的偏重导致大多数县级政府都没有认真制定和坚持执行关于本地县域经济发展的长期规划，对县域经济获得管理和调控存在严重的随意性和短期行为。

## 二、贫困地区县域经济脱困对策分析

贫困地区县域经济发展的困境具有多重且复杂的历史、自然、经济、社会、制度等原因，这些因素相互交织在一起，阻碍了贫困地区经济发展道路，要想脱困而出，必须施行一系列改革。

（一）推进政府机构改革，提高经济调控能力及效率

1. 中央及各地方政府要在可能的更大范围内充分放权给县级政府，赋予县域经济更大的独立发展权，将县行政区作为二级经济独立计划单位，允许各行政县形成独立的经济发展计划并将其纳入中央政府的管控之中，中央政府接受县域经济发展计划后直接针对县域经济进行资源和产业配置政策的制订和寻求资源和产业配置的市场调控。

2. 改革县级政府机构设置，合理划分各部门职权，科学分工，相近职能只设立一个部门进行管理，减少冗余机构的设置，避免机构职能的交叉，优化组织结构，提高办事效率，引进专业人才，提高行政管理人员素质，实现经济

管理科学化专业化，制定并完善各项规章制度，提高调控效率。

3. 县级政府要统筹管理，制定和推行切实可行的公共政策，为企业和个人提供良好的信息渠道，做好各方面协调工作，并对各项工作进行监督；要充分认识和发挥市场的调节作用，放权给经济微观主体，减少对市场经济的行政干预，充分发挥企业和个人的积极性。

（二）加大人力资本投入，吸引并留住专业人才

1. 贫困地区人口知识水平不高，素质较低都成为致贫及返贫的重要原因，基础义务教育对于贫困地区来说是至关重要的。政府应加大投入改善贫困县的办学条件和教学设施。通过制定和完善教育相关的法律政策，确保贫困地区九年义务教育的实施；利用国家支教扶贫政策引进优秀师资力量，加强本地教师培训，提升贫困地区教育质量；强化校舍教室的硬件设施建设；对于初中教育之后的高中及大学教育实行国家、政府补助政策，保证提供更多继续学习和深造的机会，提高人们的认知能力和知识水平。

2. 贫困地区不仅未成年人教育水平需要提高，针对成人的职业培训也要加大投入力度。成人文化素养水平低直接会影响孩子的受教育水平，也会影响家庭的收入水平，制约贫困地区经济的发展。贫困地区的劳动者大多缺乏实用的技术和经营管理方法，成人教育和职业培训应注重生产性实用专业技能的培训，提高成人的技术水平，提升生产能力。职业教育可以和治贫规划项目相结合，制定与贫困地区发展相适应、贫困人口受教育水平可接受的培训内容，为贫困地区人口提供示范性的生产过程和科技实践效果，也可以通过在岗的技能培训引导人们认识、接受和掌握新技术。

3. 人力资本对于贫困地区的经济社会发展影响作用重大，在积极加强贫困地区基础教育和成人职业技术培训的基础上，还应注重制定优惠政策引进和留住人才。完善并拓宽社会保障制度的覆盖面，是解除劳动力后顾之忧、保证发展所需人才和稳定社会环境的需要。政府应不断完善医疗保险制度、养老保险制度和失业保险制度等，并与社会救济、福利等机构进行结合，确保社会保障的资金来源，尽量普及，实现公平。要加强对贫困县最低工资和生活标准执行情况的监督检查，保证养老金的发放到位，确保贫困人口的最低生活水平。

4. 引进新技术，加强科技创新能力。科技在生产中的运用越来越广泛，

也越来越重要，依靠科技的进步、产品的创新也越来越成为一种提高生产力、创造高效益的有效手段。县级政府应创造条件将农业生产性活动和企业与科研大专等高等院校相联系，制造合作机会，进行技术交流，通过非政府组织的相关支教扶贫活动和高校人才引进政策做好科学生产技术的指导和推广工作，并引导企业发展其核心竞争力，进行技术创新，将技术成果转化成生产力，切实推广运用到企业生产过程中去，提高地区的生产力、生产效率和资源利用率，使经济发展高层次、集约化、可持续。

（三）调整产业结构，提高二、三产业贡献率

1. 实现农业产业化经营。农业经济在贫困地区县域经济中占很大比重，要将农业带入市场，由传统农业向现代化农业生产方式转变，可以通过产业化经营将贫困农户组成利益共同体，进入市场参与竞争，同时建立完善的市场体系来保障农户的经济利益，使他们能获取充足的信息来调整自己的生产经营项目以适应市场的变化，并建立相关渠道为其产品销售做准备。可以通过发挥地方优势特色产业，整合已有的农业开发经营项目，建立示范性农业基地，加强农户们的参与积极性。还应建立相关服务中介和专业咨询机构，引导龙头企业和与农业生产有机结合，帮助农户获取市场信息和技术支持，引进新品种和先进种植技术，创新农产品。政府应为农户提供政策扶持和资金通道，利用农业产业化的发展来带动整体区域性发展。

2. 调整工业结构。贫困县在工业上的发展基本都停留在较低层次，一些基本的煤矿、冶炼及化工产业往往伴随着对资源的浪费和环境的破坏，而且技术水平相对低下。这会给环境造成压力，要转变工业结构进行产业调整，把该淘汰的淘汰掉，根据各县市自身的优势特色产业，确定明确的发展方向，加大科技成果投入，将高污染产业转变为低污染甚至无污染产业，将高耗能产业转变为能耗低效率高的产业。针对地方特色产业，要将其优势发挥出来，树立优质品牌，制定品牌发展战略，将地方性工业产业做大做强，带动贫困县域经济发展。

3. 大力发展第三产业。相对于高耗能高污染的工业来说，第三产业可谓是能耗低污染小又能带来较高产出的产业，第一、第二产业有第三产业的支撑能得到更好的服务和发展。中部地区连接南北东西，在地理区位上具有优势，

贫困地区应注重自身的资源利用，变地理区位上的劣势为优势，通过发展交通运输业来发展商贸集散。利用本地区独特的人文和自然景观，发展旅游业和文化产业，使之成为贫困地区的突出发展增长点。

4. 承接东部产业转移。贫困地区应与沿海发达地区形成良性互动，承接发达地区产业转移。良好的承接环境对于产业转移极为关键，为吸引产业转移，需要完善当地的各项基础配套设施，如公正公平的制度环境、规范的市场环境、服务完善的工业园区和交通网络等。承接产业转移可以调整产业结构为目标，改造升级当地的传统产业，优化配置当地的各种资源，围绕发达地区的产业特点，结合当地特色资源，建造相互衔接支撑的产业链。

（四）加大资本投资和融资力度

1. 完善公共基础设施等软硬件条件，为招商引资创造良好的投资环境。资金是贫困地区极度缺乏也是急需的，依靠自我的积累总是难以在短时间内形成规模，满足投资需求，因此需要发挥资本积聚的作用，通过招商引资来完成资本投入。而要吸引商家和外资的进入则需要对贫困地区的投资环境进行改善。政府应提高其工作能力和效率，完善贫困地区的各项公共基础设施，推动招商引资配套优惠措施的实行，制定区位倾斜政策并发掘地方特色，为投资商找到收益点；提升贫困地区人口的文化素质，加强配合和利用外商投资的能力；通过税收优惠、降低监管费和颁发奖励等方式来吸引金融机构的投资，对地方金融市场进行宏观调控，创造适宜的投资环境。

2. 促进民间资本规范化有效利用。大力培植和倡导良性的民间融资模式，建立并完善民间融资担保体系，在宏观上运用经济手段对民间资本活动进行引导，减少政府及金融监管机构对民间资本经营活动的行政干预，给予民间资本充分的自主经营空间，利用民间资金对贫困地区进行投资，同时优化资金的运用途径，进行更加合理的资金优化配置。

（五）调整财政税收政策

1. 调整财政支出结构。

贫困地区财政支出存在结构性的问题，真正能够促进贫困地区经济社会发展的投资性支出所占比重很小，远远低于消费性支出所占比例，使得投资所能带来的增长被抑制。所以，贫困县政府应调整好财政支出的结构，将财政资金多用于对公共基础设施、通讯等投资方向，加大投资性支出所占比重，让投资性支出更好地为贫困地区带来经济增长效应。

2. 中央加大对贫困县的财政支持力度。

要加大财政的投资性支出，就要加强贫困县政府的财政支付能力，需要有充足的财政资金支持。然而分税制改革之后，县政府的财政收入很多要上交给上级和中央，加上中央财政主要流向大城市，造成贫困县政府财政资金不足，农业税取消之后，这种情况更加严重。与此同时，贫困县的财政消费性支出又不断增多，使得政府财政资金紧张，难以对促进贫困地区经济社会发展的基础建设进行投资，进而恶化招商环境，又影响财政收入。所以中央应采取区域倾斜政策，适度加大对贫困县的财政支持，可以适量加大地方财政留存和返还比例，健全财政转移支付制度，对贫困地区或特殊扶贫项目提供资金补助。

3. 完善税收政策。

对现行的税收政策进行改革，对经济发达的地区提高税率，让其多交税，而针对贫困地区，要兼顾公平的减少其赋税负担。制定针对中部贫困地区的税收优惠政策，尤其是针对贫困地区的主要产业，如农业、手工业、能源等基础性产业，尽量减轻贫困人口的经济负担。

# 第四节　发展县域经济培育县乡财源

1994年分税制财政体制改革以来，我国县域国民经济快速发展，县乡财政实力增长较快，但县乡财政的相对困境也日益凸显，特别是取消农业税和三提五统筹各项收费以后，县乡财源基础薄弱、发展后劲不足以及稳固的财源基础的匮乏等问题更加突出地表现出来。农村基层政权的运转、县乡公务人员工资的发放以及以农村义务教育为主的农村公益事业发展也面临着诸多困难与挑战。统筹县乡经济发展，加快实施县乡财源建设工程，加速发展壮大县域经济，增强县乡财政经济综合实力和竞争力已经成为各级政府和财政部门的共识，并使之在实际工作中进行了大胆的实践和有益的探索。

县乡财源是指一定时期内提供县乡政府财力的所有来源，具体指在既定的财政管理体制下，县域内能够为县乡政府提供财力的经济社会资源（内生财源）以及直接形成县乡财力的转移支付资金的来源（外生财源）。县乡财源本质上存在两个主要特征。一是县乡财源必须能够从根本上解决县乡财政困难。财源是财力的根，是"源"，不是"流"。税收征管措施、节约行政成本、上级政府的转移支付等虽然有利于政府财力的积累，但属于"节流"，不是财源。县域内工商业的发展、固定资产的积累等是形成财力的根源，即为财源。二是县乡财源必须具有严格的现实性。财源必须是实际的、客观的，一切隐形的、潜在的资源在未被开发利用之前不能称为财源。

通常情况下，内生财源即县域内经济社会资源的数量和质量对县乡财力的大小具有决定性作用。县域经济越发达，财源越繁盛，财力就越充裕，反之财力薄弱。但在特定区域内，譬如一些经济贫困县，内生财源严重不足，此时外生财源就决定了县乡财力规模。上级转移支付多，财力就大，内生财源则退居其次。但从长期来看，依靠外生财源增强县乡政府财力不具有可持续性，并可能使得县乡政府逐渐成为上级政府实际意义上的派出机构，而丧失了县乡财政的自主权。因此，县乡财源建设的根本目的，在于充分发挥县乡政府的资源配置、宏观调控、收入分配和监督管理四大职能，通过扶持县乡经济发展，实现财政增收，壮大财政实力，形成规模和效益的有机结合，实现经济和财政的良性互动，最终实现本地区经济社会的繁荣昌盛，人民生活水平和生活质量的不断提高。

## 一、县乡财源建设的基本状况及存在问题

1994 年分税制改革之后，中央掌握了大部分财力和宏观调控的主动权，这无疑缩减了县乡财政一部分财力。2001 年农村税费改革试点和 2006 年农业税的取消，进一步加剧了县乡政府的财政困难。

（一）县乡财政发展的普遍特点

1. 县级财政收入增长迅速，占地方财政收入的比重加大。如江西省 2004 年县级财政总收入为 191.8 亿元，到了 2008 年已经达到 547.3 亿元，较 2004 年增长 185.3%，年均增长 29%。同时，由于省内实行财力向下倾斜的政策，在全省财政总收入中，县级财政总收入占的比重从 2004 年的 54.7% 提高到 2008 年的 67%，县级可支配财力也占到了全省的 62.4%，高出全国平均水平

17 个百分点，是全国县级财力比重最高的省份①。

2. 县乡政府宏观调控政策频出，鼓励县域经济发展。如江西省陆续出台了多项财政奖励政策，在转变发展方式、优化经济结构、发展有税工业、做大项目方面发挥了积极作用。又如沈阳市在 2008 年召开了全市县域经济工作会议，制定了《沈阳市区县（市）财源建设专项资金管理暂行办法》等一系列办法、意见。沈阳市区县财源建设办公室在每年初依据 8 个区县（市）上年的财政收入、在全省区县（市）一般预算收入排名、新上财源建设项目等指标，进行量化的评分考核，按分数排出名次并予以一定的奖励，大大提高了区县（市）政府的工作规范性和竞争意识。

3. 财政支出推进基础设施建设，县域经济呈现快速发展的趋势。以沈阳市为例，沈阳市财政 2008 年投入资金 2.46 亿元，支持县域特色园区建设，促进县域工业发展。又如，青岛市充分利用废弃老厂房和企业搬迁腾出的发展空间，着力发展一些能改善环境、方便百姓的特色业态。西藏自治区利用自身雪域高原壮丽的自然风光和独特的人文景观的优势，完善交通、能源、通信等网络建设，加快区内旅游业发展。

4. 地方政府积极搭建县域融资平台。如青岛即墨市筹措企业扶持资金6000 万元，从企业贷款贴息、投资、外贸出口、节能减排等方面给予企业一定的补助或奖励。胶州市充分发挥担保公司中小企业融资担保平台作用，以"一个中心，两家银行"为操作模式，开展中小企业融资担保和"搭桥贷款"业务，解决中小企业融资难问题。

（二）当前县乡财源建设中存在的问题

我国正处于社会主义市场经济转型期，特别是在农村税费改革后，对基层政府的事权和财权界定尚不明晰。财权过度向上集中、事权尽量下压的行政管理格局给县乡财政带来巨大压力，在一定程度上影响了县乡财源建设。

1. 县乡政府职能不明确，事权与财力不匹配。明确县乡政府职能，是县乡财政体制正常运行的关键和前提。由于我国政府与市场的分工不明晰，各级政府间职责划分不清，造成了当前县乡政府职能不明确，存在"越位"、"错

---

① 数据来源：《江西统计年鉴》2005—2009 年。

位"及"缺位"现象。县乡政府过多干涉微观经济主体的市场经营活动，与民争利，而对于农村义务教育、医疗卫生、社会保障、基础设施建设等公共服务没有承担起应有的责任。

从我国政府间财政支出责任划分来看，公共支出过度依赖于基层财政。县乡财政承担了与财力不相称的公共事务管理职能，履行事权所需财力与其实际可用财力不对等，财力缺口巨大。同时也导致县乡财政支出结构不合理，维持政权正常运转支出的比重过大，无力解决发展经济和其他社会事业的资金，难以满足各项公共服务和新农村建设的基本需要。

2. 转移支付制度不规范，亟待完善。我国缺乏规范化、法治化的转移支付制度，表现在三个方面。一是转移支付法律制度基础不完善。法律位阶低、效力差、缺乏权威性和稳定性；主体及其权利义务不明确，转移支付项目之间目标不统一，政策功能相互冲突；整个过程缺乏法定程序的制约，缺乏公开性和透明度。二是转移支付过程缺乏有效的监督机制。资金支付链条过长，过程不规范，没有硬性约束。县乡基层政府并不能及时接收到足额的转移支付资金，存在占用转移支付资金的现象。还没有建立一套有效的审计监督体系，对资金划拨和使用进行监督。三是基层转移支付的方法缺乏科学性。很多地区尚未建立起以公式为基础的转移支付办法，一些地区仍然沿袭过去财政包干体制的做法，现有的公式化的转移支付办法在因素选择、公式设计、数据选取和具体测算上还存在诸多问题，有待进一步完善。

3. 畸形的政绩考核体制阻碍了县乡经济发展。当前的政府官员考核体制过分重视经济发展数据，形成 GDP 导向的政绩考核机制，县乡政府官员往往沉迷于追求 GDP 的增长，导致县乡经济的发展缺乏整体长期规划、重复建设严重、政绩工程泛滥、银行坏账增多以及腐败现象的出现，同时还会加剧在招商引资方面县乡政府间的恶性竞争，如土地使用权的优惠、税收政策的优惠等。在现有的政绩考核制度下，容易出现片面追求经济发展而忽视民生的后果，这从很大程度上折射出部分官员的短视和干部考核体制存在的弊端。

4. 发展理念滞后，科学发展观念有待加强。县乡财政部门受传统理财观念的影响和行政官员追求政绩的压力，理念观念和理财方法受到诸多影响和束缚。一是重收轻支。相对于组织收入方面的措施，在支出方面的管理明显滞后，预算执行随意性较大，主要表现在财政供养人口剧增，人头经费增长过快，对行政事业单位支出控制不力、约束力不强。二是重经济建设，轻公共服务。地方财政受财力所限，加上经济利益的驱动，在决策时一般重经济建设项目的投入，忽视公共产品的提供。三是重眼前利益，轻长远利益。热衷于短平快项目的建设，忽视长远经济增长点的培育，导致重复建设严重，浪费有限财力，不能实现科学发展。

## 二、推进县乡财源建设的政策建议

县乡财源建设的核心是发展县域经济，努力培植和壮大财源。要将财源建设寓于经济发展之中，围绕经济发展抓财源建设，不断增强经济实力和财源后劲。我国地域广阔，经济发展水平参差不齐，不可一概而论。

各地要因地制宜，制定切实可行的发展目标和可具操作的具体措施，切实深化改革，建立符合市场经济要求的县乡财政运行机制；上级部门要研究推进县乡财政体制改革，按照财力与事权相统一的原则，赋予县乡必要的财力，保证县乡有较稳定的收入来源；要加强县乡财政管理，提高资金使用效益；要紧紧依靠法治建设强化财政管理，规范理财行为和程序，建立和健全约束机制，努力实现由人治财政向法治财政的转变。

（一）推动政府层级改革，简化财政管理级次

目前我国政府管理级次分为中央、省、市、县、乡五级，相应地财政也是五级管理。由于级次较多，政府间职能重叠、财权交叉，加大了事权和财力划分的难度。应允许各地采用适合地方实际的财政体制，适当减少财政体制层级，为行政体制改革创造先行的外部环境。

（二）合理界定县乡政府的事权，为县乡财源使用提供政策支持

明确划分各级政府的事权是解决县乡财政困难的制度性基础。按照公共产品的层次性和受益范围，合理划分各级政府的支出责任和范围，属于全国性公共产品特征的事项由中央财政负责；属于中央和地方共同承担公共产品特征的事项，由中央和地方财政共同承担，并按具体项目确定分担比例；属于中央负有直接或间接责任，但由地方政府负责提供更为高效的公共产品特征的事项，主要应由中央财政通过转移支付把相应的财力提供给地方来完成；其他属于区

域内部的地方性公共产品和服务，则由地方财政负责。对于跨区域的外溢性的公共项目与工程，上级政府应在一定程度上参与或介入。医疗和教育服务的供应可以仍为地方政府的责任，但中央和省级政府需要至少承担部分筹资责任。从发达国家的政府权限划分来看，中央和地方各级政府的职责、权限，大多都有明确的法律规定，而我国在这方面的法律还不健全，有待尽快完善。

（三）建立县乡财政固定收入增长机制，实现财权与事权的匹配

与事权相对应，财力划分要合理。在划分县乡财政收支范围时，既要考虑有利于适度集中财力的需要，又要考虑县乡行使职能的财力需要，调动县乡政府增收节支的积极性。县乡政府的财政收入主要靠税收，因此，可以重新规划中央和地方的税种分配，将税收收入较大的税种分配给县乡政府，增加基层政府可自主支配的财力，充分发挥地方政府的积极性，促进地区经济发展。同时完善地方税制体系，增设保证地方收入增长的固定税种如房产税等。按照适当集中、合理分权的原则，确保地方财政收入的稳定性和持续性。

（四）完善转移支付制度，为县乡财源提供有力保障

转移支付制度应该透明化、公开化、科学化、规范化。选取人口密度、人口年龄结构和城市化程度等因素，科学确定各种因素在影响财政收入能力和财政支出需求过程中所占据的权数，用具体公式计算分析各地区的财政自给率，构成转移支付的基础，用以确定转移支付对象以及补助金数量。省市政府财政在分配中央拨给地方的转移支付资金时，不仅要更多的让利于基层，而且要做到辖区内公平、公正、公开透明，把解决县级财政的困难问题作为稳定基层政权和完善财政体制的战略任务，以求在较短的时间内有效缓解县级财政困境。

（五）建立科学的政绩考核机制，为县乡财源发展提供科学支撑

改变现有的 GDP 导向型政府官员政绩考核机制，建立科学的综合性的政绩考核指标体系，不仅要关注经济指标，而且要关注社会发展指标、人文指标、资源指标和环境指标，把经济发展与环境保护、生态建设、增加收入、扩大就业、社会秩序、公共安全、社会保障、教育投入、自主创新、法制建设等内容，都纳入政绩考核的指标体系，都作为硬指标，并以制度化的形式规定下来。科学的综合性的政绩考核指标体系可以引导县乡政府转变经济发展方式，从高投入、高能耗、高物耗、高污染、多占地为特征的"四高一多"式的粗

放型增长方式，转变为节约、清洁、安全、可持续的经济增长方式。

（六）营造和优化财源建设发展环境，为县乡财源发展提供坚实基础

增加农村基础设施、教育、医疗卫生、科技、社会保障等社会事业领域支出在县乡财政支出中的比重，引导农民和社会资金的消费导向，以此培育新的消费增长点，不断扩大内需，培植新的财源。增加政府对农村教育的投入，实现农村义务教育的主要责任由农民转向政府、由基层政府转向中央和省级政府。统筹兼顾发展农村基础教育、职业教育和技能培训，积极构建城乡统一的教育体系；逐步建立健全农村社会保障制度。增加农村公共卫生的投入，提供平等的医疗救助。支持建立农村合作医疗制度，提高农村医疗保险覆盖面。在丧失劳动能力、身体残病的特困群体基本生活保障以及失地农民社会保障问题的基础上，逐步建立起覆盖城乡的医疗、保险制度；增加农业基础设施以及农业科技等社会化服务体系的政府财政支持力度。

深化县域投融资体制改革。加大金融机构对县域经济发展的支持力度。同时，采取各种措施促进农业投资的多元化，稳固县域经济乃至整个国民经济的发展基础。巩固和发展农村信用社改革试点成果，进一步完善治理结构和运行机制，充分发挥农村信用社支持农业经济发展的主力军作用，扩大现有农户小额信用贷款和农户联保贷款的覆盖面；引导各类金融机构增加农业农村信贷投放，加大政策性金融支农力度，增加支持农业和农村发展的中长期贷款；落实对农民和农村中小企业实行多种抵押担保方式的有关规定，鼓励民营担保机构发展和企业的互保、联保，逐步解决中小企业融资难问题；稳步推进农业政策性保险试点，加快发展多种形式、多种渠道的农业保险，降低农民承担的风险，增加农民发展农业生产的积极性；转变财政资金对"三农"的投资方式，发挥财政资金的"乘数"效应，促进社会资金对"三农"的投入，加快县域经济发展。上述一系列措施必将构成农村新的、更大规模的消费需求，从而培育出新的、更大的经济增长规模。

总之，加强县乡财源建设是巩固基层政权的迫切需要，是今后一个时期各级政府必须面对的现实问题。早认识，早解决，对深化改革、促进经济社会全面发展必将起到强有力的推进作用。

# 健全财政监督机制化解县乡财政问题

◇　财政监督缺失的表现及其原因

◇　完善财政监督机制

◇　建立县乡财政风险防范机制的经验借鉴

预算是经过法定程序审核批准的国家财政收支计划。它规定国家在财政年度内财政收入的来源和数量、财政支出的去向和数量，反映整个国家政策、政府活动的范围和方向。预算是控制公共支出规模的一个有效手段。同时，预算是一种政府所有的有限的对财政资源进行配置的机制，一旦形成就成为指导、监督及批评政府活动的有效基础。从财政收支的本质来说，预算资金是政府的公共资源，为国家和人民所有，具有很强的公共性。政府只是公共资金的代理机构，承担着公共受托责任，必须对社会公众负责。因此预算又是立法机关和全体社会成员监督政府实现政治活动目标的最重要的工具，是一个政府组织、民众参与的公共选择过程。公民享有对预算信息的知情权，而预算能够为公众提供政府财政收支的信息。公民在充分了解有关信息的基础上，才能通过民主程序参与决策，从而实现民主理财。如果没有预算信息，民主决策的参与只是一句空话。从政府行为的政治经济学分析来看，政府预算还是各利益相关方为实现自身利益最大化而争取预算资金的过程，预算过程中的资源配置实际上反映了政治权力的分配和物质利益的分配。因此，如果没有有力的监督，就不能保证公共资源为公众所用，不能保证公共权力的公共使用。

## 第一节　财政监督缺失的表现及其原因

### 一、县乡财政收支纪律缺乏始终是导致县乡财政困难的一个不可忽略的原因

廖川强等①在财政局的配合下，对盐源县一个乡财政所 1980 年至 1985 年

①　廖川强：《从对一个乡财政所的审计看基层财政、财务管美里存在的主要问题》，载《财会通讯》1986 年第 7 期。

的财政收支情况进行了审计，查出该所违反财经纪律和财务管理制度金额29294元，占该乡6年总支出331670元的88.32%。违纪的主要方式有：将应纳入预算内和预算外统一管理、核算的资金长期不建账，而是存入个人账户；开支是否合规、合法，无账可查；其他经费支出的原始单据残缺不全，根本无法查对；乡财政会计采取重复列报工资，虚列费用支出等手段，贪污挪用公款；私分公款，乱发实物；长期不与银行对账，也不清理往来账款；出纳未分设，由一人兼任；漏洞很多，但无账可查等等。

拖累基层政府财政的机构膨胀，也是财政支出缺乏约束所致。因为财政支出缺乏约束，才使政府官员可以没有限制地任命官员以及扩大财政供养人员。以王怀忠一案为例，王怀忠还严重违反规定，擅自签批并支持、纵容有关部门变相吸收录用干部达12602人，造成阜阳市干部人口严重失控、人员超编，后果严重。截至1999年，阜阳市市直机关超编46.5%，事业单位超编27.8%[①]。

官员业绩至上的可行性也在于财政支出没有约束，再加上政府还像计划经济时期一样支配经济资源，如行政审批、土地征用、贷款担保、各项政策优惠等等均掌握在地方政府的手中，这使得地方官员对地方经济发展具有巨大的影响力和控制力。

地方政府为追求业绩而任意扩大财政支出因而导致基层政府债务扩大。仍以王怀忠一案为例[②]，阜阳市计委在制定"九五"计划时，曾提出GDP要增长13%的目标。但时任市委书记的王怀忠觉得这个数字"太低"，"不符合政治需要"，计委无奈调到15%，但仍达不到王的期望，计委只好第三次调整，即从15%提到18%，然而，再次遭到王的否决。最后，在和计委"讨价还价"之后，王怀忠作了一些让步，把阜阳"九五"期间经济平均增长目标定为22%，而不是他理想中的28%。为了达到"目标"，王怀忠对上述指标逐级分解，层层加码。各级政府为达到这个目标，采取财税"空转"的办法，虚构纳税人，于是在蒙城县出现了以"秦始皇、叶利钦、克林顿"等死人或外国人名字交税的闹剧。他的另一政绩项目"大机场"，共耗资3.2亿元。工程开

---

① http://baike.baidu.com/view/973395.htm.

② http://baike.baidu.com/view/973395.htm.

工时，阜阳的工人、教师、农民每人被摊派了数百元的机场建设费。据有关部门估计，王怀忠的一系列政绩工程使阜阳财政负债达 20 多亿元，相当于目前财政可支配收入的五倍，至少透支了阜阳未来 10 年的财力。①

官员大面积腐败的主要原因在于财政收支没有严格的约束。张涛选取 1979—2009 年深圳 52 个腐败官员案例分析地方官员腐败现象的演变，发现在 52 个样本中，受贿罪是深圳政府腐败官员的主要罪名。52 人中有 49 人是因为受贿罪被处以刑罚，占总数量的 94.2%；其他罪名依次是贪污罪、挪用公款罪巨额财产来源不明罪、滥用职权罪、挪用特定款物罪等等。② 尽管地方政府在财政监控及财政均等化方面进行了各种努力，但有人认为地方政府不能有效地进行自我约束。

## 二、财政缺乏监督，腐败必然存在

任何国家，只要缺乏财政监督，必然产生政府腐败，出现财政困难。美国也曾是政府腐败的国度，财政缺乏监督导致了美国 19 世纪末官员的严重腐败。

Banovetz，James M. ③ 讨论了地方政府自我约束的可能性。这对于建立约束地方政府制度规则提出了有益的启示。19 世纪的最后 10 年里由于美国市政腐败严重，人们关于美国地方政府一个共识就是，地方政府存在滥用权力的倾向。他论述说，这种滥用权力的倾向由史蒂芬·林肯的《城市罪恶》所记载，也被 20 世纪国内城市联盟发起的改革运动所攻击。虽然一系列的改革措施，如，匿名投票、无党派的地区竞选、地方议会管理者式的政府结构、地方政府工作人员的专业化等改革已经在事实上消除了城市的、农村政府的腐败，人们对地方政府腐败的看法一直没有改变。权力导致腐败，绝对的权力导致绝对的腐败。阿克顿勋爵这个不言自明的假设与当时社会中对地方政府的这种流行态度为向地方政府权力尤其是税收权力施加多种约束提供了大众支持。

---

① 《瞭望东方周刊》2005 年 9 月 1 日。

② 张涛：《地方政府官员腐败现象演变的实证分析：基于深圳 52 个样本的研究》，载《当代中国政治研究报告》第 8 辑，社会科学文献出版社 2012 年版，第 165 – 184 页。

③ Banovetz，James M：*Illinois Home Rule A Case Study in Fiscal Responsibility*，pp：79 – 98，Journal of Regional Analysis and Policy，Vol. 32，NO. 1，2002.

　　美国腐败的三个高峰期为：1840 年前后；1857—1861 年间；19 世纪70 年代，即共和党总统格兰特执政期间（1868—1876 年）。高峰期内，美国政治机器制造出的腐败形形色色。大致可以将当时美国的腐败归为行政、司法、立法腐败三种类型，腐败实可谓无所不在。其中，行政腐败主要表现形式为分配公共职位、偷窃国库、泄露与利用内部信息、在政府采购过程中巧取豪夺、违规出让特许经营权、实施弹性管制等等。与行政腐败相比，美国的司法腐败和立法腐败毫不逊色，它们共同作用，制造了美国历史上空前的腐败高发期。张雨燕、富景筠认为，这一时段内美国法律法规的不健全或相对滞后是腐败高发的原因，"彼时的美国法律，针对腐败行为设置的相应惩罚措施过于宽松。这样，当贿赂数额巨大、被揭发的几率很小、惩罚措施又非常温和时，权钱交易式的腐败行为必将扩散蔓延。另外，当时的法律同样缺乏对公职人员某些腐败行为（如泄漏内部信息）的裁定标准，处理具体案例时对尺度的把握弹性又很大。结果，公职人员通过滥用自由裁量权从公共资源中或公共资源的分配过程中牟取私利的空间得以膨胀，其腐败行为亦逐渐变得肆无忌惮。"①

　　美国这一时期的腐败问题，产生了"政治机器"和"城市老板"两个概念。所谓"政治机器"，是指那些通过向选民提供工作机会等方式来换取大量选票，控制着当地政治及行政资源的地方政党组织。"城市老板"则是指那些掌控着"政治机器"的职业政客。美国从内战结束直至20 世纪30 年代，全国各大小城市的政治基本上都被"政治机器"以及"城市老板"所把持。"腐败现象和这种畸形的政治生活模式有着紧密的联系。"②

　　19 世纪末期以来美国应对腐败的措施，一方面建立健全法律体系，规范公共权力的运行。如《美国法典》第18 篇"罪行和刑事诉讼"明确了公职人员和公职行为的范围以及行贿罪的内容；美国各州的刑法对腐败犯罪的认定、相应刑罚及执行作了详细的规定。另一方面美国还于1970 年设立了独立检察官制度。独立检察官的办案期限和办案经费几乎没有限制，具有独立调查并起

　　① 张雨燕、富景筠：《美国历史上的腐败与反腐败》，载《学习月刊》2006 年第1 期。
　　② 杨嵩涛：《19 世纪末期以来美国的腐败问题及应对措施》，载《天津行政学院学报》2011 年第5 期。

诉任何公职人员甚至总统渎职腐败行为的权力。另一方面美国还开始注重加强道德教育和权力监督，预防腐败发生。这些司法检查制度设计与实施，有助于提高腐败成本，因而也降低了腐败预期收益。

本书认为还可以从直接降低腐败预期收益的视角，考虑对腐败的治理。腐败收益取决于政府产品的稀缺性和公职人员的自由裁量权。通过制度设计使政府与政府之间形成竞争，或者说，如果同质的政府产品或服务由多个代理人提供，且他们是非共谋的，那么政府产品和服务的稀缺程度就会降低，公职人员的自由裁量权也就相应减弱。因此，发展一种利用政府内部压力抑制腐败的竞争性官僚系统，可降低腐败收益，从而起到约束腐败的作用。政府内部压力的重要来源，就是政府内部的财政监督机制。

### 三、中国中央财政纪律缺乏是各级地方政府腐败及财政困难的主要原因

中央政府的财政纪律缺乏是地方政府行为失范的重要原因。中央财政收支缺乏规范，其大量的财政转移支付权力以及在财政转移支付权力的使用中自由裁量权过大，引发地方政府的各种寻租行为，导致了财政资源的极大浪费。"驻京办"现象——"跑部钱进"及其衍生问题就是中央到地方各级政府财政缺乏监督和纪律所引致的寻租过程。

殷丰毅、汤志林[①]分析了"驻京办"现象及其运行模式，阐述了驻京办的特殊组织机构和非正式行政运行特征。认为"驻京办"现象的根源在于中央与地方资源配置的选择性政策模式与非正式机制，以及地方政府基于经济增长的选择性政策竞争。"驻京办"现象严重破坏了正常的行政和经济秩序，扭曲了政府的公共服务职能。因此，对驻京办问题的有效解决，应该基于驻京办问题的根源，从"中央与地方资源配置关系"和"驻京办治理结构"两个层面采取措施，才能有效解决驻京办"跑部钱进"的问题。

属地化分级管理模式赋予了地方政府相当的行政治理权力，地方政府所

---

① 殷丰毅、汤志林：《基于选择性政策的"驻京办"及其运行模式》，载《公共管理评论》2010年第1期。

受的水平监督和制约非常有限，而主要靠上级政府对其进行监督和制约，但上级政府所拥有的信息有限，监督成本巨大。周黎安除了强调中国长期以来流行的属地化分级管理模式所产生的监督缺乏之外，还特别强调了中国政府官员手中的自由裁量权的负面作用。"中国政府官员手中的自由裁量权更具特殊性：一是行政权力巨大，二是所受约束有限（如'一把手'现象）。经济转型并没有彻底改变政府支配经济资源的方式和手段，虽然计划手段基本被取消了，但政府对重要的经济资源（如资金、土地和产业政策）的支配力和影响力仍然巨大。如果政府官员主要关心设立租金、收取贿赂和不作为，那么，随意处置权就用在了非生产性用途上，对地方经济发展就构成一种严重的障碍。"①

当政府权力，尤其是财政权力不受或较少受到约束时，政府官员拥有巨大的随意处置权或者说自由裁量权时，其结果之一是政府财政收支偏离公共服务职能，导致各种社会经济政治的负面问题，如粗放型增长问题、收入不平等问题、环境恶化问题、市场秩序紊乱与政府职能错位、区域市场的分割、食品与药品安全问题、行政垄断问题、政府对产业和企业的过度管制和干预等等。其结果之二是政府财政收支服务于自身利益目标，比如财富、权力、地位、业绩与升职。

进而，官员对自身公共职能的偏离，还可能是导致基层财政困难的根源。周黎安运用中国1997—2003年县级面板数据，考察了省区交界地带与非交界地区经济发展的差异，发现位于省界线上的县级区域的人均GDP显著低于非省界上的县级地区，而国境线上的县域经济发展则不受边界因素的影响。交界省份越多，位于交界线附近的县域经济发展越落后。② 交界线上的两省经济差距越接近，交界地区的县域经济的发展相对来说越落后。他们的研究所揭示的中国贫困县的产生，是官员政绩竞争的副产品，而官员能够比较随意地支配公共资源将其用于打造自己政绩，与财政收支缺乏监督密不可分。

---

① 周黎安：《中国地方官员的晋升锦标赛模式研究》，载《经济研究》2007年第7期。

② 周黎安、陶婧：《官员晋升竞争与边界效应：以省区交界地带的经济发展为例》，载《金融研究》2011年第3期。

# 第二节　完善财政监督机制[①]

各级政府财政收支监督机制缺乏，是产生基层政府财政问题的主要原因，完善财政监督机制需从中央到地方各级政府同时做起。因为各级政府，从县乡政府、省市政府到中央政府有着相同的财政监督机制，所以本节的讨论不拘泥于对县乡政府财政监督机制的完善。

诺思与温格斯特通过考查 17 世纪英国公共制度的演进，证明"光荣革命"确定了英格兰政府权力的可信承诺，因为革命所建立的新制度使国王的权力置于议会的监督之下，国王与议会的权力共同置于宪法的约束之下，从而使权力形成了相互制衡的机制。只有王国政府能够提出一个开支预算，也只有议会能够批准这一建议并拨款。"王国政府与议会之间的一种权力平衡明显地限制了公共供应的私有利益。"[②]

发达国家，如美国，设计了一套立法、行政、司法三权分立制衡体系，保障了公共权力的公共使用。依托三权分立的权力制衡机制，发达国家也设立了保证公共资金能被公共使用的预算监督制度。就美国的财政监督来说，是由行政部门、立法部门和司法部门三权分立相互制衡的，行政和立法部门各有一套参与预算编制和审核系统，二者各有侧重、互相制约、共同配合，履行政府预算的职能。

行政部门参与预算编制的主要角色有总统、由财政部和国民经济委员会及经济建议委员会组成的"经济三角"、总统预算管理办公室。总统是预算编制的核心决策人，负责决定预算实施政策，向国会提交预算报告；随时向国会提交追加预算的请求和预算修正案；签署或否决收入、授权和其他与预算相关的法律；向国会通报取消或延期支付的项目等。总统拥有一个直接对他负责的总统预算与管理办公室（OMB），负责根据各部门提出的各自的预算方案编制预

---

① 就财政监督机制而言，中央、省市县各级政府是相同的，所以本节对问题的讨论不拘泥县乡政府。

② 诺思与温格斯特：《宪法与承诺：17 世纪英格兰治理公共选择制度的演进》，转引自道格拉斯·C. 诺思、张五常等著：《制度变革的经验研究》，经济科学出版社 2003 年 1 版，第 177 页。

算支出。预算支出计划交由总统审核并递交议会，议会通过后，办公室再按项目分配由议会拨付的财政资金，并监督行政部门的预算执行。办公室还负责制定政府采购的政策、规章和程序并进行定员定额管理和预算审查。"经济三角"中的财政部负责编制收入预算，组织资金供应；经济建议委员会主要是向总统建议税收政策和需要财政投入的重点领域；国民经济委员会为总统提供国民经济政策和预测国民经济发展。

美国国会参、众审核联邦预算编制的机构有：参众两院的拨款委员会、筹款委员会、预算委员会、国会预算办公室（CBO）和会计总监局（审计局GAO）。国会拨款委员会，负责为政府部门拨款授权；国会筹款委员会，负责税收法案审议；国会预算委员会，由专家组成，专门对总统的行政预算进行审议。国会预算办公室对经济与预算进行独立的分析与预计，为参、众两院的预算委员会、筹款委员会、拨款委员会提供辅助性服务，给总统的预算挑毛病，另外也应国会的要求研究预算和经济方面的有关政策，并独立地编制一整套预算，供国会参考。

中国1998年财政部财政监督司成立之后，从组织形式上完成了由三个部分构成的财政监督制度：全国人民代表大会的财政监督、财政部的内部监督、审计部门的外部监督。但是，无论在人员数量上还是在人员的专业结构上，都无法与美国的监督机构及成员相比。

## 一、人民代表大会的监督

从西方国家的议会财政预算监督来看，行政部门所执行的预算支出，需要先由国会拨款委员会为政府部门拨款授权。行政部门所从事的税收征缴工作，需要通过国会筹款委员会对税收法案的审议。行政部门拟定的财政预算，需要由专家组成的国会预算委员会的审议。除了这些机构自身成员的专家素质要求之外，还有国会预算办公室对经济与预算进行独立的分析与预计，为参众两院的预算委员会、筹款委员会、拨款委员会提供辅助性服务，对总统的政府预算提案进行审核，并且独立地编制一整套预算，以与总统的政府预算编制形成对比。真可谓层层把关，层层审核。

立法机构的这种审批，需要中央、地方各级立法机构的成员具备专业的预算审查能力。如同现代国家的立法机构预算审查和批准的专门委员会成员由专家构成一样，中国也需有由专家构成的专门委员会负责政府提供的预算审核。因为政府的预算日益复杂，预算方案常常由大量的数据和表格构成，国家立法机构的专门审查和批准委员会的成员，如果不具备专业的预算知识，就没有能力对预算提出合法有效的修改意见。完善人大财政监督职能需要从以下几个方面入手！

（一）需要提高各级人大财政委员会的专业素质

从理论上讲，中国全国人民代表大会对政府预算方案的批准过程，是现代财政监督的合法化条件，是一种着力于起点控制的财政监督手段。然而，目前中国全国人民代表大会常务委员会的财政委员会，以及各地方人民代表大会的相应机构，不少成员并不具备看懂预算方案数据表格的能力。

"从各地看，有许多地方的预算还是根据传统的预算编制方式进行的，有的根本就是扳着指头匡算的，根本不具备科学性、合理性。预算编制的科学性、合理性、良好的效益是对预算编制监督的关键。"①

至今，人大对政府的审核能力有所改进，但情况也远远不容乐观，"人大常务委员会的财政委员会，包括下设的预算委员会，不少成员往往是由同级政府部门退居二线的领导，与现任领导关系密切。有大量的委员不是财经方面的专家"②。

提高人大代表尤其是人大常委会相关人员的专业水平很有必要，如果人大代表的专业水平达不到审查政府预算报告细目的水平，那么人大的财政预算监督只能是"聋子耳朵"——摆设。

（二）人大必须形成主动监督的机制

林慕华、马骏运用谢尔德政治问责三要素：信息、对话与强制，作为理解和定义人大监督的三个维度。认为在信息维度上，监督"不仅包括人大被动地接受政府提供的信息，而且更主要的是强调人大主动地要求政府提供某方面的信息，并对信息本身提出自己的要求"。在预算监督的对话维度上，"为了

---

① 巴升荣：《简论地方预算监督》，载《人大研究》1998 年第 3 期。
② 高天勇：《中美财税立法体制及支出结构比较》，载《财贸经济》2005 年第 6 期。

达致实质性的监督，对话必须是双向的，既包括人大就预算编制、执行和决算向政府及其相关部门提出要求、建议、询问甚至质询，也包括政府及其相关部门对人大的要求、建议、询问、质询等做出回复和解释"。在预算监督的强制维度上，"强制意味着权力的使用会受潜在的奖惩约束"①。他们从三个维度上，界定了地方人大预算监督的具体位置，为人大预算监督行动及强度提供了分析性标准。

但是，他们的观点并不到位。仅仅从这三个维度上，还不能发挥人大财政监督对政府财政预算的事先制约功能，因为这其中仍然有很强的被动性质。虽然要求政府提供信息非常重要，但这并不能保证政府提供的信息是真实的，起码不能确定政府提供的信息的真实性程度。尼斯坎南在《官僚与代议制政府》一书中集中分析了双边垄断环境下的官僚行为，指出双边垄断的地位是不对等的，官僚比政治家有更明显的信息优势。这使官僚在同政治家协商预算拨款额度时处于相对有利的地位，使官僚能够争取到政治家愿意拨出的最大资金额度，官僚追求预算最大化目标往往能够取得成功。

与西方国家的做法相比就会发现，人大的主动性应该主要在于在人大内部设立预算办公室，其职责是对经济与预算进行独立的分析与预计，并且独立地编制一整套预算，作为与政府所编预算的参照，为人大对政府预算的审核、批准提供依据。这样，人大的监督可以由被动变主动，真正对政府的预算行为形成真实可信的制约。

（三）用法律的形式规范并确定人大预算监督的时间

在美国，总统将预算草案提交国会后，就进入了预算程序的第二个阶段，即国会对预算草案进行审议的阶段。这个阶段从总统提交草案的该年1月份到来年的10月份，历时9个月。在9个月中，每半个月完成相应的审核程序。如3月15日，国会的各个拨款委员会各自向两院的预算委员会提出有关预算的意见。4月1日，国会预算处向两院预算委员会提出关于预算的报告书。此后，两院预算委员会在此基础上，经过磋商，确定各项拨款数额，共同拟订预算决议。4月15日，预算委员会向两院提出第一次预算决议，再经过对第一

---

① 林慕华、马骏：《中国地方人民代表大会预算监督研究》，载《中国社会科学》2012年第6期。

次预算决议进行讨论，做出第二次预算决议等等。最后，国会听取国会预算委员会的建议后通过总统预算提案，再经总统签署后开始生效。之后，便是政府对预算的执行阶段。

目前中国各级人大对预算的审核在时间上存在很大问题。按照《预算法》的规定，在每一预算年度终了后，各级政府财政部门编制本级决算草案，报本级政府审定后，由本级政府提请本级人大常委会审查和批准。但实际情况是，全国人大每年在 3 月份召开，决算草案需待上级财政部门批复后才报本级人大常委会审查和批准，其实决算草案已经实施 3 个月了。也就是说，在人大还没有批准之前就开始实施了。这使人大审批流于形式，且有些荒谬。就地方政府的预算而言，等到批复下来时，在省级已经是 6、7 月份，区、县则要到 8、9月，整个预算都快执行完了才到人大审批，这还何谈人大预算监督！

（四）报送人大批准的预算草案应有详细说明

财政部报送人大审批的预算报告只有收支平衡的几大类，没有细目，"现在很多地方政府报送人大审批的决算案只有表示收支平衡的几类大数，审议难以起到对预算进行事后监督的效果。而作为财政部门，对究竟要向人大报告什么样的决算内容往往也很不清楚，随意性极强。审计部门隔年审计决算，而人大对决算早就批了，审计出来的问题由人大还是财政部门承担责任？这些关键性问题，现行法律规定都没有明确表述。决算收支平衡表中其他及专项支出有些高达几十亿元，而具体包括哪些项目，没有明细表和说明，透明度很低，代表们难以进行审议。这部分资金不详细审议，不受监督，审议决算就没有意义"①。

（五）人大预算工作委员会的人数和人员构成应有严格要求

经 1998 年年底闭幕的九届全国人大常委会第六次会议审议，决定设立全国人民代表大会常务委员会预算工作委员会。人数构成极其有限，且人员专业知识结构和水平不能达到行使职能的要求。美国国会各相关部门的工作人员从人数到专业水平都有明确规定，只有这样才能保证胜任财政监督职能。

---

① 李兰英、刘辉：《我国人民代表大会行使预算监督权的制度缺陷分析》，载《中央财经大学学报》2006 年第 12 期。

目前我国人大财政监督问题很多，需要一个很长的时间去完善。中国各级人民代表大会的代表构成、议事规则、审批程序，对于人大实际行使预算审批权力，都构成了不利的影响。人大代表的人数众多、素质参差不齐，限制了人大代表对于预算的有效审查能力。在全国人大和地方各级人大的专门委员会中，设立有财经委员会，但人员并不都是财经专家且人数不多，比如，2011年8月26日第十一届全国人民代表大会常务委员会全委员只有31人。全国人大的工作委员会中设立有预算委员会，直到1998年12月29日才由第九届全国人民代表大会常务委员会第六次会议，审议了全国人民代表大会常务委员会委员长会议关于提请审议设立全国人民代表大会常务委员会预算工作委员会的议案，决定设立全国人民代表大会常务委员会预算工作委员会，彼时新中国成立已40年。至今仍然很少有县级政府设置这样的机构。可见，中国各级人大对预算的监督还存在的相当大的局限性。

## 二、财政部的财政监督

立法机构批准政府财政部门提交的预算方案之后，交由政府各个职能机构具体执行。立法机构对政府预算方案的批准过程是现代财政监督的合法化的过程，是一种着力于起点控制的财政监督手段，而政府各个部门有效执行财政预算方案，需要着力于控制过程的财政部门的财政监督，因此财政部门的财政监督是保证财政绩效目标得以实现的重要杠杆。

（一）预算编制阶段财政部的财政监督

政府财政部门对预算的内部监督，应从预算编制开始。预算编制，是一种保证预算绩效的过滤过程。政府财政部门编制预算方案的过程中，对于各个部门汇集而成的政府部门预算方案，负有严格审查的责任，发现并纠正各个部门预算报价中的虚报成分，是财政部门编制预算的重要职责。因为财政部门编制预算的年度连续性，所以有条件根据政府各个部门执行上一年度的预算成效，来对各个部门的下一年度预算进行动态调整，并且给予相应的奖惩。从这层意义看，各级政府财政部门的行政性预算监督是预算绩效的基础和保证。

预算编制阶段的监督，属于财政监督的事前监督，中国各级政府的事前财政监督目前处于一种不力状态。通常各部门各机关的项目申请报告在递交各上级政府的财政部后，由于财政部专项拨款的金额巨大，对各申请项目进行可行性审核成本太高，各级政府财政部不是根据项目可靠性审查，而是根据自己手中的财力进行资金的平衡与分配，政府预算部门享有大量的预算自由裁量权。所以，财政部门的事前监督如同目前人大的财政监督一样只是一种形式。上级财政部对申请项目可行性审查不力，也是滋生"跑部钱进"现象的重要基础。

财政部专项拨款中自由裁量权的滥用，造成的财政投资资金流失严重。据我国有关部门的综合考核，国家每年用于基本建设的投资，真正形成生产能力的不到60%，其中相当一部分通过工程发包、承包、转包等各种渠道，进入部门小金库或者个人腰包，转化为消费基金。如，仅深圳市 2008 年上半年在财政资金的审计中共查出违规资金 8142 万元，管理不规范资金 97.32 亿元，核减政府投资项目工程款 22.09 亿元。① 俗话说，"窥一斑见全豹"，中国财政投资专项基金的使用如此缺乏规范，财政部财政监督乏力的责任是无法推脱的。

（二）预算执行阶段财政部的财政监督

由政府财政部门提交的预算报告，交由人大合法化之后，预算的执行状况，则是由财政部门进行过程监督和适时调控。所以政府财政部门的行政性预算，事实上构成为预算的决定性环节。财政部的财政监督主要是负责监督各地方政府财政收入上缴情况，对财政资金使用情况进行过程监督，防止财政资金被挪用，对中央财政专项基金使用进行监督。

根据《预算法》规定，各级预算由本级政府组织执行，具体工作由本级政府财政部门负责，其主要任务是研究落实财政税收政策措施，支持经济和社会的健康发展；制定组织预算收入和管理预算支出的制度和办法；督促各预算收入征收部门、各预算缴款单位完成预算收入任务；根据年度支出预算和季度用款计划，合理调度、拨付预算资金，监督检查各部门、各单位预算资金的管理和使用情况，督促其节减开支、提高效率；指导监督各单位建立健全财务制度和会计核算体系，按照规定使用预算资金；编报、汇总分期的预算收支执行

---

① 兰晓强、王剑：《行为约束视角下的预算自由裁量权问题研究》，载《河北经贸大学学报》2009 年第 5 期。

数字，分析预算收支执行情况，定期向本级政府和上一级政府财政部门报告预算执行情况，并提出增收节支建议；协调预算收入征收部门、国库和其他有关部门的业务工作。

现实中，预算法规定的事项各级政府很少做到。仅从蔓延甚广的"炫耀性腐败"就可见一斑。典型的"炫耀性腐败"现象有多种形式：阅兵、霸占媒体、营建活祠、豪坟、营建豪华办公大楼、代理炫耀。比如，亳州市委书记李兴民上任后，对亳州穿制服的武警、公检法、土地、工商、税务等部门人员加以训练，而后举行阅兵仪式。阅兵式上，李兴民站在检阅车上不时向干警挥手致意，并呼喊"同志们好"、"同志们辛苦了!"，受检阅的人员齐声高呼"首长好"、"首长辛苦了"。接着，由政法系统公检法司组成的方队和百辆警车方队依次通过检阅台，接受检阅。再如，有些办公大楼设计上还有意强调权力地位。经过空旷的广场，几乎都是高高的台阶拾级而上，台阶尽头一个巨大的国徽俯视着每一个试图上去的人，可谓是庄严肃穆。镏金大字的招牌格外醒目。官员的车辆可以绕过台阶，直接开到办公楼前，门卫提供酒店仆人般的服务。对于老百姓，则是一律挡在旋转门之外。这似乎在寻找封建社会"衙门"的气派和做"官老爷"的感觉。重庆某镇政府、山西临汾尧都区仿建"天安门"等具有特殊象征意义的建筑，更是暴露了其绝对的权力幻想。①

李成言从个体心理动因，个性与自尊异化；社会文化动因，面子与官本位；制度动因，政绩考核与官员焦虑等三个方面为"炫耀性腐败"寻找产生根源。但另一个重要的根源——为腐败提供物质基础的条件，才应该是"炫耀性腐败"最为首要的产生根源。这就需要回答：官员们为什么能够随意支配财政资金这一物质性条件进行"炫耀性腐败"？原因在于目前人大的财政监督由于各种原因只流于形式；财政部的监督也形同虚设，地方负责项目的官员不主动将项目执行情况上报，上级负责人也不主动检查项目执行情况。也就是说，财政内部监督没有根据年度支出预算和季度用款计划，合理调度、拨付预算资金，也没有监督检查各部门、各单位预算资金的管理和使用情况，督促其

① 李成言等：《炫耀性政治行为现象及动因分析》，载《广州大学学报》（社会科学版）2007年第10期。

节减开支、提高效率；在指导监督各单位建立健全财务制度和会计核算体系，按照规定使用预算资金方面工作也不到位。既然没有监督检查，地方行政部门在支配资金使用时，在道德自律不起决定性作用时，必然出现乱收乱支、将公共资金用于个人效用的满足，结果造就"炫耀性腐败"局面。

加强财政部的内在财政监督，需要建立常规性的财政监督机制，财政部要对申请预算的部门项目有自己的专家组进行评估和审核，在此基础上对各部门的申请形成一套客观的评判标准，这样才可能识别出申报者虚报的水分，并对虚报者以惩罚，对诚实者以奖励，进而形成人人诚实的良好风气。各级政府的财政部还要对项目的运行过程进行跟踪监督，及时发现项目使用单位资金过程中的违规问题，如此形成的压力有助于资金使用单位形成明确的责任意识，这是预算执行按照公共目标进行的重要环节。

要真正赋予财政监督原本的含义，财政部门的财政决算必须公开到细目，增强预算透明度。细化的部门预决算公开内容，做好"三公经费"、行政经费公开，做到基层财政专项支出公开，接受群众监督，才能约束行政部门任意支配公共收支的行为。美国现代良好的政府财政纪律离不开财政公共支出公开制度，如，美国新罕布什尔州98%的镇都采用镇民大会政体，在这种政体下，居民都有机会在镇大会上拿到所属辖区内地方政府的明细支出预算材料。①

加强财政部的财政监督，需要清理预算外收入。在中国目前的行政体制下，地方官员对地方经济发展具有巨大的影响力和控制力，一些最重要的资源，如行政审批、土地征用、贷款担保、各项政策优惠等等均掌握在地方政府的手中。如此形成的预算外收入至今仍然有很大规模，大量的资金在体制外运行，即使上述人大监督和财政监督都到位，也会使得《预算法》形同虚设。所以，必须彻底解决预算外收入问题才能形成有效的财政内部监督机制。

加强财政部的财政监督，需要治理政府官员权力缺乏约束的局面。目前在公共机构形成的"一把手"现象，更加直接地表明，中国目前财政内部监督以及外部监督如此软弱，到了非进行彻底清理不可的地步了。

---

① Coe. Charles：*Preventing Local Government Fiscal Crises：The North Carolina Approach*, pp：39 - 49, Public Budgeting and Finance, Vol. 27, NO. 3, ISSN：0275 - 1100, 2007.

### 三、国家审计署的财政监督

各级政府的财政预决算及财政执行的每个阶段，都需要有严格的财政审计。如果事后监督做不好，只问拨款、不问拨款使用结果，或者尚未审计，财政决算已被人大批准，那么财政监督就真成了"牛栏里关猫，进出自由"了。目前我国已经制定的相应的财政审计法律制度，使用的是行政型审计方式，审计监督的运行机制还存在着很多也很严重的问题，完善国家审计署的审计监督，还需要做很多的努力。

（一）财政审计的法律依据

中国审计署工作的最早依据是 1985 年 8 月 29 日发布的《国务院关于审计工作的暂行规定》，该规定于 1988 年改为《中华人民共和国审计条例》。1994年分税制改革的同时，全国人民代表大会常务委员会将审计条例上升为《中华人民共和国审计法》，并于 2006 年修改。2006 年修改的《审计法》是专门规定国家审计制度的法律，是国家审计规范系统的核心。它对我国财政审计监督的基本原则、审计机关及其人员的职责权限、审计程序、法律责任等财政审计基本制度作了全面规定。除《审计法》外，其他一些法律中也规定了财政审计的内容，《预算法》、《海关法》，还有对财政审计行为进行监督管理的法律，如《行政处罚法》、《行政复议法》、《行政诉讼法》、《国家赔偿法》等。另外，较大的市以上的人民代表大会及其常务委员会在不与宪法、法律、行政法规相抵触的前提下，制定的"地方性审计法规"，属于地方性审计规则。

（二）财政审计的内容

财政审计从内容上可分为预算执行审计、财政决算审计、专项资金审计、转移支付资金审计和国债资金审计等等。预算执行审计是财政审计最重要的部分，由国家审计机关依据相关法律法规对全国人民代表大会审查批准的国家预算的执行情况进行的审计监督，以检查有关部门是否按照人民代表大会批准的预算规模和结构去分配和使用财政资金。县级以上各级审计机关要按《审计法》规定向本级人民代表大会常务委员会提交年度政府预算执行和其他财政收支的审计工作报告，审计报告是人大评价政府预算执行情况的重要依据。财政决算是预算执行审计的延续，是对预算执行的最终结果的审计监督。专项资金审计是指审计机关依法对专项资金使用和专项事项完成情况及效果进行的审计监督。政府债务审计是指审计机关依法对债务收入的真实性、合法性和效益性进行的审计监督。

（三）各国财政审计制度的三种类型①

一是立法型审计。立法型财政审计是指实施财政审计的审计机构隶属于国会、议会等国家最高权力和立法机关，不受政府和其他组织的干预。其特点主要是直属于最高立法机关，如国会、议会等，并只对其负责，具有很高的权威性。实行立法型财政审计制度的国家有英国、美国、加拿大、澳大利亚、新西兰等国。

二是司法型审计。司法型财政审计是指实施财政审计的审计机构独立于议会和政府之外，以审计法院、会计法院等形式存在，具有司法性特征。其主要特点是具有司法性质的审计机关既独立于政府、也独立于议会，按照法律法规，审核政府财政收支的实际状况及其执行结果，对审计结果有最终裁决权，只对法律负责。实行司法型财政审计制度的国家主要有法国、德国、意大利、希腊、日本等国。

三是行政型审计。行政型财政审计是指实施财政审计的审计机构隶属于政府，是政府的一个行政管理部门。审计机构依据国家法律规章对政府自身行为及关联机构行为实施的财政审计，具有行政监督的性质，没有司法处置权。其特点首先是，实施财政审计的是政府下属的部门，如审计署或财政部，属内部审计；其次审计行为不具有司法性，对审计结果没有最终裁决权。实行财政行政监督制度的国家主要有瑞典、瑞士、匈牙利、沙特阿拉伯、苏丹等国。我国的财政审计也属于这种类型。

（四）中国财政审计存在的问题

第一，行政型审计效果不佳。我国现行财政审计体制属于第三种类型，属于行政型审计。国家审计机关隶属政府行政系列，是各级政府的组成部门。虽然说行政型审计可以通过政府的行政规章和行政措施来加强审计监督，但这种审计体制下，财政审计部门和被审计的政府部门都是隶属于政府的行政机关，

---

① 苏明等：《国外财政审计制度及经验借鉴——中国转型时期的财政审计研究系列报告之四》，载《经济研究参考》2007 年第 49 期。

或者说政府既是审计的实施者，又是审计的监督对象，这实际上就是政府自己审查自己。一个隶属于政府的单位对自己的行政领导进行审查或对自己的平级单位进行审查，其实效性可想而知。

第二，审计范围不全面，地方政府预算不完善，违规收支严重，监控无从进行。《预算法》规定，所有财政资金安排都处于人大监督之下，为的是提高财政管理的透明度和依法理财的水平。预算外资金也是财政性资金，也应该置于人大监督之下。但实质上，地方预算外资金构成十分复杂，地方政府手中掌握的自由裁量权十分巨大。财政监督审计能力有限，市、县乡基层政府预算外收入，包括行政事业性收费、政府性基金收入、乡镇自筹统筹资金、国有企业和主管部门收入和其他收入，征收混乱，使用不明。

发改委价格司司长曹长庆说，越权立项、无证收费、收费不公示、任意扩大收费范围、随意提高收费标准、搭车收费、坐收坐支、只收费不服务等现象普遍存在。财政部、发改委公布的《2006年全国性及中央部门和单位行政事业性收费项目目录》显示，在58类314种收费中，有法律依据的只不过60种。另有数据显示，截至2007年7月，全国涉及行政收费法律文件总共约7600件，其中7100多件，都是被俗称为"红头文件"的部门和地方规范性文件。据国家发改委公布的数字称，仅仅2005年，全国行政事业性收费总额就高达4000多亿元，加上各种基金征收总额2000多亿元，人头均摊约为500元。在对H县财政局预算股股长的访谈中，他提到，"在我们县，政府基金收入的大头就是土地出让金收入，目前这部分资金算是纳入政府基金预算管理，但是不是全部纳入，我也不太清楚。首先，土地出让金是我们在预算外代收，代收完然后交到预算内来，它是不是全交了我不知道，去年我们这块土地资金的支出有三个亿。一般都用于征地补偿和城市建设方面。但是基金收入在我们这一般是不做预算的，因为年初的时候，我也不知道领导要修哪条路，要建哪座房子，基金项目按道理是要编制预算的，但实际上是流于形式。随意性还是比较大的，不受预算限制。所以国土部门一出事就出大事"①。

---

① 对H县财政局预算股股长的访谈，材料编号 hkczj 20101102，转引自曹静：《县级政府财政收支自主性研究——基于H县的实证研究》，[D]. 吉林大学 2012CNKI.

预算不完善、不完整，政府财政性基金在年初不编入部门预算，甚至连计划都没有，完全由政府首脑随机决定，加之资金数额相对较大，涉及单位多，对其实施监督根本无从下手或者需要投入较多的审计资源，现有人员力量根本不足以完成审计，又或者政府部门根本不提供审计人员以审计机会，因此，财政审计监督力度不强是必然。

对预算外资金监督盲区如此之大，一方面会由于对地方政府利益动机的纵容而导致政府收支行为的紊乱，出现政府部门及地方政府违规收费、违规负债等行为，进而引发群众不满，增加社会成本并积累财政风险；另一方面则会使国家审计机关难以对监督对象的财务信息作出完整、准确的判断和评价，因此，无法对地方政府履行公共责任的程度做出判断，结果影响财政审计制度的效率及其社会公信力。

第三，审计的前提薄弱。预算执行审计是由国家审计机关依据相关法律法规，检查有关部门是否按照人民代表大会批准的预算规模和结构去分配和使用财政资金。这就是说，各部门的财政收支规模和财政支出去向都应有明确的细目，审计机关逐项核实检查即可完成审计任务。

但是，迄今为止，上级政府手中的审批权限弹性太大，审批准则模糊，审计人员在审计环节上恐怕也无所适从。上级政府在专项资金的分配上，由于缺少相对完善的制度化安排，上级政府手中审批权限的使用具有很大的随意性和机动性，因此产生了前述的"驻京办"、"跑部钱进"现象。几乎所有的地方政府都成立了"争取项目工作小组办公室"，把跑项目、争项目作为考核政府工作和各个单位工作的标准和考核提拔干部的依据。"会哭的孩子有奶吃"，真正需要资金的地区和部门因为不会"哭穷"、不会与上级"联络感情"而无法获得资金，善于与上级公关的地方却能获得相对多的项目和资金，公共财政的公平性、效率性、透明性全然遭到破坏。既然项目争取，也就是专项资金的获得没有客观依据，那么审计人员又何从下手？

上级政府手中专项资金分配的软约束，造成财政资金的双重浪费，一是为实现"跑部钱进"而设立维持"驻京办"等相关事宜而产生的各种成本；二是"跑部钱进"中对权力拥有者进行投资的各种花费。不仅是财政资金的浪费，权钱交易这种潜规则所形成的上下级的"共谋"式腐败所产生的社会后果，也是中央及各上级政府资金无规则分配的最大社会成本。

第四，审计结果问责性差，弱化了审计的严肃性。近年来，社会各界对审计结果的可问责性十分关注。审计难，处理更难。审计部门审计出的问题，有些单位往往悬而不决，甚至一年、几年过去了，连个初步意向也没有。如国家体育总局称 2005 年称"关于未落实 2003 年度审计决定中有关动用中国奥委会资金 1.31 亿元的问题，总局领导正在与上级领导进一步沟通协调，以期得到妥善解决"。无数"屡犯屡审，屡审屡犯"的事情，使我们在称赞审计透明的同时，也叹息审计的无奈。甚至有媒体报道："审计署每年的审计公告，在发布之前都得到了审计对象的同意，是有选择地公布审计结果。即使有些审计结果不涉及保密内容，但由于没有经过审计对象的同意都未能让公众知晓"[①]。

审计署 2006 年 3 月 29 日公布了 2004 年度审计查出问题的纠正结果，审计署向有关主管部门和纪检监察、司法机关移送各类案件线索 114 起，213 人受到处分，但却仅有 76 人进入法律程序。大部分人只是内部警告一下就完了，还有的人出了问题，调换一下工作单位，在新的岗位上继续重复过去的错误。

我国采取行政型审计是"处理难"的重要原因。行政型审计的主要特点首先是实施财政审计的是政府下属的部门，如审计署或财政部，属内部审计；其次审计行为不具有司法性，对审计结果没有最终裁决权。不过，在这种审计类型中，即使赋予审计部门以司法处置权，审计部门的人员也不敢行使。所以，我国应该重新选择审计类型，从立法型和司法型审计中选择哪一种，都将有利于解决"处理难"这一审计困境。

除此之外，审计的可问责性要求建立财务报告制度。财务报告所披露的信息使地方政府的财政运营变得透明，从而增强可问责性。这就要求财务报告能够向社会各方表明资金的来源及使用方向，并且根据地方政府的职能范围和规模确定相应的财务系统细节以确保资源的正确有效使用。

建立财务报告制度需要一个财务信息系统和报告体系。该体系具有规模效益，应由中央统一开发，可由研究机构研究后，选择认同感较好的在全国统一

---

① 赵伟凯：《审计结果处理为何"久拖不决"？》，载《财会信报》2005 年 10 月 19 日。

使用。统一的财政系统和报告体系既可以为地方政府提供有价值的操作依据，也可为地方政府规定一个横向政府间比较的数据。统一的财务报告体系既为地方政府优化决策提供了工具，也为中央洞悉地方事务、配置转移支付资金提供了标准。统一的财务信息系统和报告体系的应用还能确保地方政府预算资金按照指定用途使用，从而使腐败无所遁形。

第五，财政审计监督工作人员自身的素质和业务水平不高。如有些财政审计监督工作人员对国家新出台的相关方针、政策财经法规没有及时理解认识，有的则在工作业务上没有经过系统的专业学习训练和技术培训，另有人为了自身或小团体的一些利益将人民利益和工作原则作为筹码与被审计者进行交易，林林总总，都削弱了审计的实效。

### 四、财政预算的社会监督

地方政府既需要对上负责，需要服从法律和上级政府监督管理，也需要对下负责，即对居民负责。这不仅是因为居民为其提供税源支持其政治经济活动，而且是因为政府产生与存在的根源本身就在于为居民服务的需求。因此，财政预算的社会监督首先是基于人民的权力和政府服务的宗旨。但地方政府在追求政府利益最大化时经常违背当地居民利益最大化，前面论述过，因居民以脚投票成本太高使蒂布特模型经常失灵，参与公共决策、监督政府的公共服务行为已成为居民维护自己利益不可或缺的环节。

居民有效参与监督，需要一个统一的、运行良好的财务报告系统，为居民监督提供参照，这就要求政府收支细目公开、选举制度民主化、进一步增强财政的透明度、完善财政的民意表达机制。比如，建立完备的听证制度，居民代表参与公共项目决策制度，以充分了解人民的偏好，使公共决策符合人民的利益和要求。

## 第三节　建立县乡财政风险防范机制的经验借鉴

中国县乡地方政府的财政风险已经十分严重。除了采取一系列的措施解决县乡政府的财政困境外，形成一个良好运行的财政风险预警系统，对于预防财政风险的暴发，意义十分重大。世界各国普遍存在地方政府财政风险问题，因此各国中央政府及各地方政府都在积极建立财政风险预警机制以便有效防范并控制地方财政风险。到目前为止，我国尚未有县乡政府进行风险防范的尝试，美国地方政府在财政风险方面所做的实验已经取得了丰硕的成果，为我们提供了有益的借鉴。

## 一、美国地方政府财政风险防控的制度安排

美国政府采取了多方位的措施解决并防范基层政府的财政问题。与澳大利亚、德国、丹麦、加拿大德国一样，美国联邦政府与地方政府之间按照相关规则对政府职责和财政收入进行了明确的划分，构建了地方政府财政健康运行的基础。各国还根据各自经济发展不同阶段的特点调节联邦对地方的财政转移支付政策。美国各州则根据自身的需求实施了非联邦性质的城市间财政转移支付项目，以解决地方政府之间因经济发展水平不同而导致的财力不均等问题。除此之外，美国政府还进行了地方财政问题的防范，其主要的做法是由美国州政府对地方政府财政支出实施广泛的监督和控制。本节主要阐述美国地方政府财政风险防控的做法与经验。

美国州政府建立了一套对地方政府财政的监控机制。该机制包括的主要因素如下：建立了一个独立的财务报告系统；设置了债务发行的极限；设置了预算编制、账目和现金管理办法；设置了税收和支出范围。该机制的实施针对问题的严重程度分为三个层次防御：第一个层次是要求州政府发现处于萌芽状态的财政危机；第二个层次是要求州政府帮助经鉴定确认的困难地区政府；第三个层次是要求州政府在某地方政府财政出现危机形势时进行强烈干预。

Coe. Charles[1] 对美国州政府对地方政府财政危机的防控进行了实证研究。针对财政危机的发生、发展所处的不同阶段，美国州政府会有针对性地采取三个层次的举措，具体包括：探测危机、帮助有危机苗头的地方政府将危机消除在萌芽状态、采取强制性干预措施对出现财政危机的地方政府进行干预。

虽然每个州的危机防控机制都包括三个相互联系的方面，但不同的州政府

---

① Coe. Charles：*Preventing Local Government Fiscal Crises*：*The North Carolina Approach*，pp：39 – 49，Public Budgeting and Finance，Vol. 27，NO. 3，ISSN：0275 – 1100，2007.

有着不同的具体做法：各州使用的危机测量指标不同，委任的危机处理人员以及委任机制或程序不同。在危机测量指标的使用上，有的州使用活动经费预算指标，有的使用年度财政预算指标，有的使用临时财政报告。在危机处理人员的选择上，有的使用自己的人员进行评估，有的则把这个责任赋予独立审计师或者地方单位。马里兰、俄亥俄州和北卡州使用州政府工作人员分析各地方政府独立的财务报告，佛罗里达州则让独立的财务审计员负责财务评估。宾夕法尼亚州则要求地方辖区使用年度财务报告进行完全的年度检查。各州在确立财政危机指标的方式上也有所不同。在佛罗里达州有 6 个镇用立法界定一个地方政府陷入财政危机的条件；1978 年纽约、克里弗兰和佛罗里达则由立法机构负责建立财政危机标准。

（一）新罕布什尔州财政危机监控做法

新罕布什尔州不要求地方政府有自己独立的财务审计，州政府通过检查地方政府的财政状况来发现问题。州政府在税务部内设立了一个市政服务部对地方政府的财政状况进行检查。市政服务部在每次检查中，需要检查 784 个地方辖区（其中包括 550 镇）的财政状况。在政治体制上，除了 9 个镇外，其他镇都采用镇民大会政体。在这种政体下，居民都有机会在镇大会上拿到所属辖区内地方政府的明细支出预算材料。市政服务部检查的内容包括财政预算形式、内容以及程序。除此之外，市政服务部会在秋天设定地方财产税税率，然后监督地方政府执行，如果发现地方单位的估计税收收入与设定的标准不符合，就会相应地调整税率。

（二）佛罗里达州的财政危机监控做法

与新罕布什尔州不同，在佛罗里达州，各地方政府作为独立财务审计的一部分，它不用州政府人员而用独立审计员对地方政府的财政状况进行评估。独立审计员拥有选择审计标准的权限，他们可用国家成熟的审计标准①，也可用自己选择的其他机构或个人确定的评估标准。独立审计员有责任向地方政府提交管理建议书。在交给地方单位的管理建议书中，独立审计员第一要论述所使用的财政状况评估方法，第二是推荐减轻财务状况恶化的途径。州政府则必须

---

① 国家审计标准体系有 6 个条件来判断财政危机是否存在，有 14 项指标预测危机是否发生。

对独立审计员进行监督与管理，比如，为核对独立审计员的检查是否圆满，州政府设立总审计办公室对审计员的计算进行抽样检查，如果他们查出审计员没有报告的财务危机，就会要求审计员对矛盾之处进行解释。

（三）马里兰州的财政危机监控做法

马里兰的财政危机监控机构是马里兰立法审核办公室，这个办公室是马里兰会员大会的一部分。有两个会计人员检查 24 个、155 个城市和镇的财政状况。这两个会计人员使用微软的电子表格对财务数据进行分析。他们第一要审核是否有未抵押债券沉积，第二要审核是赤字基金有没有平衡，第三要识别不受欢迎的财务趋势，第四要用书面报告把他们发现的有关财政缺陷通报给地方政府。书面报告的频率很高，仅 2004 财政年度，立法审核办公室向地方政府发出的这种报告就有 108 封。

（四）北卡州财政危机监控做法

北卡州在 1929—1933 年经济大危机中遭受了位居第二的市政债券高违约率，这促使立法机关创建了地方政府委员会。地方政府委员会是州财务办公室的分支机构，于 1932 年开始监控并帮助处于财政困境中的地方政府。北卡州是唯一发行一般债券作为财政收入来源的州。地方政府委员会处理政府财政困境的办法有：参与事业债券购买和存款单承兑合同；评估本金额是否充足以及债券的市场可销售性；要求地方行政辖区使用州的合同审计标准；批准审计员的挑选；在财政年度末，委员会成员广泛地检查 100 个县、555 个城市以及 345 个特别区域的财务报告以确保财务报告的真实性。

（五）俄亥俄州财政危机监控做法

俄亥俄由州审计员监控 615 个学区、300 个城市、700 个村庄、88 个县以及 1232 个维护道路的小镇的财政运行。该州 1979 年建立了市政紧急法，州审计员制定了监测体系，因此而获得由政府财务办公协会颁发的奖。这个监测体系把有困难的地方政府放到三个不同程度的类型中，分别给予不同的救治措施：第一阶段是财政观察阶段，这是依据 4 个条件发出的防控；第二个阶段是财政困难阶段，表示处于财政困难阶段的地方政府是缺乏能够维护正常服务的充足资金的政府；第三个阶段是财政危机，表示这个地方政府不能完成有效的义务，如债券本金和利息支付、供应商货款支付、工资发放、退休金支付等。

（六）宾夕法尼亚州财政危机监控做法

宾夕法尼亚州 1987 年由立法机关颁布了市政财务复苏法案，为州提供技术帮助。该州由社区和经济发展部监控 66 个县、56 个城市、962 个自治市镇、1547 个小镇的财务。它不用州工作人员提取财务数据，而是要求各地方单位提供财务状况调查报告，并且规定了各地方政府提供的财务状况调查报告要包括的 11 个指标。除了各社区外，其他利益相关者也可以对处于财务困境的地方政府要求提供同样的财务报告，如拥有 1 万美元以上的债权人、养老基金受托人和市政债券的受托人、代理支付人以及主管部门本身等。

## 二、美国各州财政风险防范做法对解决我国县乡财政问题的经验借鉴

第一，各州对处于财政困难阶段的地方政府的具体做法大体如下：立即帮助，也叫做积极的帮助。而且这种帮助都建有法律依据，大多数州政府根据法律条文帮助有困难的城市或者县、镇。通常的帮助方式有现场援助、贷款、补助金、政府债务担保以及临时放弃州财产税率限制。有 7 个州创建了财政控制董事会。董事会有权进行债务重组、限制借款、设置财务预算会计系统、内部控制；还有权提高税率、削减服务，如指定管理者、更换部门主管、服务私有化、降低加薪、冻结雇佣、暂停对市议会和市长的支付等。

第二，各州对于那些处于财政危机阶段的地方政府进行强烈干预，但在干预方式上各州各有不同。有的州采取的强烈干预方式，是授权地方政府增加税收、降低成本；有的州则只是推荐治理方法。如，肯塔基可要求地方政府提高税率或者减少支出或者两种办法同时使用。州政府对处于危机阶段的地方政府进行干预，所采取的保障措施是对于那些不服从州政府干预要求的地方政府，当局通过法院行动进行强制。比如，Breathitt 县在走向财政危机后，州政府命令县委员会提高税率并减少开支，县委员会拒绝服从，结果州巡回法院命令董事会暂时监禁他们。这些地方官员在被监禁一个周末释放后，立即改正了过去的做法。最后，如果地方政府财政问题实在太过严重，州政府还拥有接管县运行的权力。

第三，进行财政危机防控必须要有一个前提条件，这就是社会各界对危

机预警指标的研究。财政危机防控机制的建立与各研究机构、学者们的努力是分不开的，各种衡量危机的指标体系需要经过大量的理论研究和实证研究才能够确立，也需要研究人员跟踪实施过程，从实践中总结经验教训，及时对各种衡量危机的指标体系进行相应的修正。参加衡量财政危机指标体系研究的机构或人员有很多，许多公共利益组织也参与并提供了测量地方政府财政危机的指标体系。比如，政府间关系咨询委员会 1978 年提出了危机防控信号；布鲁金斯学会提出了财政指标；国家预算局和国家财政部也分别在1978 年提出了衡量危机的指标；世界城市、镇管理协会 1980 年提出了 36 个财政健康指标。另外，两个专业学者团体提出了大致相同的财政健康指标，Brown（1993，1996）提出了 10 点财政状况测试指标；Kloha、Weissert、Kleine 2005 年提出了 10 点财政状况测试体系，并且对该体系进行了验证，分析所使用的是 1993—2001 年间密歇根 97 个城市和 53 个小镇的随抽取机样本。①

　　第四，政府需要建立一套对地方政府财政风险的监控机制。将地方财政风险按严重程度分为三个层次进行防御：处于萌芽状态的财政危机、处于发展状态的危机以及暴发状态的危机。针对三种不同层次采取三种不同的帮助，分别是：警示、协助、强烈干预。为建立地方政府财政风险的监控机制，需要完备以下条件：一个独立的财务报告，设置了债务发行的极限，设置了预算编制、账目和现金管理办法，设置税收和支出范围。

---

① Coe. Charles：*Preventing Local Government Fiscal Crises*：*The North Carolina Approach*，pp：39 - 49，Public Budgeting and Finance，Vol. 27，NO. 3，ISSN：0275 - 1100，2007.

▶ | 第八章　CHAPTER 8

# 县乡财政困境与中国中央政府对地方财政转移支付

◇ 中国政府间纵向转移支付的现状与县乡财政困境

◇ 中国政府间纵向转移支付制度的完善

◇ 自主合作——地方政府间横向财政转移支付

由于财税体制改革形成了政府间财权与事权的不对称，县域经济发展落后又存在不平衡性，所以我国县乡财政自有收入能力普遍不足，且分布不均。我国乡镇财政的财源最主要的还是来自于农业，而农业是我国的弱势产业，农村经济结构调整的步伐相对缓慢，种植业仍然占有绝对大的比重，所以县乡财政普遍存在税源不足问题。2006 年全面取消农业税后，本来就不丰富的县乡税源几乎中断，这使工业发展还处在落后状态下的县乡财政更加困难。所以，政府间的财政转移支付，是平衡县乡财政赤字十分重要的途径。

# 第一节　中国政府间纵向转移支付的现状与县乡财政困境

1994 年分税制改革以来，政府间财政转移支付一直是地方政府财政支出的重要来源。2006 年取消农业税以后，县乡等地方政府财政支出及财政困境的解决更加依赖上级政府的财政转移支付。

## 一、1994 年分税制改革后中央财政转移支付的结构与县乡财政困境

（一）中央政府转移支付的现实结构与目的

中央对地方的转移支付形式主要有税收返还、体制补助（体制上解）、专项补助和中央对地方的财力性转移支付。财力性转移支付包括：一般性转移支付、民族地区转移支付、调整工资转移支付、农村税费改革转移支付、取消农业特产税及降低农业税率转移支付、县乡政府机构改革转移支付、结算补助及其他。各种转移支付手段变动趋势如下[1]：在分税制改革初期，1995 年，税收

---

[1]　孙开：《财政转移支付手段整合与分配方式优化研究》，载《财贸经济》2009 年第 7 期。

返还占当时转移支付的比重达73.7%，到2007年，税收返还占转移支付的比重降低为23.8%。专项转移支付的比重由1995年的14.8%上升为2007年的35.7%。财力性转移支付在1995年只有290.9亿元，占中央转移支付的11.5%，2007年财力性转移支付所占的比重为40.5%，成为最重要的财政转移支付。

两税返还转移支付政策在当时的实施，有两个重要目的。

一是为达到1994年分税制改革中央集中财权的目标，中央通过两税返还的方式保证既得利益格局，以安抚因改革而受到不利影响的地方政府。两税返还实际上是中央只取得税收增长收益的承诺。其做法是，以1993年为基期，按照当年地方实际收入以及税制改革后中央与地方收入划分情况，核定中央从地方上划的收入数额，中央将这笔收入全部返还地方，并以此作为以后中央两税返还地方的税额基数。返还额的递增部分按照全国两税的平均增长率的1:0.3确定。即，如果两税增长1元，中央将返还地方0.3元。

两税返还转移支付政策的实施，在当时还有一个鼓励地方政府积极征税的目的。这一点可以从1994年《国务院关于确保完成消费税、增值税增收任务的紧急通知》中看出。该通知指出，1994年两税将占到整个财政收入的54%以上，圆满完成两税的增收目标，是完成国家预算，把赤字控制在预算确定数额之内的重要措施，也是中央财政对各地税收返还的财力保证。这样，该通知把完成两税增收目标与各地能否得到税收返还联系在一起，显然是在提示各地政府努力征税才是其利益所在。进而，国务院的这个通知又给出了实际性的激励措施，以形成地方征税动力。这可从通知强调的四点中看出：一是坚决执行两税增长目标与税收返还挂钩的政策，努力完成两税的增收任务；二是大力清理企业欠税；三是强化税收征管，严禁税收减免；四是为鼓励各地区增收两税，对各地今年两税收入超过中央下达增收目标的，一次性予以奖励，即将地方超过中央下达的中央两税增收目标部分的返还系数由1:0.3提高为1:0.6，但一次性奖励部分不计入今后税收返还基数。

除了税收返还之外，中央的另外两项转移支付是专项转移支付和一般性转移支付。专项转移支付，是指附加条件的政府间财政转移支付，是上级政府为了实现特定政策目标，委托下级政府代理相关事务而设立的专项补助金。所拨款项是指定了资金用途的，拨款接受者必须按照规定的方式使用这些资金，专款专用。按照有无配套要求，专项拨款可区分为非配拨款和配套拨款两种形式。按照政府间支出责任划分，专项拨款可划分为委托事务拨款、共同事务拨款和鼓励或扶持性拨款。专项拨款主要用于基础设施建设、天然林保护工程、退耕还林还草工程、贫困地区义务教育工程、社会保障制度建设、公共卫生体系建设等经济、社会事业发展项目实施。一般性转移支付，是一种无条件的转移支付，通常用于弥补横向财政失衡。因为各地方政府因为其辖区内地理位置、资源禀赋和历史发展等原因，总会出现区域性不平衡发展。发展条件差的地方，县乡政府的财政税源不足，必然产生财政困难。这就需要中央政府利用各种政策手段集中收入，然后用转移支付的办法，调节县乡之间的财政差别，弥补经济薄弱地区县乡政府的财政赤字，实现财政均等化。

这两项转移支付经过了将近 20 年的演变，现在已经占有了重要地位。根据财政部《2012 年中央和地方预算草案》报告，2011 年中央对地方税收返还和转移支付 45101 亿元，增长 13%。其中：税收返还 5188.55 亿元，增长 2.2%；一般性转移支付 22526.19 亿元，增长 23.1%；专项转移支付 17386.26 亿元，增长 5.2%，在一般性转移支付中，均衡性转移支付 8583.65 亿元（其中：县级基本财力保障机制奖补资金 1075 亿元，重点生态功能区转移支付 371 亿元，产粮大县奖励资金 277.85 亿元），义务教育等转移支付 1680.32 亿元，基本养老金和低保等转移支付 3774.38 亿元，新型农村合作医疗等转移支付 1063.48 亿元，村级公益事业奖补等转移支付 253.09 亿元，成品油税费改革转移支付 784 亿元。

（二）中央政府间转移支付的目标

政府间转移支付是分权化财政体制的重要组成部分，从理论上讲其主要目标有四个。

第一，弥补财政缺口。中国是一个幅员辽阔、地区差异显著、政府层级相对多的发展中国家，因此县乡政府除了官员自身目标与社会服务目标冲突所产生的问题之外，一方面受到所处辖区内资源禀赋的约束，另一方面又受到来自层层上级政府的种种制约，另外还有财政体制改革过程中政府间权责划分不科学所产生的问题困扰，出现财政缺口的程度和范围比较广泛。

尽管弥补财政缺口可以通过多种方式进行，例如赋予地方政府更多征税权，将更多的支出责任移交给中央政府，或者反过来说，减少地方支出责任、提高地方政府收入。但是，世界各国对各级政府收入与支出的不匹配的问题解决，仍然倚重政府间财政转移支付发挥平衡作用。

第二，实现财政均等化。财政均等化是我们通常所说的财政横向均衡，它旨在使所有公民无论居住在哪里，都可以得到相同的待遇，从而提升社会公平，同时也改善市场资源配置的效率。

第三，解决外部性问题。按照外部性理论分析，当地方公共物品和地方服务溢出本辖区时，地方政府按照本辖区的边际生产成本和边际收益相等的原则确定的产量，低于按照社会边际成本的社会边际收益相等的原则所确定的产量，因而出现该公共产品生产上资源配置不足的低效率状况。为使地方政府提供合理数量的该类产品或服务，上级政府有必要提供某种形式的配套拨款，以使单位补贴等于溢出收益的边际价值。合理的配套比例，应由溢出的规模即相关的外部性水平决定。

第四，加强中央政府的政治控制。从根本上讲，一国的财政体制是由其政治体制和政治目标决定的。转移支付作为财政体制的组成部分，能在很大程度上实现中央政府对下级政府的政治控制。上级政府占有的财政资源份额越大，下级政府对之形成的依赖就越强，上级政府对下级政府的影响力就越大，控制程度越大。

（三）中央政府转移支付结构问题对县乡财政困境的影响

中国纵向转移支付的现实结构，与理论分析所揭示的一般适用性结构有很大的差别，而这些差别形成了中国基层县乡政府财政困境的重要因素。

第一，税收返还导致了地方政府间财力分布不均衡。

1993 年 12 月 15 日公布的《国务院关于实行分税制财政管理体制的决定》中规定：以全国两税的平均增长率的 1：0.3 的系数确定返还额的增长率。但这个办法的实施中不利于调动各省的积极性，因为返还的数额与全国两税（增值税和消费税）联系，而与各省自身的两税增长率无关。如果按照全国两税的平均增长率来计算各地政府的税收返还额，收入增长较慢的省、市、自治区就会从中央得到较高的比例的返还增量，而收入增长较快的省市却只能得到相对较少的返还增量。也就是说，1993 年国务院规定的返还办法，没有与各省市的两税增长率挂钩，因此缺乏奖励作用，难以调动经济发展较快的省份的积极性。所以，在 1994 年 8 月全国财经会议上，中央将按全国两税增长率确定返还系数，改为按各省市区两税上缴中央的实际增长率的 1∶0.3 的系数确定。

税收返还额按各个省、市、区核定基数，按各省上缴中央的两税实际增长率的 1∶0.3 的系数确定，被称为"分省单挂"。用"分省单挂"的方法来计算各省两税返还数额，体现了经济增长快的省、市的利益诉求，也是中央的利益所在，因为这样做，把地方利益与中央利益捆在了一起，有利于调动地方的积极性，因而也有利于中央利益的实现。但这样的做法使以税收返还为形式的财政转移支付具有了原有包干基数方法的特点，也就是经济越是发达的地区，各级政府单位所能得到的税收返还额越大，越是经济落后的地区，其税源狭小，因而其财政收入必然处于相对萎缩状态。结果财政转移支付不仅没有实现财政均等化目标，反而加大了"马太效应"。

税收返还作为权宜之计，一直存续到现在，2010 年税收返还额与当年政府转移支付总额的比例在 20% 以上。这仍是数年来导致地方间财力不均衡的重要因素之一。据统计，1994 年至 2003 年，我国县乡财政收入由 967 亿元增加到 2836 亿元。东、中、西部地区财政收入占全国财政收入比重，1995 年分别为 50.65%、28.98%、20.37%。2003 年其所占比例分别为 60.50%、26.25%、13.25%。东部地区财政收入增长势头快，甚至超过全国平均水平。中西部地区财政收入增长速度缓慢，甚至低于全国水平或呈负增长趋势。

第二，中国中央政府对地方财政转移支付不足以弥补与县乡财政收支缺口。

以 2010 年为例。这一年全国财政总支出 89874.16 亿元，地方当年总收入 40613.04 亿元，支出 73884.43 亿元，地方政府承担了政府全部支出的 82.21%，因而形成的 33221.39 亿元的收支缺口（参见本书第四章，表 4 - 3 和 4 - 4）。2010 这一年中央安排的财政转移支付总额为 25606.64 亿元[①]，弥补

---

① 韩宗保：《我国财政转移支付制度存在的问题》，载《经济研究参考》2012 年第 6 期。

地方财政收支缺口还差 7000 亿元。省以下政府间层层上收财权下放事权，将支出与财力不对称的局面集中到县乡政府身上。

再从转移支付结构上看，中央财政转移支付结构也不利于解决县乡财政问题。如 2009 年专项转移支付占全部转移支付的 42%，一般性转移支付仅占 13%，在财力性转移支付中均等化作用较强的一般性转移支付的比重偏低。再如 2011 年，均衡性转移支付 8583.65 亿元，税收返还 5188.55 亿元。可见，中央财政转移支付结构还不能充分发挥调节地区间财力差距的作用。这便自然成为形成县乡财政问题的因素之一。

第三，转移支付的经费管理制度不规范，中央转移支付资金到达县乡之前被上级政府截留，因而削弱了补充县乡财政的力度。转移支付各形式中，占总转移支付 40% 的一般性转移支付进入地方预算，由地方各级人民代表大会审议、监督。其他转移支付占总转移支付的近 60%，没有编入预算，脱离了人大的监督。据审计署对 20 个省（区、市）的审计，2005 年，这些省（区、市）共编报中央转移支付收入 3444.27 亿元，仅为实际数的 44.5%。中央专项补助由财政部下达指标到省级财政部门后，地方财政部门对专款的下达有两种方式：一是列入该级财政支出，由财政部门直接拨款到各同级职能部门和预算单位，再逐级下拨到项目单位；二是由上级财政部门逐级下达指标到项目单位同级的财政部门，再拨款至项目单位，并在下级财政列支。实际执行中，前一种方式因无法将中央专款的分配置于同级财政部门的监督管理之下，个别职能部门、业务主管单位在专款再分配的过程中，存在很大的自由裁量权，应该得到支付的没有得到，不该得到支付的因关系走得好却得到支付资金。有的地方甚至将转移支付资金用于"形象工程"、"政绩工程"建设，致使一些基层政府的基本支出需求难以得到保证。因而，县乡等基层单位的项目缺乏资金，上级政府却在政绩工程上扩大了支出，其结果必然产生县乡等基层政府财政赤字。

第四，以收支缺口为标准的纵向转移支付引发地方政府严重的逃避责任的行为，降低了地方政府的财政努力程度。由于地方政府的财权与事权缺口过大，致使地方政府，尤其是欠发达地区地方政府的财政支出，主要依靠上级政府的转移支付，从而使地方政府的自主性和积极性严重丧失。例如，从

1996—2003年，广东省对市县的转移支付从 5.8 亿 679 亿元，金额翻了 10 倍，但效果却不尽如人意，一方面省财政支出增加了，另一方面市县的"等、靠、要"思想反而更严重①。这种现象的出现，在于中央政府的财政转移支付对财政缺口大的地方政府配给的支付额度就大，这使得越是不进行财政自足努力的政府，得到的补贴越多，结果地方政府如同处于囚徒困境博弈中一样，不努力增加自有财政收入成为占优策略，最终形成"等、靠、要"的思想行为，加重了中央财政负担，也加大了地方财政困难。而且使上级政府财政转移支付变成了"输血式"财政转移支付，没有起到增强地方"造血"功能的作用，因此，财政困难的地方政府年年等上级政府的资助。

第五，专项转移支付存在的问题中与解决县乡财政困难相关的问题是，专项转移支付需要地方政府拿出配套资金，越是富有的县乡政府得到的专项转移支付的额度越大，贫穷的县乡因拿不出配套资金很难得到专项转移支付。因此，有些财政困难的地方政府为了得到专项补助，只能挤占有限的财力，加重了地方财力紧张程度。而且，专项转移支付公开性和透明度不高。如 2005 年中央补助地方的 239 种专款中有 65 种没有管理办法或管理办法没有公开②，由于缺少有效的项目资金管理使用机制，有的地方政府将部分资金挪作他用，致使财政转移支付资金整体利用效率较低，没有能够达到服务于公共需要的目标，当然削弱了通过提高公共服务增强县乡财源的能力。

## 二、中央纵向转移支付规模与县乡财政困境

1994 年分税改革，极大地改变了中央与地方财政收入和财政支出的相对地位。1993 年，中央财政收入占全国财政总额收入的 22%，支出占总财政支出的 28.3%；地方政府财政总收入占全国财政总收入的 78%，支出占总支出的 71.7%。之后，双方的收支比发生逆转，2005 年后，央地财政收入占比基本维持在中央 50% 以上，地方 50% 以下；而支出则为中央 20% 以下，地方

---

① 倪红日、洪婷：《我国财力性转移支付制度的实施与完善》，载《改革》2005 年第 12 期。
② 苏孜、孙晓娟：《西部欠发达地区财政转移支付存在的问题及对策思考》，载《财会研究》2010 年第 21 期。

80%以上①。地方承担着大量支出责任，中央集中了大量财政收入的局面，意味着中央对地方的纵向转移支付应有一个相当大的规模。2011年中央财政支出构成：中央本级财政支出29.3%，对地方专项转移支付占29.4%，对地方一般性转移支付占32.4%，对地方税收返还占8.9%。②中央财政收入的70%用于对地方的财政支出，根据地方财政收支规模推算，中央政府的转移支付占地方财政收入的60%上下。发达市场经济国家中央政府的纵向转移支付在地方完成公共经济职能上也起着重要的作用，但是在规模上都不能与中国中央纵向转移支付相提并论。就本书第三章中所提到的几个国家而论，转移支付所占比例最小的是澳大利亚16%，而后是德国33%，加拿大、丹麦和美国均为40%。③

（一）大规模的纵向财政转移支付容易导致地方政府非生产性财政努力

县乡政府与上级政府之间存在着多种角度的博弈。由于政府官员的理性经济人特征，无论选择什么样的均等化转移支付模式，地方政府都会产生程度不同的策略性行为。策略性行为引发地方政府非生产性努力，加强了地方政府分配性努力，是导致县乡财政境况难以好转重要因素。

如果将地方政府的人均实际支出作为均等化转移支付的衡量标准，将各地区的人均实际支出都提高到最富有的地方政府的水平，那么人均实际支出的均等化必将抑制地方增加收入的努力和降低地方支出的约束，因为在该体制下经济发展良好的地方政府仅能得到部分来源于自身辖区的收入，而支出最高、税收最低的地方政府将通过既定的均等化公式分配得到最多的转移支付。这容易导致地方政府的财政支出过度依赖中央和上级政府，淡化了地方政府财政支出与财政资金供给者即地方纳税人的直接关系，从而造成地方政府对上级政府负责而不是对地方老百姓负责的违背使命的结果，势必削弱财政民主制度的建设。而且，这也容易加大地方政府向中央、基层政府向上级政府寻租的动力。

---

① 本书第四章表4-3和表4-4。
② 财政部2011年中央决算报告和2012年中央预决算报告。
③ 梅尔维尔·麦克米兰：《地区和地方政府间的财政关系：经合组织五成员国的经验和启示》，载沙安文主编：《地方政府和地方财政建设》，中信出版社2005年版。

长期以来普遍存在的"跑部钱进"现象、以部门利益或地方利益为幌子的腐败现象就是寻租动机在现实中的表现。

如果将地方政府财政能力作为财政均等化的衡量标准，也就是说，转移支付的基础是与中央政府事先确定的公共服务水平相对应的各地区潜在的收入能力为衡量标准，而不是以实际收入为衡量标准。那么，在能够准确测量收入能力的条件下，转移支付将不会在地方政府取得收入方面产生抑制作用，地方政府要对边际支出和边际税收决策承担全部财政责任。但是，在不能准确测量地方政府收入能力的条件下，或者在地方政府可以直接或间接地控制转移支付公式中使用的测量财政能力的变量时，以能力均等化为标准的转移支付也将引致地方政府控制各种变量的策略性行为。

配套拨款这一种转移支付形式，也存在着上下级政府间的博弈局面。为使地方政府提供合理数量的该类产品或服务，上级政府通过提供某种形式的配套拨款来补偿溢出收益的边际价值、均等化地方需求、支持中央政府不易监控的支出偏好以使更多的资金流向中央政府所希望的领域。虽然配套拨款的标准有着客观根据，但也不可避免地受到中央政府提供补助的意愿强度影响。中央对其愿意提供的公共产品或服务，给予地方的配套资金比率可能会随着支出水平的提高而提高，反之则不是。所以，地方政府往往努力对上级政府进行游说，以影响上级政府的偏好。地方官员"进京"、"进城"面见相关掌权领导，努力引起中央及各级政府对其项目的关注程度的做法，正是实现这一目的的努力。

（二）地方政府策略性行为的理论分析

地方政府在接受转移支付时，往往会把中央的补助当做地方财政收入的替代，降低对本地税收资源的征收努力，甚至采取藏富于民的办法，以便日后自取自用。在支出方面，地方政府对中央财政转移支付进行支出的边际倾向远远高于自身财政收入增长的边际支出倾向。所以，中央政府的财政纵向转移支付有可能产生两种效应，一是减少地方财政收入，二是增加地方财政支出对中央补助的依赖。也就是说，中央纵向转移支付越多，地方对中央补助的依赖程度就越重。公共经济学把一次性拨款比收入增加对地方公共服务需求的影响大这种现象，称做"粘蝇纸效应"（the flypaper effect），意思是资金留在了它所到达的地方。例如，Duncombe 和 Yinger 估计，"平均下来，每个区每增加 1 美元的州政府拨款，教育开支将增加 0.33 美元；然而收入每增加 1 美元，教育支出仅仅增加 0.10 美元"①。

在条件转移支付中，上级政府的条件转移额的比例往往远远超出其应有的合理程度，其结果是超额的条件转移支付不能给地方政府提供足够的刺激，反而使地方政府过多地依赖于上级政府的转移支付。财政幻觉模型也解释了政府转移支付对接受转移支付的地方政府财政开支的刺激作用。辖区居民往往把总量拨款看作地方公共产品价格的下降，而不是收入的增加，并因此产生财政幻觉。财政幻觉激发了人们对公共产品的需求，推动了地方政府在接受转移支付款项后对财政开支的扩大。前面提到的囚徒困境博弈模型和公共资源理论也能够分析地方政府对上级政府转移支付的依赖。这样，非生产性努力成为地方政府的主要行为特征，出现财政困境必然是一种常态。

（三）从基本公共服务供给差距看基层政府财政困难

1998 年开始进行公共财政制度建设以来，中央和地方政府在完善财政支出结构，增加对基本公共服务领域投入方面，采取了许多积极的措施，主要表现在两税返还在中央财政转移支付中的比重不断下降。虽然至 2011 年还保留有 8.9%，但 2009 年起，中央已调整转移支付的形式为一般性和专业性转移支付两种，从 2006 年起，逐步将农村义务教育全面纳入公共财政保障范围，也不断增加文教科卫支出比例、抚恤和社会福利救济、新型农村合作医疗试点、就业的社会保障支出。但是，从根本上改观基本公共服务供给的现状，还有很长的路要走。中国区域间财政差距和公共服务差距很大，人均公共服务支出"最高的上海（8008 元）相当于最低的河南（908 元）的 8.8 倍"②。巨大的公共服务差距，使贫困地区得不到完善教育、医疗、养老等社会保障，势必制约其经济发展和政治文化水平的提高，也制约贫困地区基层政府的财源财力的培育。

---

① William Duncombe and John Yinger：《减轻财产税负担的其他方法》，载 Wallace E. Oates 编著：《财产税与地方政府财政》，丁成日译，中国税务出版社 2005 年版，第 229 页。

② 王雍君：《中国的财政均等化与转移支付体制改革》，载《中央财经大学学报》2006 年第 9 期。

## 第二节 中国政府间纵向转移支付制度的完善

作为政府政治经济活动的一项有力的政策工具，政府间转移支付在弥补纵向财政不均衡促进财政均等、鼓励下级政府提供具有外溢性的公共产品和服务、缓解经济波动和增强国家内聚力等方面发挥着显著作用。针对中国目前政府间纵向转移支付的弊端以及发达市场经济国家政府间纵向转移支付的经验，对中国政府间纵向转移支付制度完善提出以下建议。

### 一、纵向转移支付形式选择

一般说来，各国转移支付的主要形式有，无条件的与有条件的转移支付。无条件的转移支付所起到的作用是维护地方自治，促进地区间的公平为目的的转移支付；有条件的转移支付是一种激励性的转移支付，目标是为承担某些特定政府活动的地方政府提供激励，以实现中央期待地方政府提供的公共服务的方向和规模。具体到实践中，各国的政府间纵向转移支付又各有其特点。我国纵向转移制度的完善，也需要在基本的框架内，根据国情进行有益的尝试。

目前，中国政府间纵向转移支付存在的结构性缺陷，主要是均等化转移支付的比重相对偏小，转移给地方政府的转移支付额因上级政府的层层扣留也相对偏小；各级政府的纵向转移支付自由裁量权过大。转移支付也没有与绩效建立联系。相应地，中国纵向转移支付形式上的应对策略有：

第一，中国三种转移支付形式中，税收返还的"马太效应"对解决贫困地区财政困难不利，税收返还形式无论是两税返还还是个人所得税返还都应该取消。

第二，加大一般性财政转移支付，加快实现基本公共服务均等化。所谓基本公共服务，是指与人民群众的生存和基本发展关系最密切、需求最迫切、最重要、最基础和最相关的公共服务，包括义务教育、基本卫生医疗、基本社会保障等。

第三，可借鉴美国经验，实行分类资助性质的纵向转移支付。

美国政府根据需要提供的公共服务的特点和重要程度，采取了三种不同形式的财政转移支付。其中，分类资助是美国上级政府根据法定公式对一些特定领域进行的一种更具灵活性的转移支付。分类资助具有资助领域宽、下级政府拥有更大自主权的特点。在专项支付中，地方政府必须按照联邦政府的规定进行支出，而接受分类资助的州和地方政府却可以在规定的范围内自行确定支出项目、制订计划和分配资源。只要在自行确定支出项目时，注意完成上级政府对其选择的硕目所设置的特定标准即可，否则会受到严厉的惩罚，日后联邦将不再给予分类资助。美国的分类资助包括健康、犯罪控制、社区发展、社会服务、就业培训、城市交通、贫困救助、妇幼照顾和基础以及对贫困母亲和孩子的长期资助等项目。联邦政府在这些项目之间建立了紧密的联系，接受资助的地方政府之间也建立了相应的合作与协调机制。

虽然国情不同，但在公共服务需求上，各国有着基本相同的结构，只是各个项目所占的地位在不同的国情中有所不同，我国在健康、犯罪控制、社区发展、社会服务、就业培训、城市交通、贫困救助、妇幼照顾及对贫困母亲和孩子等项目上同样有着对公共服务的需求。中国是个人口大国，存在着地区、城乡等重大的差别，各个地区、各类城市的实际情况千差万别，不适合由中央统一规定在这些项目上的支出次序与结构。所以，采用美国式的分类资助办法，制定各项目资金规模及需要达到的指标体系，由各地方政府自行选择具体实施项目和实施办法，对于解决各地方政府辖区内的这些问题应该有重要意义。对于县乡等地方政府财政困境的减缓上也有重要作用，因为分类支付没有强制性的配套资金要求。

## 二、一般转移支付要采用公式法进行规模确定

财政转移支付应具有明确的计算方法。要进一步完善现行的转移支付因素法，尽量采用客观的数字化公式，减少财政供养人员等人为可控制因素，尽可能增加一些能够反映各地财政地位和收支状况的客观因素，如人口数量、气候条件、资源禀赋、地理位置、环境、人均 GDP 等，作为确定转移支付数额的依据。因素选择的依据则是，这些因素在影响该地方政府财政收入能力方面以及财政需求方面的作用程度。因素选择的另一个尺度是客观性，即选取一些不易受到人为控制的影响各地方政府财政收入能力的因素。用各级政府难以控制

的客观因素来设计拨款方式。

美国制定出了一系列较为科学的转移支付计算方法，针对转移支付不同的目的设计了各种各样的公式和支出标准。比如地方政府对失业工人的资助计算公式，就综合考虑了可分配资金、失业人数、失业率、失业时间以及全国的平均收入水平等诸多因素，虽然计算较为复杂，但提高了转移支付的规范性和科学性。

美国政府的总额资资助是依据众议院和参议院设立计算公式来确定资助额的，公式的主要考虑因素有各地总人口、税收能力、个人所得税收人情况等。

加拿大转移支付的规模和标准，根据客观实际能力由立法的形式确定下来。其医疗健康和教育转移支付的确定标准，是与 GDP 增长率相关的人均支付加税点转移支付，转移支付的增长速度不能超过同期经济增长率。税点的确定以 1997 年为例，1997 年卫生和教育的税点分别为 13.57% 的个人所得税和 1% 的公司所得税。[①] 用这种方法确定转移支付的规模有助于实现转移支付的可持续性。转移支付的这些相关规定都由联邦政府以立法的形式确定。

加拿大转移支付对象的确定以各省的实际财力为基准，除了三个北部地区外凡财力低于全国标准的省份都有资格获得这种转移支付。支付数额等于该省税收能力与标准税收能力之差乘以该省人口数。

我国 1994 年分税改革以后，中央按不同的目的和用途一项一项地制定转移支付的办法，各项转移的建立基本上都是由一些非系统的因素所决定的。比如，2000 年开始实施的对民族地区的转移支付，是为了解决少数民族地区的特殊困难专门制定的，其办法有二：一是在一般性转移支付、调整工资转移支付、农村税改革转移支付中提高对民族地区的转移支付补助系数；二是由中央安排资金，再加上民族地区增值税环比增量的 80% 返还给民族地区。其中一部分直接返还，另一部分采用因素法进行分配。再比如，1999 年 7 月 1 日起，国家增加了机关事业单位在职职工的工资和离退休费，并在此后进行了多次调整。调整工资增加了地方政府的财政支出。中央对一些困难地区给予补助，要

---

① 沙安文：《政府间财政转移支付：国际实践的经验和教训》，载沙安文主编：《地方政府与地方财政建设》，中信出版社 2005 年版，第 198 页。

求一些较发达地区自行解决。2003 年 7 月 1 日调整工资，中央要求北京、上海、天津、江苏、浙江、福建、广东自行解决。辽宁的沈阳、大连，山东的济南、青岛自行解决。还有农村税费改革转移支付，中央对中西部困难地区适当补助，每年补助额度为 50 亿。北京、上海、天津、江苏、浙江、福建、广东、辽宁、山东不在补助之列。这些做法只是进行了粗略的估计，为的是帮助中央政府解决短期问题，中央并没有对各省辖区或各县辖区的财政能力、公共服务成本进行系统估算，其结果，是许多被要求自行解决的省、市县，实际上并没有能力兑现中央提高职工工资的政策，出现大范围的工资拖欠问题，引发了严重的财政困难。

所以，转移支付制度的科学实施，需要建立在系统评估各地财政能力、公共服务成本等基础之上，讨论研究财政均等化转移支付的影响因素，将转移支付建立在科学依据的基础上。

## 三、建立转移支付立法

中国需要设立专门的转移支付法，因为成功的财政转移支付需要有鲜明的法律特色。这首先要求在宪法中特别制定财政转移支付条款。在转移支付有关资金的来源渠道上要有明确的法律依据，税收税种在各级政府间的划分、获得转移支付资金的县乡等地方政府所需具备的条件、转移支付资金在各地方政府之间分配的规则等等，都需要具备法律依据。除了宪法外，还要制定专门的转移支付法，即用于界定中央与地方政府、各级地方政府之间财政平衡法。比如，将税收分享比例以及分配规则用法律的形式固定下来，从而将财政平衡制度的操作在法律层面上加以落实与实施。比如德国就有基本法规定，对于人均财力达不到全国平均水平的州给予补充份额，以使其达到平均水平的92%。还规定了贫困州的补充份额不能一次性补足，而是要通过两级分配实现：第一级分配中，州所得拨付份额不超过的应付份额的25%；另75%部分按居民数量通过第二级分配直接拨付给各州。美国也有自己的转移支付法，其总额资助制度的法律依据是1972年美国国会通过的《联邦政府对州和地方政府的财政资助法案》。

### 四、改善专项转移支付的办法

第一，清理整合专项转移支付项目，尽可能减少项目支出的交叉、重复，真正体现专项转移支付的特定目标。中央审计署在审计调查辽宁、陕西、内蒙古、湖南、贵州 5 省 2005 年中央财政补助的 190 项专项转移支付中，有 53 项存在内容交叉重复的问题，涉及资金 56.66 亿元。另一问题是资金投向较为分散。按项目分配的有 92 项，涉及资金 299.2 亿元，具体分配到 30818 个项目单位。其中 10 万元以下的项目 9415 个，平均每个项目仅 3.4 万元。这种情况必须得到解决。比如，财政支农资金就可合并成三块：一块服务于农村基础设施建设，解决修路、水电问题；一块服务于农业生产，实施国家粮食安全战略；第三块负责农民社会保障。

第二，规范专项转移支付管理机构的职责范围，要有明确的甚至是具有法律效力的资金管理办法。各业务部门主要负责专款项目的立项、论证、申报、审批、技术指导、验收等工作，财政部负责资金的拨付和管理，改变业务部门既管事又管钱的状况。

第三，根据国民经济发展需要，安排专项转移支付倾斜式发展。如美国的专项转移支付，在不同的时期有着不同的发展重点。美国政府的分类转移支付有着明确的重点，该重点随着经济、社会状况变化而改变，在不同的时期有着不同的财政转移支付结构。1960—2005 年期间，美国政府的分类转移支付重点经历的变化是，在 1960 年之前交通与收入保障是联邦政府财政转移支付的主体项目，其中，交通占全部转移支付的 43%，收入保障占全部财政转移支付的 38%。此后，交通一项占比下降较快，1970 年占 19.1%，此后整个 80 年代和 90 年代初该项支付占比维持在 14% 略强，1995 年以后则下降为 10%。收入保障占比没有交通占比下降的快，到 1980 年开始，维持在 20% 略强的水平上。而卫生保健则相反，它由 1960 年 3%，增加为 2005 年的 47%，发展成为联邦政府一项新的转移支付主体项目。

### 五、加强监管

首先，加强转移支付的预算管理，改进专项转移支付预算编制，逐步将专项转移支付列入各级地方预算；全国人大财经委负责审核中央对地方支出专项补助的预算编制，监督中央各部门按进度分配下达专项补助。其次，建立转移支付监督评价体系。进行专项转移支付资金的国库集中支付和政府采购试点，加强对专项转移支付的监管；对于财力性转移支付，可对接受转移支付的地方政府的支出安排进行整体绩效评价和考核。美国十分强调对转移支付实施必要的监督和管理，重视考察转移支付的实施效果，提高资金的使用效率。

根据一些发达国家的经验，我国可从以下三个方面入手建立监督管理机制：第一，建立专门的机构负责转移支付的实施，即拨款委员会负责转移支付的实施并进行监督和管理；第二，对转移支付资金使用过程的监督，主要是为了保障转移支付资金的正确、合理使用，这需要规定接受专项资助的地方政府按指定用途使用资金，并向中央主管部门提交各项支付资金的使用情况汇报。

# 第三节　自主合作——地方政府间横向财政转移支付

地方政府间横向财政转移支付是指同级政府之间以及除中央政府以外的省级政府间不以行政级别为依据而确立的财政转移支付关系，是特指不具有隶属关系、主体地位平等的政府之间的财政关系，既包括省级政府之间、市级政府之间、县级政府之间和乡级政府之间的财政关系，也包括省、市与各自的下级政府之间在消除了行政隶属关系基础上所形成的财政转移支付关系。

目前中国在这方面关注不够，实践经验也十分缺乏。本节尝试将美国城市间横向财政均等化经验应用于针对中国实践的分析，以期对中国地方政府间同舟共济解决县乡财政困境的情况提出建议。

## 一、建立地方政府间横向转移支付的意义

中国发生在 1994 年之后的县乡财政困境问题，有着复杂的经济性、政策性和政治性原因。主要依靠政府间纵向财政转移支付解决问题，又存在这样那样的问题使实际效果不尽人意。地方政府之间建立另一条机制相互协调，自我治理财政危机，也是必要的手段之一。从经济视角看，各地自然资源丰裕程

度、各地经济发展历史所积淀的人力资本及商业文化因素的厚薄、经济发展过程中产业结构的不断变迁，各项因素都会使得一个区域或县市的经济地位处于相对变化之中，今天财政能够平衡的地方政府可能在明天就出现财政失衡。所以，在地方政府间实施横向的共济性的财政转移支付，作为与中央纵向转移支付并行的手段或措施，应该具有重要的意义。

美国的实践也说明了地方政府间横向转移支付对解决自身的财政困境有着不可忽视的作用。起初，横向转移支付并不是美国地方政府在解决自身财政困境时的首选做法。因经济结构调整和产业空洞化使大城市财政出现困难，中心城市为解决自己为居民提供公共服务和为经济发展提供基础设施的任务所需要的税收来源问题，通常的做法是将成为新经济增长中心的郊区合并进大城市的税收范围之内。但这种办法在解决大城市财政问题上不具有可持续性。很明显，资源结构会进一步变动，经济中心会不断地转移，比如二战之后美国波士顿128公路地区如此强劲的经济增长中心，也不过用了40年的时间就被后起之秀的硅谷地区所取代。当各项发展资源不断被硅谷地区吸引而撤离，结果128公路地区不得不面临衰退的命运。所以，当合并的资源也出现衰退时，或者可合并的资源已经合并完毕时，又或者合并过来的市区也陷入衰退，大城市的财政困境不仅不能得到解决，反而因增加了一个不得不承担的衰退区域进一步加重了财政负担。

实施横向财政平衡还有其他方面的好处。第一，在统一发展区域中为经济发展而合作能够取得用最小成本提供公共服务的利益。公共产品与公共服务的层次性及其效用的外溢性，决定了实现公共物品的有效生产需要不同的规模和范围，而有效规模和范围往往要超出行政辖区范围之外。就中国的县市而言，各县政府之间的横向合作，可以解决跨县公共产品的生产及实现公共产品与公共服务效用外溢内部化，从而提高公共产品生产效率，这显然有利了减缓县乡财政困难。第二，横向财政转移支付能够平衡不同税收政策所导致的不良税收效应。如一些发达国家，有的地方政府实施财产税免除，结果提高了这些地区除财产税之外的其他税率，加大了税率较低的郊区对高收入人口的吸引力，致使大批高收入者为了避税迁移到郊区。这种局面将会使中心城市主要剩下些低收入者，低收入的纳税人所需要各种公共服务和公共设施，却不能为政府提供足够的税收收入，由此所产生的城市与地方（郊区）之间发展的非均衡性，对经济发展和繁荣是相当不利的。实行横向财政均等化有助于城市和市郊辖区共同承担这些问题，也为县乡等地方政府解决财政困境扫除了障碍。

中国实施的"市管县"制度，其初衷之一也是解决经济发展不平衡所形成的贫困县市的财政横向平衡问题。但在实施期间，一些市政府将辖区内的大型的、效益好的企业划归的自己管辖范围之内，剥夺了辖区内县政府的税收来源，形成了"市吃县"的局面，在某种程度上与美国政府的城市合并有异曲同工之处，都是一种不可持续的、非发展性的解决财政问题的办法。

美国已经从自身的这种实践中发现，城市合并不是解决大城市持续演化的财政困境可靠途径。通过城市之间合作来实现财政均等化，才是被人们认识到的并应用于实验中的可行途径。

经济发展不平衡、经济发展重心的不断转移是各国经济发展常态。所以，县乡财政处于优势的地区以及县乡财政处于劣势的地区，都要有动态看待财政状况变化的理念，积极参与到财政横向转移的实践或实验过程中，为持续健康的财政运行创造一个稳定的基础。

## 二、中国地方政府间横向转移支付的现状

（一）以对口援助为形式的横向财政转移支付

对口支援作为经济发达或实力较强的一方对经济不发达或实力较弱的一方实施援助的一种政策性行为，早在 1978 年改革开放初期就已经出现。

1979 年，中央政府就已经提出了对口支援少数民族地区的政策。1992 年国务院办公厅发出的《国务院办公厅关于开展对三峡工程库区移民工作对口支援的通知》，1996 年提出对口支援欠发达地区的政策。

为了支持西部地区高等教育的发展，清华大学对口支援青海大学，是由国家教育部 2001 年 6 月在《关于实施对口支援西部地区高等学校计划的通知》（教高〔2001〕2 号）中正式确定的。

2008 年 5 月 12 日暴发的汶川大地震给当地造成的严重损害，为集中全国力量加快地震灾区灾后恢复重建，2008 年 6 月 8 日，国务院颁布的《汶川地震灾后恢复重建条例》明确规定：非地震灾区的县级以上地方人民政府及其

有关部门应当按照国家和当地人民政府的安排,采取对口支援等多种形式支持地震灾区恢复重建。国家鼓励非地震灾区的企业、事业单位通过援建等多种形式支持地震灾区恢复重建。之后又颁布了《汶川地震灾后恢复重建对口支援方案》,具体安排支援省份和受援县市的对应关系。这次对口支援被称为新中国成立以来最大的横向转移支付。

从2012年国务院颁发的《中央国家机关及有关单位对口支援赣南等原中央苏区实施方案》中,也可以看出中国实施的对口援助的特点。《国务院关于支持赣南等原中央苏区振兴发展的若干意见》(国发〔2012〕21号,以下简称《意见》)明确要求,中央国家机关及有关单位(以下称支援单位)对口支援赣南等原中央苏区有关县(市、区)。《意见》的宗旨是充分发挥支援单位职能优势,通过有力度的对口支援,帮助原中央苏区解决发展中的突出困难和问题,努力构建人才、技术、产业、项目相结合的对口支援工作格局,推动赣南等原中央苏区实现全面振兴和跨越式发展。《意见》对该项对口支援规定了基本原则、推进战略、进程安排和工作目标,还明确了支援单位和受援单位双方的一一配对安排。

从上述历次"对口支援"的确定与实施的做法中,可以看到我国的对口支援机制主要包括三个方面。一是由国家组织安排经济发达地区对口支援少数民族地区。这是促进少数民族地区加快发展的重要途径。这项工作自改革开放初期实施,之后其范围和领域持续扩大。二是对口支援经济欠发达地区,旨在推动地区间的优势互补,加快贫困地区脱贫致富步伐,实现共同富裕,增强民族团结。三是对口支援灾难突发地区,包括始于1992年的三峡工程库区移民工作、对口支援汶川地震灾后恢复重建。

从排除隶属关系考虑的角度上说,中国实施已久的灾难援助、经济援助、医疗援助、教育援助等对口支援,具有横向转移支付的属性。所以,将其作为横向财政转移支付的萌芽对待,以便作为发展中国横向转移支付的起点还是有意义的。

但是,从"对口支援"的各种特点上看,"对口支援"不是真正意义上的横向转移支付。

第一,从内容上看,"对口支援"包含了很多超越财政横向转移支付的内涵。1983年国务院有关部门明确指出：对口支援的任务是为少数民族地区培养医疗、卫生、教学、科研以及医疗、设备维修等各类专业技术人才。这些任务走出了以解决财政问题为目的的横向转移支付范围。

第二，从形式上看，对口支援的形式和办法灵活多样，采取派出去、请进来，业务挂钩，聘请专家兼职和咨询服务，组织讲学，专业技术协作，安排边远少数民族地区的卫生技术干部到内地进修，举办各种短训班、提高班和指定高中等医药院校开办民族班、边疆班，派医疗教学小分队等多种方式。各种形式都是单向服务，与横向转移支付的互助互利原则不符。所以，以施行多年的对口支援为基础来建立我国的横向财政平衡体制的思路是行不通的。

第三，从发起主体和实施机制上看，历次对口支援都是由中央政府依据中央权威提出并强制实施的，并且大都伴有十分明确的任务分派，而且主要是一种政治任务而不是一种经济任务。这就违背了横向转移支付参与主体的自愿性。

第四，从对支援者的激励上看，也体现出很强的政治性，成为各地政府进行竞争性财政支出、各地领导人进行业绩比拼以提升个人业绩及向中央等各级上级政府呈现个人业绩的手段。这也违背了横向转移支付解决经济困难的宗旨。

第五，从实施的时机和对象上看，历次对口支援大都是临时性的应急措施，主要是在发生特大自然灾害或突发事件时才启用。而真正意义的横向转移支付应该是常态的运行机制，因为它要解决的问题不是偶发事件的问题，而是社会经济发展常态性问题。

### 三、从"对口支援"向横向转移支付转变的初步尝试

实践中，广东省已开始了这方面的有益尝试。为了实现广东省范围内的区域均等化目标，广东省基本公共服务均等化规划（2009—2020年）主要采取了两项措施：一是实施横向转移支付，二是实施人口迁移政策，最终实现区域间人均基本公共服务支出差距控制在20%以内的目标。其横向转移支付的具体设想是由珠江三角洲地区点对点帮扶欠发达地区，不断提高欠发达地区基本公共服务保障水平。按2009—2020年珠江三角洲地区对欠发达地区的横向转移支付规模从2009年的5亿元增加到2020年的100亿元测算，到2020年欠发

达地区人均基本公共服务支出占珠江三角洲地区的比例将提高到 83.7%。这一设想的原型基本就是源自现有的对口支援机制,但同时具有重要的创新和示范意义。[①]

广东省的这一做法,第一,虽然不是由中央政府强制发动并强制实施的,却仍然没有摆脱由上级政府发动和实施的特点。第二,仍然沿袭了中央支援贫困地区"对口支援"的思路,只单方面地考虑富有地区对贫困地区的帮助,没有考虑富有地区在这个过程中的利益所在。因此,不太容易自我实施和延续。第三,仍然带有向中央政府显示业绩的痕迹,也存在引起其他各省官员们为创造政绩而模仿竞争的潜在可能。

### 四、中国地方政府间更具财政均等化性质的尝试与问题所在

我认为,中国更具财政均等化性质的尝试是早期"市管县"体制的实施和当今"省管县"体制的实验。因为无论是前者还是后者,其核心的任务就是实现各县、市之间的财政平衡。

1982 年在部分省市开始的"市管县"试点,1990 年后半期成为被中央认可的地方政府间财政平衡关系的治理模式,其宗旨是通过地级市承担地域内县级财政平衡的责任,发挥中心城市对周边地带的辐射作用,以城市带动乡村,迅速实现城市化、工业化,形成以大中城市为依托的、城乡一体化为特色的城市经济区。经过实践,"市管县"制度在一些发达地区一定的程度上实现了目标。许多城市借助资源集聚效应壮大了经济规模,提高了经济运行质量,对所辖县乡的经济发展起到了很大的带动作用。

但是也有相当多的县因市级政府强烈的机会主义倾向而没有获得实际利益,反而长期受困于市级政府的"掠夺"和"盘剥"之中。在"市管县"体制实施阶段,市级政府抽取县域经济资源,发展市区经济,出现了我们平时经常听到的"市卡县"、"市刮县"的普遍现象,使一些县的发展受到了重大影响。比如,宿迁市就通过将原来属于泗阳县的洋河镇(洋河酒产地)划归市

---

① 徐阳光:《横向财政转移支付立法与政府间财政关系的构建》,载《安徽大学学报》(哲学社会科学版)2011 年第 5 期。

来扩大自己的财力，而消减了泗阳县的财力，使得泗阳成为江苏最贫穷的县。而远离市"领导"的东台、东海等县就发展的比较好。①

中央为了解决"市卡县"、"市刮县"的问题，从 2002 年开始在一些省份开始改"市管县"为"省管县"。2005 年、2009 年、2010 年中央明确提出关于"省直管县"财政体制改革的要求，并拟定 2012 年在大部分地区实现省直管县的财政体制。"省管县"体制的宗旨仍然是直接利用上级政府所拥有的行政权威，对本地区范围内的县域财政不平衡进行平衡与协调以及对城乡矛盾进行协调。另外，还被寄予了消除"市管县"弊端的厚望。

笔者认为，这个重任省政府是承担不起的。因为在目前的自上而下的财政控制机制以及官员任命机制下，省政府仍然可以运用自己掌握的行政权威像市政府那样控制县级经济资源，并可预见不会出现什么直接的阻力。无论是"市管县"还是"省管县"，其特点基本相同。第一，都是先由地方实践，然后得到中央肯定以及制度化推广，带有显著的行政权威性。第二，实施者仍然对此存有很强的政治动机，将其视为积累政绩的手段。第三，停留在概念层面，没有进行财政转移的客观标准制定，甚至没有进行客观标准制定的意念，财政横向平衡的实施程度和范围以省领导的意愿为转移。第四，没有考虑实施者相关利益和惩罚机制。因此，"省管县"手段试图实现省内域政府间财政平衡及公共服务均等化的宗旨是难以维持的。

与美国各州的实践经验以及德国等工业化国家的地方财政均等化的做法相比较，容易发现中国地方政府财政均等化的做法所存在具体问题和问题的根本所在。从根本上来说，工业化国家的市镇都具有平等的权力与发展机会，不存在谁领导谁的问题，州长没有权力任命或免除县镇的官员，地方官员尽可以对地方居民负责而不必担心州长是否满意。具体而言，州内部各城市与县镇之间实行财政均等化以实现区域内经济共同发展，完全是建立在自愿的基础之上；以规范的、具有法律意义的、科学的方式协商进行，而不是以自上而下的行政控制方式进行的；地方政府之间的财政均等化有着明确清晰的目标；集中起来的财政收入按照民主协商所产生的财政均等化的公式来分配。不是由上级政府

---

① 朱秋霞：《中国财政制度》，立信会计出版社 2007 年版，第 123 – 124 页。

依靠对下级的行政权威来实施财政均等化项目，而是通过讨论协商选择第三方机构负责整个财政均等化项目的运行等等。所有这些，都为地方政府之间财政关系的处理提供了有益的启示。

## 五、解决县乡财政困境，建立中国横向转移支付的具体做法

为了降低县乡等基层政府之间的财富差异，我国可以设计一些实验项目，主要是由富裕的县乡、市、省等对不富裕的城市或市县给予补贴的做法。这种基层政府间财政转移支付也就是横向转移支付的实质，是以财政均等化为目的的财政转移支付。进行政府间横向转移支付可尝试以下具体做法。

第一，横向财政转移的实施需要建立民间的联盟机构，换句话说，横向财政转移支付必须是摆脱了中央政府以及任何上级政府垂直控制的一种转移支付，因此必须有共同建立的机构共同协商相关事宜。这是为了避免横向转移支付变成上级政府的强制命令，以坚持自愿参加的原则以及参加者平等原则，让参加横向转移支付合作的政府单位都有自身的利益访求，以维持合作联盟的持续发展。自愿平等原则不限于同级政府单位，如果有上级政府单位参加，那也要去其上级政府的级别身份、作为普通的一员参与其中。美国的横向转移支付实验①，都设立了这样的机构。如明尼阿波里斯市—圣·保罗地方财政收入项目，依托的是市民联盟，这是一个非政党的公共事务联盟组织，该组织于1976年成为CUED——National Council for Urban Economic Development。该机构协调的事宜甚至包括地方财政收入法案。肯塔基州的路易斯维尔市实验项目，确定了一个职业许可证费收入分享的行政机构。这个机构并不是新设立的，而是一个建立于1851年的市政机构。对偿债基金进行收集以及重新分配职业许可证费收入，都是由这个市政机构根据大家同意的公式进行计算的。俄亥俄蒙哥马利县的实验项目的实施，则是由县、郊区、城市代表组成的咨询委员会执行，该委员会决定什么项目由经济发展基金提供资金。新泽西哈肯萨克和美多兰兹的财政均等化实验项目则是先设立了一个特别行政区用来实施辖区间的税

---

① Samuel Nunn；Mark S. Rosentraub：*Metropolitan Fiscal Equalization Distilling Lessons from Four U. S. Programs*，pp：90–102，State & Local Government Review，Vol. 28，NO. 2（Spring，1996）.

收安排。这个特别行政区边界界定为哈肯萨克河湿地区域的美多兰兹，参加该财政均等化项目的县，没有一个是完全坐落于这个区域的。设立特别行政区的同时，也就确立了民间机构美多兰兹委员会，美多兰兹委员会对土地发展和湿地再利用负责，参加的政府单位的税基必然受到委员会土地使用决策的影响。

第二，设计一些共享税收收入和共享税基，税收或税基分享项目，即税收或税基的一部分设计为公共资源。政府间可共享所得税和零售税。美国始于1968年延续至今的最大横向财政转移项目明尼阿波里斯市—圣·保罗地方财政收入项目，将合作单位的商业和工业财产税以及增值税作为共享的财政资源池；1985年开始的肯塔基州的路易斯维尔市实验项目，以职业执照费用为共享税以实施财政均等化计划；1989年设立1992年全面实施俄亥俄蒙哥马利县的实验项目，以销售税和财产税为基础创造了两个竞争性的基金，一是用于参与区域经济发展的项目基金，另一个是由共享税基和共享财产税、所得税三项构成了公共基金池。新泽西哈肯萨克和美多兰兹的财政均等化实验项目，则规定了税收收入分享，14个参与单位以1970年为基年，辖区内1970年之后的税收收入，各城市保留经济增长的60%，剩余40%与其他辖区共享。

第三，确定财政均等化的公式。这实质上是对转移支付的权责进行数量界定的问题。需要界定的问题有两大方面：一是税收或税基分成比例，即横向转移支付合作单位的税收或税基在自我使用与共同使用两个维度上的数量划分；二是确定横向财政资源的分配公式，即合作单位共同建造的公共财政基金池的资金在使用问题上的数量界定。横向财政转移支付，具有公共资源特征，如果没有明确的责任界定和收入分配的具体可操作规定，势必陷入"公地"悲剧状态以及"无票乘车"的机会主义行为博弈之中。横向财政均等化计算公式首要的难点是确定哪些因素应该作为影响因子及这些因素的权重如何界定的问题。第二是考虑横向财政均等化的目标是狭义的还是广义的，换句话说，就是只考虑财政能力，还是也考虑服务需求以及经济增长？

第四，横向转移支付共同联盟机构，要对合作单位之间除税收、税基分享及共同收入分配作出公共决策之外，还要对决定合作单位利益的其他公共决策权力进行有次序的界定。

第五，实施横向财政转移支付要处理好所制定的税收、税基共享规则以及财力分配规则等与地方政策法规以及国家政策法规之间的关系问题。

第六，横向财政均等化要求实现的目标是多元的，包括：降低县域间或城市间的竞争以便于经济发展，降低辖区间的财政差异以创造一个税区间的横向公平，确保参与辖区有一个安全提供公共服务所需要的充足税基，在快速增长时期与低增长时期有一个稳定的税收流，共担某些政策措施实施成本以及地区福利成本，确保企业或个人纳税者无论他们所在区域是哪里都有一个相同的税负。

与已经实施的对口支援、广东省基本公共服务均等化规划、省管县和市管县制度所实践的财政均等化相比，真正意义的财政均等化首先要去除行政级别差异化，让所有参加横向转移支付的政府单位处于平等、自愿的地位；使所有参加单位都是为了本政府单位自身利益而加入横向转移支付的合作联盟中，而不是为了迎合上级政府的行政命令而参加。这不仅可保横向转移支付合作联盟的可持续性，也去除了各行政单位领导把参加横向转移支付作为显示自己政绩的动机。既然与上级指令无关，那么也无需对上级表现，从而使横向转移支付真正起到横向财政均等化的作用。横向转移支付应该不仅仅是纵向转移支付的辅助手段，更应该是与纵向转移支付并驾齐驱的解决县乡财政困境的杠杆。

第九章　CHAPTER 9

# 解决县乡财政收支问题与县乡政府债务

◇　县乡政府融资渠道

◇　县乡政府债务问题

◇　公共产品的多中心提供与县乡政府
　　财政压力的缓解

我国县乡政府除了税收、收费、上级政府的转移支付、县域国有企业的利润上缴等财政收入来源外，股权融资和债务融资也是县乡政府的一种财政资金来源。一方面，我国资本市场的发展历史不长，地方政府通过资本市场融资的历史更短，但由于我国快速的经济发展、大规模的城市化和工业化进程，极大地刺激了对基础设施的需求，同时我国现有的对地方政府官员的政绩考核办法也使得政府官员处于短期内提供大量公共产品的需要，产生对资金收入的渴求。另一方面，经济的繁荣，企业的快速发展壮大，以及中央政府略显宽松的财政货币政策，也为地方政府搭建融资平台、进行股权债券融资提供了可能性和极大的潜在空间。尽管《中华人民共和国预算法》对地方政府举债有严格的限制，但地方政府以地方建设为导向的融资发展速度非常快，融资渠道的拓展、融资规模的扩大均在较短时间内实现井喷式发展，但是 2008 年次贷危机引发的世界范围内的金融和经济危机，对我国经济发展造成很大的冲击，于是中国政府通过宽松的财政货币政策刺激宏观经济，如 4 万亿投资计划、出台政策鼓励和扶持新兴产业的发展和传统产业的振兴等，均给地方政府融资的快速发展提供了契机。

## 第一节　县乡政府融资渠道

我国县乡政府的融资渠道主要有三种：发行地方政府债券、地方融资平台以及土地融资。地方政府债券的发行正在试点过程中，其融资规模还比较小；地方融资平台发展历史较长，并且在特殊的年份经过几次跳跃式发展，融资规模可观，但存在一系列弊端；土地融资是伴随着我国房地产市场的发展而发展起来的一种融资方式，近十年来包括县乡政府在内的地方政府的土地出让金收入增长较快，部分县级城市土地出让金占财政收入的比例过高，引发了财政可持续发展的讨论。本节分别讨论这三种融资方式，由于目前统计资料上的原因，县乡政府的相关资料不完整，因此本节使用广泛意义上的地方政府来代替县乡政府说明问题。

## 一、债券发行

我国地方政府使用政府债券资金的历史可以追溯到 1998 年，期间可以分为三个阶段。第一个阶段是从 1998—2009 年的国债资金转贷阶段，这段时间里的国债是由中央政府发行、地方政府使用并还债；第二阶段是从 2009 年 3 月开始的中央政府代理发行地方债券阶段，中央政府以地方政府的名义发行地方政府债券，由地方使用并还债；第三阶段是 2011 年 10 月开始的地方政府自行发行地方政府债券，资金归地方使用，还款本息均由地方政府负责。

（一）国债资金转贷阶段

国债资金转贷制度是 1998 年建立的。1998 年爆发的东南亚金融危机，对我国外贸领域进而整体经济造成比较大的冲击，产品出口受阻，国内需求严重不足，从而导致了大量职工下岗。为减轻经济上行压力，保证国民经济的持续发展，我国宏观经济政策从原来的适度从紧转向积极的财政政策和适当的货币政策。同时为了缓解危机导致的地方政府公共产品提供中的资金压力，1998 年中央政府建立了国债转贷资金制度，国债由中央政府发行、地方政府使用并还债，转贷资金投向地方基本建设领域，还债资金源自国债资金投资项目收益。

1998—2005 年，中央政府通过国债资金转贷方式提供给各地方政府的资金总计 2450 亿元，见表 9 - 1。转贷资金的使用在一定程度上缓解了地方政府基本建设上的资金压力，但年均 300 亿元的资金相对于同时期动辄上万亿的地方财政支出而言，占比实在太小。并且转贷资金是提供给各省级政府的，由省级政府根据本省情况使用，县乡级政府能够得到的资金数量更是有限，有些县乡政府根本无法得到转贷资金的支持，因此转贷资金所起到的作用是有限的。

从本质上，国债转贷资金方式仅仅是在当时国家规定地方政府不能直接通过发债筹资的一种替代方式，即以地方政府向中央财政借债的方式来替代地方政府直接发债，相当于转化了未来一个时期可用于经济建设的地方财政预算内和预算外资金。这个转化过程的积极作用主要有两个方面：一是使地方政府未来可用于建设的财政资金的使用时间得以大大提前；二是使地方政府分散于各年的、可用于建设的财政资金实现了规模集聚效应。这里还需指出的是，由于是以向中央财政借款的方式，即以信用方式来转化地方政府未来各年可用于建设的财政资金，其中还包含资金使用费——利息，这使得地方政府要承担财政建设资金转化成本，它客观上强化了地方政府使用国债建设资金的经济效益本质。

表 9 - 1　　　　1998—2005 年中央政府国债转贷资金额度　　　　（亿元）

| 年份 | 1998 | 1999 | 2000 | 2001 | 2002 | 2003 | 2004 | 2005 | 合计 |
|------|------|------|------|------|------|------|------|------|------|
| 国债转贷额度 | 500 | 300 | 500 | 400 | 250 | 250 | 150 | 100 | 2450 |

数据来源：刘少波等：《市场准入、制度设计与风险防范：我国市政债券市场的开禁与发展研究》，经济科学出版社 2011 年版，第 61 页。

按照地方政府与中央政府签订的国债转贷协议规定，地方政府负责到期还本付息，还款资金来自国债资金投资收益。但问题是要使所有国债投资项目都达到预期效果，并产生经济效益，理论上讲是不可能的。并且，由于国债资金项目决策、投资管理制度存在着某些缺陷，如项目投资决策主体、所有者主体、风险承担主体不一致，资金性质认识偏差等，国债投资项目遭遇各种风险并形成损失的情况，将会是一种难以避免的客观现实[①]。如果国债转贷项目不能按项目投资预期产生效益，地方政府正常向中央财政还本付息就会受到影响，那么还款资金就可能转为依赖地方财政收入，就会很现实地影响地方政府偿债能力。

（二）中央代发地方债阶段

2008 年美国爆发次贷危机之后，我国中央政府再次通过发债方式帮助地方解决融资不足的问题。这次发债在方式和内容上不同以往，采用中央政府代

---

①　2003 年 6 月 26 日："李金华说，审计 15 个省（区、市）国债资金管理使用情况，发现一些国债项目损失浪费、效益低下问厄比较突出。9 个省的 37 个污水处理项目，总投资 58.41 亿元，其中使用国债资金 19.95 亿元。但由于前期准备不充分、配套资金不到位以及运行费用不足等原因，有 15 个项目未按计划完工或开工；16 个已完工项目中有 7 个达不到设计要求，还普遍存在配套设施落后于主体工程建设的问题，造成设备闲置，项目整体效益难以发挥。"http：//news. xinhua. net. com.

理地方发行地方债券的方式，由财政部通过国债渠道代发，将使债券发行人的信用状况、募集资金使用、收益和风险等信息公开化，促使地方政府规范其经济行为。

自 2008 年下半年以来，受全球金融危机和国内经济周期的影响，地方税收和土地出让金等非税收入增长幅度急剧下滑，中央转移支付也因中央本级收入增长减缓而出现困难。我国《预算法》规定地方政府不能发债，修改《预算法》需要较长时间，绕开《预算法》的限制，又能在较短时间内筹集大量资金的唯一方式就是由财政部代理地方发行地方债。

这次地方债由当年的"转贷"变成了"代发"。地方债由财政部代理发行，地方政府承担还本付息责任及发行费用，按期向财政部专用账户缴送本息和发行费，然后由财政部代为偿还，未及时缴款的，在年度结算时，财政部如数扣缴，并处以罚息。为了控制债务风险，这次代发采取了中央审批和担保的模式，在操作上较以往前进了一步。首先，债务资金用途明确。1998 年转贷地方的政策，给予了地方政府更多的灵活性，而这次规定募集资金的用途只能是中央财政投资地方项目的配套工程以及民生项目，如保障性住房建设、农村"水电路气房"建设、重大基础设施建设、卫生、教育重点项目、环境保护工程等，而不得用于经常性支出。其次，债务资金纳入预算管理。地方债券所募集的资金纳入地方财政预算管理，报人民代表大会审核和监督。再次，开始发挥市场评级的作用，引入法律、会计、信用评级、承销商等金融中介，采取市场化的发行方式，市场对地方政府的信用评级作用初步凸显。中央在测量和核准代发地方债的规模时，主要考虑三个方面的因素，即地方对于中央重点投资项目的配套金额、地方政府对于债券的承载能力和地方政府过去债务情况。从 2009 年发行的 2000 亿元债务资金的实际分配来看，宁夏回族自治区获得大约 30 亿元的额度，新疆是 55 亿元，贵州省 64 亿元，陕西争取到 60 亿元，而广东的额度则只为 110 亿元。中西部地区获得的地方债发行额度占全国额度的比例，都大大高于其财政收入占全国财政收入的比例，表明债务资金分配事实上向中西部地区倾斜。

2009—2011 年中央政府每年代发地方债 2000 亿元，合计 6000 亿元，从一定程度上缓解了地方政府的资金短缺压力，促进了地方经济的增长，是为之后地方政府自行发债乃至最终地方政府自主发债进行的有益尝试，发债的程序、内容、期限安排、资金用途等较以往更加透明规范。但其中仍然存在潜在的风险，譬如债务资金的挪用、地方政府的道德风险及违约风险、对市场机制造成的扭曲等，这些风险的存在理论上可能导致地方债务最终由中央政府兜底的风险，从而加重中央财政支出压力。

（三）自行发债阶段

2011年10月20日，财政部发布《2011年地方政府自行发债试点办法》称，经国务院批准，2011年将在上海、浙江省、广东省、深圳市开展地方政府自行发债试点，这是我国地方政府自行发债的开始。2011年自行发债的省市包括上海、浙江省、广东省、深圳市，每省市发行两期，发行额分别是上海72亿元、广东69亿元、浙江67亿元、深圳22亿元，合计230亿元。2012年仍然是上述四省市，每省市发行两期，发行额分别是上海89亿元、广东86亿元、浙江87亿元、深圳27亿元，合计289亿元。2011年自行发债的省市除上述四省市外，新增加了山东省，仍然是发行两期，截至2013年9月30日，共有广东、上海、山东三省市发行了地方政府债券，发行额分别是广东121亿元、山东112亿元、上海112亿元，合计345亿元。从三年试点情况看，发行额度不断上升，期限有所延长，2011年为3年期和5年期，2012年为5年期和7年期，2013年已发行债券也为5年期和7年期①。

这次地方政府自行发债具有较明显的特点。与以往的中央代发地方债相比，地方政府自行发债的省（市）可以自行确定本地政府债券的发债定价机制，按市场化原则确定债券发行利率及各承销商债券承销额，因此发债定价更公平化、市场化、规范化。地方政府自行发债的举债主体与使用主体一致，权利义务更明确，且约束机制更健全，所以相对来说风险较小。与地方融资平台方式相比，自行发债运作更规范、程序更透明，可以减少融资过程中的系统性风险，规范地方政府举债行为，实现地方政府债务公开化、市场化，从而有助于消除地方债务危机。

但是从财政部出台的《2011年地方政府自行发债试点办法》中可以看到，

---

① http：//www.chinabond.com.cn/d2s/index.html.

这次地方政府自行发债还不是完整意义上的自主发债。第一，这些地方政府发债必须经过国务院的批准，地方政府并不能独自决策，因此，这些债券形成的债务不是地方财政自平衡的结果。第二，发债的规模和期限结构并非由地方政府根据市场状况自行决定，而是限定在国务院批准的范围内。第三，债券的还本付息不是由地方财政自行安排，而是由财政部代办，地方政府"在规定时间将财政部代办债券还本付息资金足额缴入中央财政专户"。第四，"自行发债"不是"自主发债"。"自行发债"是指试点省（市）在国务院批准的发债规模限额内，自行组织发行本省（市）政府债券的发债机制，因此，在发债的规模、类型、期限等方面，地方政府均需遵守国务院和财政部的规定。地方政府的自主权仅限为在债券发行环节中的某些方面，如组建本省（市）政府债券承销团，试点省（市）政府债券承销商应当是2009—2011年记账式国债承销团成员，原则上不得超过20家[①]。即便仍然存在诸多限制，此次地方债自行发债的试点仍然具有重大意义，可以被视为由"中央代发"向未来的"自主发债"的一种过渡，意味着我国正在探索地方政府举债的新模式，是让地方政府举债融资走向透明化和规范化所迈出的重要一步。

地方政府自行发债自2011年年底开始，至今不过两年时间，目前尚未有相关数据资料反映其对地方、中央财政乃至整体经济运行的影响，但从理论上说，地方政府自行发债乃至最终的自主发债都存在若干风险因素。

1. 信用风险。

地方政府债券通常分为一般债券（普通债券）和专项债券（收益债券）。对于一般债券的偿还，通常以本地区的财政收入作担保，而对专项债券，往往以项目建成后取得的收入作保证。目前我国发行的地方政府债权为一般债权，其信用风险主要体现在区域经济形势变化带来的地方财政收入波动。如果受国内外因素的影响，区域经济形势恶化，地方财政收入减少，政府债权的还本付息资金来源就不能得到保障，以致出现违约风险。如果情况进一步恶化，就会出现地方政府理论上的破产现象，如近期出现的美国底特律城市破产案件。

---

① 根据财政部：《2011年地方政府自行发债试点办法》整理。

2. 道德风险。

目前的地方政府自行发债仍然隐含着国家信用，如规定由中央财政部代办还本付息，这就为地方政府无力负担债务时中央政府被迫代偿埋下了伏笔。这种情况容易引发地方政府的"道德风险"，发债时积极踊跃争取资格和额度，还债时以各种理由将偿还责任推给中央政府，从而埋下债务危机的祸根。比如，当前的政绩考核机制导致了官员行为短期化，地方政府官员为了短期内获取政绩，会借着自主发债权大肆举债，盲目上新项目，城市大拆大建，搞形象工程，甚至将债务资金投向"两高一剩"（高能耗、高污染、产能过剩）产业，这难免会造成盲目投资、重复建设问题，而这种损害长期利益的工程项目的最终买单人便可能是中央政府。

3. 资金挪作他用的风险。

此次地方政府债券的资金投入大方向是民生项目，优先用于保障性安居工程建设和其他中央投资公益性项目地方配套，以及主要依靠财政性资金偿还债务的公益性在建项目，这便从资金使用的角度为地方债设了一道"防火墙"。但自行发债和国债资金转贷、代发地方债一样，仍然存在着债权资金被挪作他用的风险。公益性项目大都不能产生现金流，相比而言，若将发债筹集到的资金投资于其他高盈利行业，更会提高当地 GDP 的增长速度。所以如果缺少较强的外部约束，地方政府很可能将部分资金挪作他用，采取某种"变通"的方式改变资金投向，用于非公益性投资项目，甚至如交通费、招待费等经常性支出。这将严重违背此次发行地方债的初始目的。

4. 宏观调控风险。

发行地方政府债券的宏观调控风险主要体现在以下两个方面。一是会带来地方发展不平衡的风险。经济发达地区由于还款资金更有保障，其发行的政府债权比经济欠发达地区政府债权更有吸引力，可能会吸引不发达地区的资金流入发达地区，这将进一步拉大原本就不平衡的区域发展差距。二是证券市场波动的风险。因为地方政府债券由财政收入担保还本付息，安全性相对高，对投资者的吸引力较大。在股市、债市低迷时期，发行地方债更会使大量资金抽离证券市场，直接导致证券市场的价格更剧烈地波动。

对于地方政府债券可能存在的风险，可以从体制、法律法规、宏观调控以及技术层面加以化解。譬如，改革现有财政体制，完善地方税体系；出台和完善地方债务的法律法规，并保证其得以执行；建立债务风险预警机制；发展县域经济，拓宽地方政府收入来源等。

## 二、地方政府融资平台

地方融资平台①是指由地方政府及其部门和机构等通过财政拨款或注入土地、股权等资产设立，以国有资源和财产作为抵押，以地方政府隐性担保的方式，承担政府投资项目融资功能，并拥有独立法人资格的经济实体②。地方融资平台在我国已经发展了 30 多年的时间，为缓解地方政府财政压力、保证地方公共产品的供给发挥了很大的作用，但在发展过程中逐渐产生了巨大的风险，引发了地方政府可能破产的担忧，因此对地方政府融资平台的研究是有现实意义的。

### （一）地方政府融资平台的现状

关于地方政府融资平台的规模、数量，至今没有一个统一的说法，学界及政府相关部门对此均有研究，但相关数据基本都是估算得来。

官方的统计数据比较完整的是 2011 年国家审计署《关于 2010 年度中央预算执行和其他财政收支的审计工作报告》，《报告》中指出，"我国地方政府债务最早发生在 1979 年，到 1996 年全国所有省级政府（含计划单列市，下同）、90.05% 的市级政府和 86.54% 的县级政府都举借了债务。截至 2010 年年底，除 54 个县级政府没有政府性债务外，全国省、市、县三级地方政府性债务余额共计 107174.91 亿元，其中：政府负有偿还责任的 67109.51 亿元，占 62.62%；担保责任的 23369.74 亿元，占 21.80%；可能承担一定救助责任的 16695.66 亿元，占 15.58%。在这些债务余额中，有 51.15% 共计 54816.11 亿元是 2008 年及以前年度举借和用于续建 2008 年以前开工项目的"。审计还发现，"至 2010 年年底，

---

①　我国地方政府包含省、市、县、乡四级，地方融资平台也包含这四级政府分别设立的投融资公司。由于县乡级政府统计数据的不完善，导致无法获得准确的县乡政府融资平台的数据。但据中国人民银行 2011 年发布的《中国区域金融运行报告》显示，截至 2010 年年末，县级政府融资平台在全国一万余家地方政府融资平台中占据了约 70%。因此文中使用包含省、市在内的地方政府融资平台数据反映县乡平台的基本情况。

②　《中国地方政府融资平台研究》课题组：《中国财税发展研究报告——中国地方政府融资平台研究》，中国财政经济出版社 2011 年版，第 2 页。

全国省、市、县三级政府设立融资平台公司 6576 家,有 3 个省级、29 个市级、44 个县级政府分别设立 10 家以上。融资平台公司 2010 年年底的政府性债务余额为 49710.68 亿元,占全国地方政府性债务余额的 46.38%,其中政府负有偿还责任、担保责任和可能承担一定救助责任的债务分别占 63.12%、16.38%、20.50%。部分融资平台公司管理不规范,盈利能力和偿债能力较弱,审计的 6576 家融资平台公司中,有 358 家存在借新还旧问题,借新还旧率平均为 55.20%;有 148 家存在逾期债务 80.04 亿元,债务逾期率平均为 16.26%;有 1033 家存在虚假出资、注册资本未到位等问题,涉及金额 2441.5 亿元"①。

中国人民银行 2011 年 6 月发布的《2010 中国区域金融运行报告》介绍了其对 2008 年以来全国各地区政府融资平台贷款情况的专项调查结果,截至 2010 年年末,地方融资平台贷款在人民币各项贷款中占比不超过 30%,按照 2010 年年末人民币贷款余额 47.92 万亿来测算,截至 2010 年年末地方政府融资平台贷款上限接近 14.376 万亿元②。

据中金公司与中国社科院金融所中国经济发展中心刘煜辉分别测算,截至 2011 年年底,我国地方政府融资平台贷款将达到 10 万亿元。美国花旗银行的经济学家估计,2011 年年底这一数字将达到 12 万亿元。

综合各种测算数据,截至 2011 年年底,我国地方政府融资平台贷款余额应该在 10 万亿以上。虽无法得到准确的数据,但从个别案例中可以对地方融资平台的负债情况窥见一斑。曲江文化产业投资集团是西安市曲江新区管委会全资控股的企业,据 2010 年 7 月 16 日《经济观察报》披露,该投资集团 2002 年总资产为 600 万元,截至 2009 年 10 月 31 日,总资产已达 170.52 亿元,7 年时间膨胀了 2842 倍,资产负债比为 64%,在短短 7 年时间里,就已产生了超过百亿元的债务③。

(二)地方融资平台的特点

1. 地方融资平台贷款余额较大,发展速度较快,在地方财政收入的比例

---

① 中华人民共和国审计署:《关于 2010 年度中央预算执行和其他财政收支的审计工作报告》,2011 年。
② 中国人民银行货币政策分析小组:《2010 中国区域金融运行报告》,2011 年。
③ http://finance.ifeng.com/news/special/dfzwwj/20100807/2488575.shtml。

较大。

从表 9 - 2 可以看出，地方融资平台贷款余额 2007—2009 年迅速从约10000 亿元增长到 2009 年的约 73800 亿元，三年时间增长了约 7 倍，2010 年虽总额有所下降，但仍然是 2007 年测算数字的约 5 倍。融资平台贷款余额2007 年占当年地方财政收入的比例为 42%，而到了 2009 年则扩大为 226%，2010 年经过了清理整顿后仍然占当年财政收入的 122%，四年时间平均倍数为1.33 倍，由此引发了地方债务比例过大的担忧。

表 9 - 2　2007—2010 年地方融资平台贷款余额与地方财政收入情况　　（亿元）

| 项目 年份 | 地方财政 收入综合 | 地方融资平台贷款余额 | | | 倍数 |
|---|---|---|---|---|---|
| | | 财政部 | 银监会 | 审计署 | |
| 2007 | 23572.62 | 10000 | —— | —— | 0.42 |
| 2008 | 28649.79 | —— | 41000 | | 1.43 |
| 2009 | 32602.59 | —— | 73800 | | 2.26 |
| 2010 | 40610 | —— | —— | 49710.68 | 1.22 |
| 平均倍数 | 1.33 | | | | |

数据来源：《中国地方政府融资平台研究》课题组：《中国财税发展研究报告——中国地方政府融资平台研究》，中国财政经济出版社 2011 年版，第 12 页。

2. 区域结构不均衡，集中在中西部地区。

我国经济发展的区域特征为东强中西弱、地市以上大城市强县级以下弱。而从中国人民银行 2011 年发布的《中国区域金融运行报告》中披露的情况来看，"截至 2010 年年末，全国共有地方政府融资平台 1 万余家，较2008 年年末增长 25%，其中，县级（含县级市）平台约占 70%。[1]"而且经济相对落后的中西部地区县级平台占比较高，例如中部地区的湖南、江西两省县级平台占比均超过 70%，西部地区的四川、云南两省的县级平台占比更是将近 80%。地方融资平台的风险集中于财政能力脆弱的县级财政层面，其中，中西部的县级融资平台的亏损情况更为严重，可能成为地方融资平台发展的巨大隐患。

---

[1]　中国人民银行货币政策分析小组：《2010 中国区域金融运行报告》，2011 年。

3. 地方政府是融资平台的发起人和主要出资人，占有绝对的控股地位。

地方融资平台严重依赖于地方政府，并受后者控制和干预。地方政府可以通过设立融资工作领导小组，主导并协调融资平台的融资工作；可以直接任命融资平台及其子公司包括董事会在内的主要管理人员；可以对融资平台公司委任财务总监，融资平台的财务与资金调度需要地方政府的同意才能实施；地方政府内的发改委、财政、金融、审计、监察等部门可以对融资平台公司及其下属公司实施监管职能。地方政府对融资平台的控制一方面可以保证地方融资平台的资金投资于具有稳定收入的公益性资本性项目，但另一方面政府的过度干预也会造成效率的损失，同时，这种严格的控制地位也使得地方融资平台运作过程中一旦出现亏损情况，地方政府不得不承担债务清偿责任，而地方政府本身是非营利性的，还款资金主要来源于财政收入，势必造成地方政府的财政风险加大。

4. 地方融资平台的举债融资来源。

我国地方政府融资平台的举债融资渠道主要包括两种：银行贷款和市场融资。具体包括银行贷款、发行债券、信托理财和投资基金等形式，后两种形式的融资只占地方融资平台融资总额的很小比例。因此到目前为止，地方融资平台的融资资金主要来自银行贷款和债券发行。

据统计，商业银行 2009 年新增贷款中的三分之一流向了地方政府融资平台，其中国家开发银行约为 2 万亿元，四大行总计约 2 万亿元，股份制商业银行约 8000 亿元，城商行约 2.2 万亿元，全国农村合作金融机构约 2046 亿元，形成了四大行、国家开发银行和地方金融机构三足鼎立的局面①。根据相关银行 2009 年年报整理出来的地方融资平台贷款占各银行总贷款比例情况，截至 2009 年年底，比例最高的是国家开发银行（68.7%），其次是城商行（14.4%），再次分别是股份制商业银行（12.9%）、国有商业银行（11.6%）②。各银行在向地方政府融资平台发放贷款时基本都要求地方政府以财政收入作为担保，而从融资平台贷款占地方财政收入的比例以及地方融资平

---

① 党均章、王庆华：《地方融资平台贷款风险分析与思考》，载《银行家》2010 年第 4 期。

② 王飞、熊鹏：《我国地方融资平台贷款现状与风险：规模估算与情景模拟》，载《中国经济问题》2011 年第 265 期。

台贷款占各银行总贷款的较高比例来看，一旦出现地方融资平台经营困难而地方政府又无力还贷的情况，势必给各商业银行的运营带来很大的影响，由此引发的金融经济的连锁反应是无法估计的。

地方融资平台融资的另一个重要渠道是通过金融市场发行城投债，城投债的发行不仅可以缓解市政建设的资金压力，还可以降低银行的金融风险和政府的隐性债务风险。城投债最早在上海出现，1993 年 4 月 15 日，上海城投第一次发行城市建设债券，此后上海融资平台多次发行城投债筹集城市建设资金。重庆、江苏、山东、浙江也相继发行城投债，但 2005 年之前我国城投债发行规模和数量还比较小。2005 年以后由于地方企业债政策调整，降低了债权进入的门槛，我国城投债发行的数量和规模迅速放大，尤其是 2009 年我国实施积极的财政政策和适度宽松的货币政策之后，扩大了地方政府基础建设的资金需求，极大地扩大了城投债的规模。从表 9－3 中可以看出，2009 年城投债的发行规模是 2007 年的 11 倍，是 2008 年的 4.6 倍。2010 年由于政府对地方融资平台的调控措施，2010 年前三季度城投债的规模有所下降，但 2010 年 11 月 20 日，国家发改委下发了《国家发展改革委办公厅关于进一步规范地方政府投融资平台公司发行债券行为有关问题的通知》，规范了企业债券的各项审核标准，各项政策逐渐明晰，也提升了城投债的发行速度。

表 9－3               2007—2009 年城投债发行规模

| 年份 | 城投债只数 | 城投债总额（亿元） | 增长率 |
|---|---|---|---|
| 2007 | 18 | 169.5 | — |
| 2008 | 24 | 406 | 139.53% |
| 2009 | 119 | 1866 | 359.61% |

数据来源：于程芳、陆叶舟等：《我国城投债市场现状分析及展望》，载《金融市场研究》2010 年第 5 期。

5. 地方融资平台的资金投向。

地方政府融资平台主要投资于公益性的资本项目，大体可以分为三类：第一类项目是完全没有营业性收入的，如城市的道路、桥梁和城市广场等的建设；第二类项目有部分经营性收入，但不能完全自负盈亏；第三类项目有经营性收入，可以自负盈亏，这类项目只需要政府对项目资金的支持。后两类项目包括开发新区、高速公路，以及城市供水、供电、供热、供气等项目，其区别主要在于它们的营业性收入是否能够覆盖贷款本息。

根据人民银行的调查，金融机构对地方政府融资平台贷款的风险管理政策已"从原先过度依赖地方政府信用逐步向落实抵押、质押担保措施转移"。据估计，目前的融资平台贷款中，30%—40%的项目贷款能够依靠自身的现金流偿还本息，余下的60%—70%的贷款都依赖于地方政府的财政支持。贷款方式也以抵押、质押为主，如用土地开发权或地方政府安排的第二还款来源等以获取抵押贷款。采用信用方式发放的贷款占比有所下降，贷款期限也比较长，5年期以上贷款占比已超过50%[①]。

## 三、土地转让与开发利用

土地转让与开发利用是近十几年来发展起来的地方政府利用土地获得出让金、税收等财政收入的一种融资方式。通常的做法是，地方政府设立并控制地方融资平台，通过土地储备中心将土地划入融资平台作为其基础资产。地方融资平台向银行或其他债权人举债，以获得基础设施建设、开发区投入、房地产开发等必要的资金。融资平台的土地资产在以上基础设施建设过程中获得保值增值后，地方政府通过将土地出让、获得土地相关税收甚至是再抵押融资的方式获得相应资金。这些资金会有部分注入地方融资平台，以供其偿还银行或其他债权人的借款，其余用于城市化进程中的基础设施建设。

地方政府作为我国基础设施建设和城市发展的重要主体，支持其进行基础设施建设的一个重要资金来源就是土地开发利用所获得的相关收益。自1994年分税制改革和1998年《中华人民共和国土地管理法实行条例》实施后，我国地方政府非土地相关财政收入呈下降趋势，随着我国经济增长的不断加快和城市化进程的明显加速，对土地的需求日益增大，土地相关税收、土地出让金等收入则在房地产市场的发展带动下快速上升，土地成为地方政府生财的重要工具，通过出让土地获得的财政收入已成为地方政府的重要收入补充来源，成

---

① 中国人民银行货币政策分析小组：《2010中国区域金融运行报告》，2011年。

为地方政府推进城市公共服务的主要资金来源。2007 年，我国土地出让金总额约 1.2 万亿元，占地方财政收入的 51%，这一比重在某些地区甚至更高，因此土地财政又被称为"第二财政"。

（一）土地转让收入增长迅速，区域差异大

1. 土地转让收入增长迅速。

在地方政府从土地转让中获得的收益中，占比较大的两项为土地出让金收入和土地税收。前者属于预算外收入，是直接收益；后者是预算内收入，是间接收益。这两种与土地有关的收入自 2002 年以来都增长迅速。

（1）土地出让金收入①。

我国土地有偿使用制度于 1986 年颁布的《中华人民共和国土地管理法》中提出，1987 年首次在深圳市开始试点，1990 年在全国范围内进行推广，在认识和实践上经过了一个逐步深入、改革完善的过程。开始推广之初，土地出让金收入规模较小，1992—1995 年四年间全国土地出让金收入为 1857 亿元。直到 1998 年房地产市场化改革的开展，以及 2002 年《招标拍卖挂牌出让国有土地使用权规定》的颁布，土地出让收益才开始迅速扩大。

表 9-4 中显示，自 2001 年开始，土地出让面积逐年增加，土地出让金收入也基本一路上扬，除去 2005 年和 2008 年两个特殊年份由于中央政府的加大力度调控和全球金融危机的影响，土地收益有所降低以外，其他年份都保持在 29% 以上的增长速度。2010 年土地出让面积与 2001 年相比扩大 4 倍，而土地出让金收入更是在十年的时间内年均增长 2781 亿元，在 2010 年达到 29109 亿元，实现了 22.5 倍的增速。除去 2002 年由于开始实施《招标拍卖挂牌出让国有土地使用权规定》而使得土地出让金收入增长 128.80% 的影响，即使将 2010 年与 2002 年进行对比，九年间也增加了 9.8 倍。土地出让金的级数式增加导致地方政府对土地的依赖程度越来越大。2001 年，土地出让金占地方财政收入的比重为 16.59%，而到了 2010 年这一比值就达到了 71.67%，即便排除 2010 年与 2001 年这两个极端的年份，其他年份地方政府对土地出让金的依赖程度也都达到了 50% 左右。

---

① 葛孚义：《地方政府土地财政研究》，暨南大学硕士学位论文，2012 年。

表 9 - 4                        2001—2010 年地方土地转让金一览表

| 年份 | 土地出让面积<br>（万公顷） | 土地转让金<br>（亿元） | 土地出让金增速（%） | 土地出让金占地方<br>财政收入比例（%） |
|------|------|------|------|------|
| 2001 | 9.04 | 1295 | —— | 16.59 |
| 2002 | 12.42 | 2963 | 128.80 | 34.80 |
| 2003 | 19.36 | 3824 | 29.06 | 38.82 |
| 2004 | 18.15 | 5894 | 54.13 | 49.56 |
| 2005 | 16.36 | 5505 | -6.60 | 36.46 |
| 2006 | 23.30 | 7677 | 39.46 | 41.94 |
| 2007 | 23.50 | 12000 | 56.31 | 50.91 |
| 2008 | 16.59 | 9600 | -20.00 | 33.51 |
| 2009 | 20.90 | 15910 | 65.73 | 48.80 |
| 2010 | 35.20 | 29109 | 82.96 | 71.67 |

数据来源：土地监测系统，中原集团研究中心。

（2）与土地出让相关的税收收入。

与土地转让直接有关的税种，包括城镇土地使用税、土地增值税、耕地占用税、契税等。表 9 - 5 列示了自 2002 年以来与土地相关的四种直接税的收入规模及其占地方财政收入的比重。从 2002 年开始，我国地方政府土地直接税收入基本都保持着稳定的、快速的增长。总的来看，四个税种的总收入自 2002 年的 393.79 亿元，增加到 2010 年的 5635.79 亿元，共增长 14.3 倍，年均增加 674.5 亿元，年均增幅达 39.67%，而土地直接税总收入所占地方财政总收入的比重也从 4.62% 增长到 2010 年的 13.88%，增长了两倍多。在 2002—2010 年间，这四项土地直接税收入都有十倍以上的增长，即便是其中增速最慢且占比最大的契税，九年间也增长了十倍，2010 年达到 2464.85 亿元，所占总收入的比重从 2002 年的 60.71% 到 2010 年的 43.74%。而增速最快、增长幅度最大的为土地增值税，从 2002 年的 20.55 亿元增长到 2010 年的 1278.29 亿元，几乎以每年翻倍的速度递增，九年间增长了 62.20 倍，占比从 2002 年的 5.22% 飙升到 2010 年的 22.68%。城镇土地使用税和耕地占用税也分别增长了 13 倍和 15.5 倍，期间所占比重也是有涨有跌。值得注意的是，耕地占用税在 2007 年之前一直增长比较缓慢（见表 9 - 5），从 2002—2007 年的 6 年间只增长了 3.22 倍。但从 2008 年开始突然加速增长，到 2010 年，三年间就增长了 4.8 倍，其增长幅度高于同期直接税总收入的 2.59 倍。耕地占用税收入的加速递增，表明自 2008 年开始，土地转让的重点开始向农用耕地转移。

表 9 - 5　　　　　　　　地方政府与土地转让有关的税收收入

| 年份 | 城镇土地使用税 | 土地增值税 | 耕地占用税 | 契税 | 总计 | 增速（％） | 占地方财政收入比重（％） |
|------|------|------|------|------|------|------|------|
| 2002 | 76.83 | 20.55 | 57.34 | 239.07 | 393.79 | —— | 4.62 |
| 2003 | 91.57 | 37.34 | 89.9 | 358.05 | 576.86 | 46.49 | 5.86 |
| 2004 | 106.23 | 75.06 | 120.09 | 540.10 | 841.48 | 45.87 | 7.08 |
| 2005 | 137.34 | 140.31 | 141.85 | 735.14 | 1154.64 | 37.22 | 7.65 |
| 2006 | 176.81 | 231.52 | 171.12 | 867.67 | 1447.12 | 25.33 | 7.91 |
| 2007 | 385.49 | 403.13 | 185.04 | 1206.25 | 2179.91 | 50.64 | 9.25 |
| 2008 | 816.90 | 537.43 | 314.41 | 1307.53 | 2976.27 | 36.53 | 10.39 |
| 2009 | 920.98 | 719.56 | 633.07 | 1735.05 | 4008.66 | 34.69 | 12.30 |
| 2010 | 1004.01 | 1278.29 | 888.64 | 2464.85 | 5635.79 | 40.59 | 13.88 |

数据来源：《2002—2011 年度中国财政年鉴》。

土地转让对地方政府预算内财政收入的贡献率就已经达到了 2010 年的 13.88％。如果再加上税率更高、征税范围更广的税种，如建筑安装业和房地产业的营业税、企业所得税等，土地转让对地方政府预算内收入的贡献则更高。可见，地方政府对土地财政的依赖并不仅仅源于预算外的土地出让金。

2. 土地转让收入区域性差异明显。

我国经济发展的区域性差异明显，基本表现为东部最强，西部最弱，中部居中，这一特点也表现在土地转让收入上。表 9 - 6 展示了地方政府 1999—2007 年间转让土地收入之间的差距。从表中可以看到，东部地区在土地转让收入总量上一直遥遥领先，西部地区在大多年份中数量最少，2007 年超过中部地区达到 2119.95 亿元。这除了东部地区经济发展较快的原因外，和东部地

区房地产市场较快的发展速度密不可分。从数据中可以看出，2002 年、2003
年三个地区的土地转让收入有较大幅度的增长，这主要是因为 2002 年《招标
拍卖挂牌出让国有土地使用权规定》的颁布实施极大地激发了地方政府卖地
的热情。

表 9 - 6 　　　　　　　1999—2007 年土地转让收入区域差异 　　　　（单位：亿元）

| 地区/年份 | 1999 | 2000 | 2001 | 2002 | 2003 | 2004 | 2005 | 2006 | 2007 |
|---|---|---|---|---|---|---|---|---|---|
| 东部 | 426.01 | 477.03 | 1044.39 | 1852.26 | 4199.28 | 4458.42 | 3987.62 | 5419.70 | 8153.33 |
| 中部 | 35.37 | 50.72 | 145.47 | 362.39 | 777.25 | 995.88 | 969.93 | 1353.22 | 1943.44 |
| 西部 | 52.95 | 67.54 | 105.70 | 202.14 | 614.52 | 957.89 | 926.26 | 1304.72 | 2119.95 |

数据来源：《中国国土资源年鉴》（2000—2008）。

（二）土地财政对经济增长存在显著的影响

城市化的进程加快了房地产市场的发展，房地产行业的繁荣在带来太高房
价和地价的同时，还带来了两方面的影响：一是拉动了如钢铁、水泥等建材行
业、交通运输业、化工行业、金融行业等诸多行业的发展，进而促进了经济的
增长；二是地方政府通过招拍挂等方式转让土地使用权获得大量财政收入，这
些收入或用于城市基础设施建设，扩大城市规模，进一步推动了城市化的进
程，或用于满足教育、科技、文化、社会保障等领域对资金的需求，虽然地方
政府在资金使用过程中存在大量效率低下的情况，但这些资金的使用无疑促进
了企业和个人收入的增加，进而拉动 GDP 的增长。土地财政与经济增长之间
的关系在杜雪君等人的研究中得到了验证。杜雪君[①]等人 2009 年采用 1998—
2005 年我国 31 个省（直辖市、自治区）的面板数据研究了土地财政对经济增
长的影响，研究结果表明我国土地财政对经济增长存在较显著的影响，地方财
政收入和固定资产投资对经济增长也存在显著影响，土地财政通过提高地方政
府的积极性、带动地方财政收入和支出增加、推动固定资产投资增加等三种作

---

① 杜雪君等：《中国土地财政与经济增长——基于省际面板数据的分析》，载《财贸研究》2009
年第 1 期。

用机制，推动经济增长。

（三）土地财政的弊端分析

土地财政在拉动我国经济增长的同时，存在若干潜在的风险，包括以下几个方面：

1. 土地财政具有不稳定性和不可持续性。

土地资源是有限的、不可再生的。在现行的土地批租制下，地方政府无论以何种方式出让土地使用权，卖一块土地，政府只能一次性地收取50—70年土地收益，土地的性质也决定了可供地方政府转让的土地数量是有限的，无法长期为地方政府带来转让收入，这就决定了靠转让土地使用权来获得财政资金具有不可持续性。土地转让价格直接决定了地方政府转让土地所能获得财政收入的多少，市场经济条件下，土地转让价格并非只涨不跌的，它取决于房地产市场的发展状况，房地产市场也有周期性变动，地方政府的土地转让收入会随着房地产价格的波动而波动，具有不稳定性，而对于需要持续稳定资金支持的地方政府而言，这必然导致其提供的公共产品数量减少和质量下滑，进而陷入更大范围的困境。

2. 土地财政是导致我国耕地数量减少的重要因素。

杜雪君、黄忠华[1]的实证分析表明，土地财政对耕地数量存在负影响，其影响的弹性系数为 −0.01，即土地财政每增加1个百分点，耕地数量将减少0.01个百分点。2009年，我国耕地总量为18.26亿亩，已经接近18亿亩的"红线"。根据国土资源部的有关数据，仅在2001—2008年的8年间，我国耕地数量就减少了1.25亿亩。如果不加以控制，很快就会突破"红线"，耕地数量的减少直接影响了我国粮食安全，降低自给自足率，扩大进口额度。

3. 土地财政未能平等对待相关利益主体。

根据现行法律规定，我国实行土地公有制，按理土地出让收益的分配和使用应代表全民的利益。然而现实并非如此，有资料表明，全国多数地方征地款

---

[1] 杜雪君、黄忠华：《土地财政与耕地保护——基于省际面板数据的因果关系分析》，载《自然资源学报》2009年第10期。

的分配比例为：农民仅能拿到 10%—15%，集体拿 25%—30%，政府及其他机构拿 60%—65%①。征地中各产权主体地位不平等、交易不公平使得农民失去了分享土地增值收益的权利，越来越多的农民成为失地又失业的弱势群体。土地财政及隐形的房价地方保护主义推高了房价，使房地产市场的买方预支了未来 10—30 年的可支配收入，必然导致未来消费支出不足，这对我国未来以内需拉动经济增长是极为不利的，也无助于解决住房、医疗、养老等基本社会保障问题。

4. 土地财政还可能会引发金融风险。

在土地财政中，有相当一部分城市建设资金是以政府信用为担保取得银行贷款的间接财政。这些贷款一般不超过 2 年，如果土地出让顺利且价格较高，地方政府可以通过丰厚的土地出让金收入来偿还贷款，但如果土地出让价格不高，用于偿还贷款的能力有限，地方政府就必须用其他方式取得财政收入来还款。实际上，以政府信用为依托的贷款规模往往会超过地方政府财政收入规模，当地方政府无力偿债时，金融机构的呆账坏账率就会上升，存在发生金融风险的可能。

5. 土地财政导致土地资源利用的代际不公平。

土地出让金一次性收取，最长以 70 年为限，实际上一次性预收了未来很多年的土地收益，改变了土地收益的期限结构，必然会导致地方政府届际之间的不公平，进而导致土地资源利用的代际不公平。一旦城市化速度放慢，前人卖地、后人维护的模式将难以为继。

## 第二节　县乡政府债务问题

按照不同标准，政府债务可分为不同种类。目前大多数国家都使用世界银行专家汉娜·波拉克瓦的矩阵分类法，把政府债务分为两大类：直接债务和或有债务。直接债务是指政府在任何情况下都要负担的债务，如内债、外债及法律明文规定由政府负担的养老金账户缺口；或有债务是指由某一或有事项引起的政府债务，是否存在和是否需要政府负担，要依赖于或有事项发生与否以及

---

① 汪利娜：《我国土地财政的不可持续性》，载《经济研究参考》2009 年第 42 期。

由此引起的债务是否最终由政府承担。直接债务和或有债务又可以根据债务风险进一步划分为显性债务和隐性债务。显性债务是法律或合同规定、认可的债务；隐性债务是政府因公众压力而承担的道义上的义务。

具体到我国的实际情况，县乡政府债务可以有两种分类。一是从债务人角度把地方政府债务分为财政、社会保障、科教文化、医疗卫生、国土资源等几乎所有政府部门的债务。二是从债权人角度把地方政府债务分为四类：一是来自上级政府的外债转贷、国债转贷和农业综合开发借款；二是银行贷款；三是公开发行的债券；四是对工程建设、行政事业单位职工和社会公众的欠款。

### 一、县乡政府债务现状及特征

由于我国地方政府债务的统计口径还未统一，财政部、银监会、国家发展改革委员会、审计署和中国人民银行等多部门得出的数据相差甚远。因此，只能选择目前可获得的数据对地方政府债务做粗略分析。另外，由于县乡政府的统计数据缺失，无法获得具体的全国县乡政府债务数据，因此关于债务现状只能大量使用地方政府债务数据，配合以部分区县市债务数据来近似反映县乡债务。

1. 债务规模巨大、覆盖范围广，部分区域危机凸现。

审计署 2010 年的审计工作报告披露了地方政府债务的相关数据，报告显示审计署"对全国所有涉及地方政府性债务的 25590 个政府部门和机构、6576 家融资平台公司、54061 个其他单位、373805 个项目和 1873683 笔债务进行了审计"。"审计结果表明，我国地方政府性债务最早发生在 1979 年，到 1996 年全国所有省级政府（含计划单列市，下同）、90.05% 的市级政府和 86.54% 的县级政府都举借了债务。截至 2010 年年底，除 54 个县级政府没有政府性债务外，全国省、市、县三级地方政府性债务余额共计 107174.91 亿元，其中：政府负有偿还债务责任的 67109.51 亿元，占 62.62%；担保责任的 23369.74 亿元，占 21.80%；可能承担一定救助责任的 16695.66 亿元，占 15.58%。在这些债务余额中，有 51.15% 共计 54816.11 亿元是 2008 年及以前年度举借和用于续建 2008 年以前开工项目的。"① 而 2010 年全国公共财政收入 83101.51 亿元，地方政府本级收入 40613.04 亿元，占全国公共财政收入的 48.9%，地方本级收入加上中央对地方税收返还和转移支付收入 32341.09 亿元，地方财政收入总量为 72954.13 亿元②。简单计算就可以知道，2010 年省、市、县三级地方政府性债务余额是当年地方政府本级收入的 2.64 倍，地方财政收入总量的 1.47 倍，甚至是全国财政收入的 1.29 倍，因此，地方债务无论如何这都是悬在中央和地方政府头上的一柄达摩克利斯之剑。从以往的经验看，就地方政府的财政收入而言，花在本期都不够，除了想其他办法，鲜有用本期财政收入拿来偿还所欠债务的，事实上鲜有地方政府在预算内设立偿债基金的。

据调查，我国各个省（自治区、直辖市）皆负有数额不等的各种债务和形式不同的举债欠账行为。举债的行为从省级政府到市级、县级、乡级，甚至部分村都有债务在身。层级越低的地方政府所背负债务的规模相对越大，这部分债务形成的负担就相对越重，滋生各种社会问题的可能性也会越大。从总量中所占比重分析，我国地方政府债务中所占债务总量比重较低的是省级和乡级地方政府，比重相对较高的是市、县两级中间地方政府。在种类上，地方债务绝大多数是用于填补社会保障基金和市政建设资金的缺口，以及教育负债、工资拖欠等方面。

就区域债务规模表现看，情况更是糟糕，据放贷银行及银监部门内部官员透露，在很多县级地方政府，构成其债务最主要因素的融资平台的贷款相当于其几年甚或十几年、几十年的财政收入，有些地方政府每年的财政收入甚至都不够支付贷款利息。例如仅安徽省举债修建的阜阳国际机场、阜阳电厂和龙潭虎穴三个市政建设工程，其耗费的财力就至少相当于阜阳市 10 年的财政收入。又如内蒙古财力只有 3000 多万的贫困县——清水县，曾举债 60 亿元建设新城。据估计，按其现在的财力，该县还清其欠款可能需要 50—80 年。地方债务的偿还风险可见一斑。如此规模，在中央政府不愿代为偿还的情况下，很可能倒逼中央政府在相关制度的改变方面作出妥协。财政部在 2011 年下半年颁

---

① 中华人民共和国审计署：《关于 2010 年度中央预算执行和其他财政收支的审计工作报告》，2011 年。

② http://www.mof.gov.cn/zhengwuxinxi/caizhengshuju/201108/t20110803_583782.html.

发《2011 年地方政府自行发债试行办法》，规定上海市、浙江省、广东省、深圳市可自行发债，这实际上是对《预算法》的突破。

2. 贷款期限较长且偿债率较高。

地方政府债务的贷款期限主要包括长期贷款、中期贷款、短期贷款三种形式。由于地方政府通过融资平台所举借的大量债务隐蔽性较强，难以获得准确数据。以目前中央能够掌握的统计数据来看，占地方政府直接债务比重较大的主要是主权外债及国债转贷资金贷款，其期限大多在 10 年以上。目前，国际公认的比较合理的短期与长期债务比例为 1∶4。这里，偿债率①（即当年应偿还债务本息占财政收入的比重）主要是用来反映政府直接债务对财政收支的影响程度。在我国，据调查目前仅政府直接显性债务的比重已占到财政总体收入的 20% 以上，这已经大大超过了国际规定的 10% 的债务偿债率安全水平。

3. 城市建设类债务比重较大。

2008 年金融危机后，我国中央政府提出了 4 万亿的财政投资计划，地方政府纷纷大举借债，而这些债务的主要用途便是支持地方性城市建设，所以在政府地方债务的内容上，主要部分便是地方城市建设类债务。据相关资料显示，我国地方政府市政基础设施建设贷款约占直接显性债务的 50% 以上。总体来看，以基础设施建设负债为主的建设性债务成为地方政府的主要债务类别，县、乡两级政府负债，则是以经常性债务为主。

4. 负债日益隐性化且管理混乱。

在我国大规模的地方政府债务中，隐形债务占着相当大的比重，而且地方债务存在着显性债务隐性化的趋势。因为我国的预算法等相关的法律法规对政府赤字、政府举债等行为做了明确的禁止规定，政府不得负债、不能列赤字，尽量做到收支平衡。各级地方政府为了逃脱举债的法律责任，举债的方式都采用间接的方式，最终结果是大规模的隐性债务产生了。各级地方政府间接举债比较通用的方式主要有这样几种：一是委托，政府把大量建设项目以委托的方

---

① 偿债率是指政府当年债务还本付息额与当年财政收入之比，该指标反映政府当期形成的财政收入用以偿还债务的能力。该比值越高，表明该地方政府偿还债务的能力越差。该指标的国际公认警戒线为 10%。

式让企业等组织来建设和经营，从而使债务隐性化；二是担保，政府通过所属的企业和事业组织等单位来筹集资金，资金的筹集是以地方政府的信用或者土地为担保；三是成立大量的地方政府投融资平台来筹资，比如城投公司等等。不管是什么样的举债方式，地方政府都得承担这些债务形成的负担。

目前我国地方政府债务的计量手段落后，监管不到位，债务统计口径不一致，地方政府债务管理的制度和体系也比较混乱，财政部等有关部门也没有办法准确地对地方债务总额做出统计。由于我国存在大量的隐性债务，因此，现有的统计数据也只是对地方政府实际债务规模的大概的估计。从计量指标上来看，因为衡量债务的一般性指标尚未得到统一的权威的确认，比如债务偿债率、债务负债率等衡量债务的基本指标在考察地方政府债务中使用混乱，结论相互矛盾的情况时有发生。此外，我国的现行政府预算制度只能反映国债转贷收支、基金收支预算和一般收支预算等情况，而地方政府举债等收支事项在政府预算中还得不到体现和反映。再加上我国目前还未建立起健全的政府信息披露制度，对政府信用的评估也无法实施，各种城市建设项目产生的经济社会效益也无法进行评价。这些评估和评价制度的缺失，导致了地方政府债务管理的混乱局面。

## 二、地方政府债务形成的原因分析

从我国现实情况来看，地方政府产生大规模地对融资的渴求进而形成大量的显性和隐性债务，可以从体制、政策、管理、社会层面对形成的原因进行剖析。

（一）体制因素分析

1. 分税制改革不彻底。1994年我国进行了分税制财政体制改革，这次改革提高了国家财政的汲取能力，改变了中央政府与地方政府在财政收支上的比例关系，解决了中央财政财力严重不足、支出规模过大的问题。但是，这一改革遗留了很多问题。最为突出的是，造成了政府间事权及支出责任与财权划分的不对称，逐渐形成"财力向上集中"和"事权向下转移"的局面，地方政府财政收入下降，而财政支出却在增加。为解决地方政府赤字问题，中央政府通过转移支付、国债资金转贷等各种方式向地方政府提供资金支持，但仍然解决不了地方政府的资金短缺问题，地方政府不得不通过各种非正规渠道直接或间接地借入内外债务，违规融资，负债运营。问题的症结在于我国并未真正进入分税制的轨道。政府财政收入向上级政府集中的格局随着时间的推移越发明显。1994 年分税制改革以后，地方政府财政收入占总收入的比重基本上都低于 50%，而自 2001 年以来，地方政府的财政支出占总支出的比例高达 70% 以上，并呈现出逐年上升的趋势。

2. 尚未形成多元投资格局。在经济转轨过程中，原有的政府投融资体制已被打破，而新的适应市场经济要求的政府投融资体制却尚未成型。我国目前投资渠道单一，尚未形成真正意义上的多元化投资格局。在投资渠道上，我国地方政府没有借助社会力量供给公共产品的惯例和途径，主要靠财政资金投入一切基础设施建设，很少通过将国有、公营的公用事业所有权或经营权转移给社会力量来减轻财政压力，引入市场机制和利用社会资金存在明显不足的状况，社会资金的准入门槛较高，这造成了政府对私人"市场投资行为"的过度干涉以及政府投资范围过宽，且没有形成政府、市场和社会为一体、相互协调的多元化投资格局，其直接后果就是增加了地方政府债务的风险和责任。

3. 政府行为不规范。在我国，有相当一部分地方政府债务的形成是政府直接行为不规范的结果。这主要体现在，首先，政府职能转变不到位。我国地方政府并未把自身的职能限定在弥补市场失灵的范围内，反而超出这一限定范围行事，"越位"与"缺位"问题并存，对于政府本应基本退出的赢利性和竞争性领域的投资，地方政府却没有退出，仍然在相当大程度上实施政府干预，损害了市场机制的正常运转。其次，地方政府官员行为的不负责任。在现行政绩考评机制下，地方政府仍然以追求 GDP 增长率为目标，大搞"形象工程"和"政绩工程"建设，却忽视了区域经济的整体规划和产业布局，盲目借债，将地方政府债务留给以后几届官员承担，严重损害了县域经济发展的可持续性。更严重的是，一些地方政府部门在现行法律不允许的情况下仍然以各种方式为所属企业的经营活动提供担保。

（二）政策因素分析

1. 扩张性宏观政策的刺激作用。2008 年爆发的次贷危机逐渐影响我国，为应对国际金融危机，保持经济平稳快速增长，我国政府采取了积极的财政政策，提出了 4 万亿元的经济刺激方案。据李肇星 2009 年十一届全国人大二次会议答记者问时的解释，4 万亿元投资是指中央政府拟于 2 年内投资 1.18 万亿元，带动地方政府和社会投资共约 4 万亿元，剩下很大部分需要地方财政和社会资金配套①。尽管中央政府 2009 年、2010 年代理发行了地方政府债券 4000 亿元，试图解决地方配套资金来源问题，但这对于一些财力薄弱的地方政府来说仍然是远远不够的，地方政府只能继续通过地方融资平台进行大量融资，才能解决配套资金问题。根据国家发改委有关部门测算，2009 年，地方政府须为中央投资项目提供配套资金约 6000 亿元，而地方政府自身仅能提供 3000 亿元，缺口近 3000 亿元。这将进一步凸显和加剧地方政府债务的潜在风险。

2. 结构性减税政策的影响。2006 年取消农业税以来，我国出台的一系列减税政策，导致了地方财政收入的增速放缓。2008 年 1 月 1 日实施的《中华人民共和国企业所得税法》带来的减收效应以及个人所得税起征点、税率和费用扣除标准的调整都在一定程度上减少了地方政府财政收入。此外，2009 年的增值税转型改革使当年增值税减收约 1200 亿元。按照现行增值税中央和地方 3:1 的分享比例计算，地方财政当年减少了约 300 亿元的增值税收入，再加上城市维护建设税收入和教育费附加收入的减少额 100 亿元和企业所得税收入地方财政分成的增加额 25 亿元，地方财政共减少了 375 亿元的税收，这无疑增加了地方财政筹集资金的压力。

3. 土地政策的影响。2000 年以来，国内各城市房价不断飙升，同时，各地方政府土地出让金屡创新高。2001 年，我国地方政府土地出让金 2313 亿元，占地方财政收入的 29.6%；2007 年，土地出让金 12000 亿元，占地方财政收入的比重达到 50.90%，地方财政收入已形成了对于土地出让金的过度依赖；虽然 2008 年受金融危机的影响，土地出让金下降到 9600 亿元，但仍然占同期地方财政收入的 33.5%②，增长的趋势没有改变。为应对高房价，中央不

① http://finance1sina1com1cn/g/20090305/072459338031shtml.
② 数据来源：中华人民共和国国土资源部，《中国国土资源统计年鉴》（2001—2009），地质出版社。

断强化对房地产市场的调控和管理，严格保护耕地。2009 年，财政部、国土资源部等五个部委联合下发了《关于进一步加强土地出让收支管理的通知》，要求地方将土地出让收入全额缴入地方国库，支出则通过地方基金预算从土地出让收入中予以安排，实行彻底的"收支两条线"管理；2010 年国家对房地产政策的调控力度进一步加大，这一系列管理举措相对规范了地方政府土地出让行为。这使得地方政府的土地出让金面临大幅缩水的危险，这必然导致地方财政收入的下降，地方政府的"资金链"有可能断裂，债务风险将进一步放大。

4. 地方政府承担的政策性负债。地方政府债务与国家宏观经济政策也有一定关系，如各地为实现国家到 2000 年基本普及九年制义务教育和基本消除青壮年文盲的"达标"任务而形成的基层财政债务；清理农村合作基金会等农村金融机构的个人债务和合法外债，以中央银行再贷款的形式化解农村金融风险最终形成地方财政债务；地方为执行国家粮食购销政策而产生的政策性粮食亏损挂账和粮食风险基金借款等。这些债务并非地方政府主动负债，而是经济转轨过程中政策转型导致的地方政府的被动负债。

（三）管理因素分析

1. 地方债务管理落后。我国地方债务管理落后主要是因为债务管理的效率不高，表现在四个方面：一是地方政府缺乏对举借债务的科学论证和整体规划，重复建设现象、无效工程、面子工程屡见不鲜，这导致地方政府屡屡为新规划、新工程举债；二是在现有政府政绩考评机制下，地方政府官员短视行为明显，过于关注政绩，而过少顾及实际偿还能力，缺乏长期规划，导致地方政府财政入不敷出；三是地方政府缺乏债务的负债率、偿债率等监控指标，债务风险预警机制更无从谈起，这主要因为我国地方政府的基础工作还很薄弱，政府债务的统计、核算、计量体系尚未建立，地方政府债务的确切规模因而就很难被准确地掌握；四是我国地方政府缺乏相应的举债约束机制，地方债务尚未纳入预算管理的范围，导致偿债资金难以落实，且给地方财政带来了突发性或计划外的偿付压力。

2. 地方人大监督乏力。地方政府的不规范行为理应在地方人大的监督下而有所控制，然而事实上，我国地方人大并未发挥其应有的监督政府的作用，其中很大原因是我国地方人大代表的结构凸显官员化，从而造成地方人大对地方政府的监督约束软化，监督效果不力，不能很好地抑制政府的不规范行为，进一步助长了地方政府行为的随意性。

（四）社会因素分析

1. 转轨期间维稳职能需要大量财力支持。在经济转轨期间，社会矛盾与冲突交织，政府除了承担发展经济的职责之外，还必须履行维护社会稳定、化解社会矛盾的责任和义务，为履行这些职能，必须有一定的财力支持。在市场化进程中，地方出现的社会突出矛盾主要体现在"三农"问题、弱势群体、下岗工人、居民的社会保障、金融的混乱行为等方面，这些都应作为本级政府工作的重点内容，并需安排相应的财力进行保障。

2. 工业化和城市化进程中的资金供求矛盾。国际经验表明，经济的发展通常会伴随着工业化和城市化的快速发展。我国工业化和城市化进程开始进入稳定快速发展阶段，地方政府亟须大量资金投入。发展工业化必须要转变发展方式，实现资本、技术的积累和产业结构的升级优化，这必然需要大量的资本投入来配套。同时，伴随着工业化而来的城市化建设也迫切要求地方政府积极筹资以建设城市发展所需的各种城市生活基础设施，面对城市化进程中的地方基础设施建设以及全国基础建设中地方政府投资部分的巨大资金需求，地方财政必须具备一定的物质基础。然而，由于我国政府投融资体系的市场化程度不高，地方政府资金来源主要还是地方财政收入，这就形成了资金来源难以适应快速增长的投资需求的矛盾，捉襟见肘的地方政府不得不依靠举债进行融资。

## 三、化解县乡政府债务风险的对策

（一）转变政府职能、改革和完善财政管理体制

转变政府职能是解决地方政府举债投资问题的治本之策。在我国经济社会转型期，政府在发挥宏观调控、市场监管职能的同时，要找准政府的定位，更加突出和加强政府的社会管理和公共服务职能，扭转以 GDP 为核心的政绩考核机制，要以建设人民满意的政府为目标，更加注重改善民生，使全体人民共享改革发展成果。

科学合理地划分中央政府与地方政府的事权与财权，合理划分各级政府的

财政职能，按照三级架构和"一级政权、一级事权、一级财权、一级税基、一级预算、一级产权、一级举债权"的原则，塑造与市场经济相契合的分税分级财政体制，尽力做到财权与事权相符合，调整各类税收在中央和地方政府间的分配，扩大地方政府税收管理权限，增强地方政府依靠自身财力防范和化解债务风险的能力，真正实现县乡财政解困和地方经济可持续发展。属于全国性的和具有全局性的公共物品，应由中央政府进行决策和组织提供，如农村义务教育、计划生育、农村卫生防疫等，而具有地方规模或地域限制的，应由各个不同的地区分头决策和组织供给，如农村小型水利设施、公路、电网等。同时要进一步完善转移支付制度，将管理分散、种类繁多的专项转移支付资金进行归类和归口管理，提高转移支付资金的使用效率，增强专项转移支付资金分配和使用的透明度，确保县乡正常运转的财力需求。同时建立县乡之间的横向转移支付，集中本区域中的经济发达县乡的财力，向困难县乡适当地转移，从而缩小县乡之间的差异。

同时，还要进一步深化省以下财政管理体制改革，巩固与扩大财政层级扁平化改革成果，保证基层政府的财力财权。以"省直管县"和"乡财县管"为标志的财政层级扁平化目前在全国已经得到了较大范围的推广，被认为是解决中国地方政府层级过多、省以下分税制体制无法推行的有效举措，有助于进一步巩固和深化、扩大这项改革。要实现省以下财政层级的减少，即从四级扁平化到省与市县两级，解决市、县行政不同级而财政同级的障碍。"乡财县管乡用"可变乡镇为县级政府派出机构，也可与法律的修订配套联动。

（二）清理政府债权债务，多渠道筹集资金，及时清偿到期政府债务

县乡政府应积极启动全面的政府债权债务清理工作，摸清债权债务底数。对于债权项目，加大政府债权清收力度，综合运用经济、行政、法律等手段催收债权，对县内欠债单位过去投资遗留下的沉积资产和闲置资产，采取招商或合作的方式进行盘活；对破产关闭企业的土地、厂房、设备以及乡镇撤并后原机关办公楼房、职工宿舍等资产，通过公开拍卖等方式，所得资金除留足职工的养老金以外，其余可全部用于还债。对于债务项目，根据债务性质、对象、形成时间、数额及偿债能力制定偿债目标和措施，制定切实可行的偿债方案，明确偿债顺序、偿债来源和偿债时间表，确保及时清偿到期政府债务。在清偿

债务所需资金方面，除清收债权、财政收入、项目盈利之外，还可以积极向上级财政部门争取政策和支持，在充分利用好中央和各省出台的缓解县乡财政困难的"五奖一补"政策的同时，争取中央和省级财政部门减轻地方政府债务负担，并通过中央和上级政府的地方财政风险专项转移支付制度等筹集偿债资金，化解债务风险。

（三）编制债务预算，建立债务风险预警机制，加强对县乡债务的监督

编制债务预算，提高债务预算的透明度、规范度，债务收支必须编制完整预算，包括债务的来源与用途、偿债的资金来源和计划，以及对政府债务风险的分析和预测。债务收支预算纳入人大审批程序，和一般预算一样接受同级人大的审批与监督，债务的举借必须在得到人大批准后方可执行。加强对债务收支预算的审计监督，债务审计报告应递送同级人大，并报中央有关部门备案，对于特别的重要举债行为，可规定须经中央级审批。

中央和地方政府均应逐步建立财政风险监控与预警机制，对政府财政风险加强监控，实现财政风险规范化、系统化和科学化管理。县乡政府也应形成县乡政府债务风险监控与预警机制。建立政府债务综合风险指标体系，制定分类办法，试编县乡政府债务预算，及时监控和防范债务风险。建立并严格执行债务责任追究制度，按照"谁审批谁负责"的原则，对出现问题的债务负责人进行追责，从根源上控制新增债务，并倒逼实现对建设项目系统的可行性论证，防止再次出现投资决策失误。建立健全债务担保管理机制，严格执行《担保法》的有关规定，县乡政府不得为从事市场竞争性投资项目的企业提供任何形式的贷款担保，对确需财政担保的项目，采取分级担保、反担保等方式，控制债务规模，防范债务风险。加强县乡政府对财政风险的预测和分析，增强预警能力，除对突发情况的分析外，还要形成对财政风险的常规性预测，按年度实现滚动，判断当年的财政风险概率。同时，重点发现可能出现财政风险的融资项目，判断对县乡财政风险的影响，尽早采取防范措施。

（四）建立统一的债务管理机构，加强县乡政府债务的管理

县乡政府应建立以财政部门为主的债务管理体制，明确财政在政府债务管理中的主体地位，加强财政对债务集中、统一管理的力度，从根本上改变

当前政府债务分散管理的弊端。在摸清县乡政府债务总体情况的基础上，按照债务偿还期限划分不同档次，根据地方财力增长幅度制定相应的偿还计划，做好偿债资金的准备。对政府及有关部门所借或担保的债务，要明确落实债务人，建立相应的偿债机制，切实防范将债务风险全部转嫁给政府的现象发生。

加强融资平台债务管理。政府融资平台形成的债务是政府债务的重点，要把政府债务的管理纳入预算的管理中，变形式管制为硬式约束，在国家逐渐放宽对地方政府举债限制的情况下，使举债形式合规划、规模合理化，举债过程透明化、科学化。要确定投融资预算的范围，构建投融资预算管理体系，建立地方投融资的风险控制机制。要重点加强融资平台中的银行贷款的风险控制管理、市政债券的管理、项目融资监管。

（五）加强财源建设，努力壮大财政实力，不断增强偿债能力

发展县域经济，壮大经济实力，培植财源，增加县乡可支配财力是解决县乡债务问题乃至财政收支困境的根本。县乡政府应紧紧抓住加快发展这个中心，以促进结构调整为主线，应从实际出，因地制宜，充分发挥县乡自身的资源优势，调动各方面培植财源、做大"蛋糕"的积极性。一要安排使用好招商引资、农业产业化、民营经济发展等专项资金，发展具有地方特色的优势主导产业，形成产业优势和产业特点；调整优化产业结构，促进经济结构调整和产业结构升级，走集约型、资源综合利用型、配套协作型产业之路，延长产业协作链，增加农产品的附加值。二是调整县乡财政体制，完善转移支付办法，抓好对政策落实情况的考核奖励工作，充分调动各方面培植财源、加快发展的积极性。三是认真落实支持经济发展的各项财税政策，如财税政策、信贷支持等，促进企业做大做强，加快发展，扫除经济发展的各种环境障碍，为县乡经济发展营造良好的环境。通过积极培植财源，不断壮大地方经济实力，增加地方财政收入，在保证工资发放、机关正常运转的同时，逐步提高偿债能力，及时化解存在的财政风险。

（六）积极探索公共产品提供的多种方式，缓解县乡政府债务压力

县乡政府应改变以往政府大包大揽提供县乡公共产品的方式，应积极探索多种公共产品提供方式，解决公众不断增长的公共产品需求与财政资金有限性

之间的矛盾。特别是要借鉴国外一些国家的经验，推广公共产品的 PPP 模式①作为政府模式的补充。县乡政府完全可以尝试在部分公共产品的提供上采取这种模式，有意识地引导和促成企业、社会中介甚至农民个人等私营部门以及非营利组织参与到公共产品的提供中来，解决财政资金或效率不足的问题。在公私合作中，还可以选择两种导向：一是以政府为主导，政府出资或组织融资，完成公共产品的生产，然后通过租赁、托管等方式委托私营部门进行常规提供；二是以私营部门为主导，政府加以扶持，政府可以通过减免税收、财政直接补贴、无息低息贷款等方式扶持那些生产公共产品的私营部门，然后通过购买服务的方式来获取产品。

## 第三节　公共产品的多中心提供与县乡政府财政压力的缓解

### 一、多中心治理理论简介

多中心治理理论是由埃莉诺·奥斯特罗姆教授和文森特·奥斯特罗姆教授共同创立的，强调公共物品供给结构的多元化，认为公共部门、私人部门、非营利组织、社区组织都可以成为公共物品的供给者，在公共物品供给过程中引入多元竞争机制。多中心的制度安排打破了单中心制度中最高权威只有一个的权力格局，形成了一个由多个权力中心组成的治理网络，以承担一国范围内公共管理与公共服务的职责。

多中心治理理论继承了迈克尔·博兰尼的社会秩序理论，更加强调参与者的互动过程和能动创立治理规则、治理形态。"'多中心'意味着有许多在形式上相互独立的决策中心，它们在竞争性关系中相互重视对方的存在，相互签订各种各样的合约，并从事合作性的活动，或者利用核心机制来解决冲突，在

---

① PPP 模式即 Public Private Partnership 的字母缩写，是指政府与私人组织之间，为了合作建设城市基础设施项目。或是为了提供某种公共物品和服务，以特许权协议为基础，彼此之间形成一种伙伴式的合作关系，并通过签署合同来明确双方的权利和义务，以确保合作的顺利完成，最终使合作各方达到比预期单独行动更为有利的结果。

这一意义上大城市地区各种各样的政治管辖单位可以以连续的、可预见的互动行为模式前后一致地运作。[①]"多中心治理体制以自主治理为基础,强调自发秩序和自主治理的基础性和重要性,多中心体制设计的关键因素是自发性,自发性的属性可以看做是多中心的额外的定义性特质。

多中心治理理论在继承传统的乡镇自治、自发秩序等思想基础上,运用现代经济学、社会学极大丰富了公共管理的知识和方法。从理论上为公民提供了多个选择机会,公民能够"用脚投票"或"用手投票"来享受类似"消费者权益"一样的更多的权利;通过多层级、多样化的公共控制将外在效应事务治理内部化,通过将服务或产品打包提高它的经济效益,解决了"搭便车"现象导致的公共产品供给量不足的问题;"多中心"强调决策中心下移,吸收和鼓励基层组织和公民参与决策,有效利用地方性的时间、地点信息作出合理的决策。

## 二、我国公共产品多中心提供的案例分析

按照现在公共经济学的理论,公共产品的提供应该是多元化的,提供主体也从原来的主要依靠政府演变成政府、企业和非营利组织三方。从国外实际操作情况来看,政府在部分公共产品的提供中逐渐退居幕后,市场和社会组织成为公共产品的主要提供者。改革开放以来,我国各地也在不断尝试公共产品和服务的提供中引入企业和非营利组织,其中有成功的案例,也有失败的案例,本节选择其中的部分案例加以分析。

(一)案例简介

1. 水利设施产权制度改革。[②]

陕西省西乡县五丰村位于该县主要的水利设施马鞍堰的尾部,农业用水得不到保障,用水成本高达110元/亩,村内农业生产深受影响,且引发村内村民之间、村民与干部之间的矛盾。2005年,西乡县决定在五丰村实施农业综合开发项目,利用本村地下水建高抽站(打井抽取地下水)解决农田灌溉用

---

① 奥斯特罗姆、帕克斯、惠特克:《公共服务的制度建构—都市警察服务的制度结构》,上海三联书店2000年版,中文版序言第11页。
② 李耀国、张健:《旱灾与"公地悲剧":农村水利设施市场化经营的探索——对西乡县案例的剖析》,载《中国金融》2009年第6期。

水难的问题，由国家对高抽站建设投资 70%，村组配套 30%。五丰村村委会面临着两大难题，一是 30% 配套资金如何筹集，二是高抽站建成后如何管理，也就是如何使高抽站产生较好的社会效益。

五丰村村委会通过调查分析认为，以前邻村所建的高抽站等农田小水利设施利用低效的根源在于没有明确的出资人和受益人。由此，该村委会召开村民大会决定：明确高抽站产权和经营权，即 30% 配套资金由个人投入，高抽站由出资者负责建设，全部设施交由出资人按企业化方式进行管理。具体做法：一是国家投资部分由经营者代管，发生丢失等损失事件由其赔偿；二是自筹资金部分，如渠道配套投资、占用田地及青苗赔偿等费用由经营者负担，谁投资入股、谁经营管理、谁直接受益；三是村里无偿提供五口堰塘供其使用，使用期为 20 年，用于经营者蓄水；四是水费由村委会研究后定价，当时规定为每亩 60 元；五是抽水站的经营者通过公开招标的方式确定。

水利设施产权制度改革取得了很好的效果：一是降低了灌溉成本，提升了水利设施的利用效率和农户的种粮收入。亩均用水量降低 50% 以上；由于用水得到保障，全村稻谷增产 56500 公斤，灌溉受益农户人均增收稻谷 100 公斤，受益者每亩可增收 200 元；村民不用为了争夺水资源而出现打架斗殴现象，减少了农村社会矛盾。二是开辟了新的融资渠道，形成了国家、集体、个人和金融机构共同投资的良性局面。项目所需资金的 70% 由国家投入；五丰村村集体无偿提供五口堰塘供其使用；村民个人投资 2.8 万元，用于建站、青苗赔偿、占地补偿和 U 型渠道衬砌等；西乡农村合作银行通过小额信用贷款和担保贷款两种方式提供贷款合计 14 万元，以供建设专用变压器等配套设施，63 千伏农业专用变压器安装和配套设施完善后，高抽站享受灌溉用电，电费由 0.8 元/度降低到 0.21 元/度，经营成本大为下降。

2. 农村宅基地流转——联众模式。①

浙江省杭州联众农业投资开发公司选择自然环境较好但经济条件相对较弱

---

① 王建友：《农村宅基地流转的制度创新——以"联众模式"为例》，载《浙江海洋学院学报》（人文科学版）2010 年第 27 卷第 3 期。

的村庄，在与村委会和农户协商同意并签订有关协议的基础上，由联众公司对整个村庄进行重新规划、建设，利用村民的宅基地统一按照三星级宾馆的标准重建崭新的四层或五层小楼，同时完善村内基础设施，按照公司统一的"农家乐"形式经营。这种方式被称为"联众模式"。

建成后的房屋产权仍归农户所有，其中一层或二层交由农民居住使用外，其余楼层设置 10—12 套不等的公寓式客房，改建成"城仙居"，由联众公司对外出售或出租给会员，购买者拥有该客房的 30 年使用权，会员可以在全国"城仙居"项目进行免费交换居住。村民入住新房的同时成为公司的合同制员工，公司给每户村民每月发 500 元工资，由该户村民负责该房的卫生、接待、安全等工作。联众公司结合新型农村合作医疗制度改善村卫生条件，新建村卫生医疗站，资金由公司和村集体提供补助，使村民享有较高的医疗保障。公司还向村民提供免费职业技术培训，帮助农民提高服务技能，增强市场意识。

农家乐对外开放后，景区门票收入按公司 60%、村 40% 分配，村委可以分发到村民个人，或集体公用，或供村中老人养老，由村委根据具体情况自主安排。租售的公寓分 40 平方米和 80 平方米两种，价格分别为 5 万元和 9.8 万元。投资农家乐公寓的城市居民，实际获得的是该公寓的使用权，30 年后每幢房子的房东将是当地农户。在这 30 年中，投资者可以定期或是长期居住，尽情享受"世外桃源"般的田园生活；如果自己不住，也可以请联众公司代为出租，获得租金收益。

据悉，那些城仙居乡村公寓基本上已被抢订一空，主动要求联众集团去考察的省内外乡镇也络绎不绝。

3. 国际小母牛（HPI）项目之喜德县。[①]

喜德县地处四川省西南部，凉山彝族自治州中北部，是彝族聚居、半农半牧的山区贫困县。喜德县于 1992 年与国际小母牛合作，在贫困农户中养殖建昌黑山羊和凉山半细毛羊。截至 2002 年年底，HPI 项目已辐射到多个乡村，共涉及 3 个乡，6 个村，13 个村民小组，297 户贫困户。项目实施中，严格选

---

① 余海军：《国际小母牛项目（HPI）在贫困山区的实施情况》，载《四川畜牧兽医》2004 年第 4 期。

择农户，开展技术培训和技术服务，按时执行礼品传递，加强综合畜牧业实用技术的配套推广应用。

项目于 1992 年、1993 年、1995 年、1997 年分别向 92 户彝族贫困户投放929 只适龄母羊，经礼品传递，使礼品接受户达 205 户，接受羊只 1730 只。项目采用"借羊还羊、羊羔分成、滚动发展"的方法，即三年内农户分期或者一次性还清投放的牲畜，此期间所产羊羔由项目办和农户双方二、八分成，公母各半。

到 2002 年年底共向 297 户贫困户传递礼品羊 2659 只。在项目村组中，约55.5% 的农户获得该项目的援助。到 2002 年年底，羊只饲养量达 12720 只，净增 10061 只，其中存栏量 9841 只，出栏 2879 只，销售羊毛 5567 千克。经济效益按千克计，销售单价按每千克 7 元计算，农户直接经济收入合计达 295万元，户均 8446 元。通过实施 HPI 项目，农户收入从项目前人均 233 元增长到 1370 元。项目农户的居住条件得到很大改善，失学儿童重返校园。

（二）案例分析

结合以上三个案例分析，可以得出以下结论：

1. 公共产品提供主体的多元化具有可行性。引入企业和非营利组织参与到公共产品的提供中来在我国是具有可行性的，有大量成功案例可以说明这一点。但并非所有的公共产品都可以实现多中心提供，同时满足非竞争性和非排他性的纯公共产品仍然并且只能由政府提供，如国防、法律、治安等；对于仅具有非竞争性或者非排他性的准公共产品，是可以并且能够通过市场方式由企业提供或者由非营利组织提供，政府只需要提供必要的辅助即可。

2. 公共产品多中心提供可以提高效率。在准公共产品的提供中，政府过多的行政干预往往会因为提供主体的不明确而降低资源使用效率，造成资源的浪费。而企业和社会自治力量的介入可以克服这一缺点，改变资源的产权结构，明确责权利归属，提高资源利用效率。

3. 企业和非营利组织的参与可以减少政府在准公共产品提供中的负担，缓解政府财政压力。公共产品提供的多元化不但可以直接减少政府的直接财政支出，还可以通过提高财政资金的利用效率间接避免财政资金的无效率的重复投放，获得较大的经济和社会效益。

### 三、构建公共产品的多中心供给模式，缓解县乡政府财政压力

我国地方性公共产品供给存在若干问题。譬如公共产品供给总量不足，基础性产品和服务短缺严重；供给种类结构、区域结构、期限结构失衡；存在部分产品过量供给和部分产品供给不足的矛盾；政府机构臃肿且效率低下；决策过程缺乏科学性和民主性等等。这些问题都会导致县乡财政资金使用效率低下和财政支出压力，要解决这些问题，可以从以下几个方面入手：

1. 转变政府职能，建立服务型政府。

县乡政府要转变职能，明确弥补市场失灵的角色定位，退出营利性领域，将资源用于扩大公共产品供给方面，科学有效的做好公共产品供给的长期规划，并严格执行。政府在整个公共产品供给过程中发挥着主导作用，负责整个社会公共产品供给的全面规划与统筹，协调不同供给主体之间的相互关系与权利，保证不同行业、地区、族群、收入群体之间公共产品的供给。

2. 推进法制建设和制度建设，建立公共产品多元供给的相关制度保障。

引入市场与非营利组织参与公共产品供给，为保证公共产品的足量、保质供给，政府必须建立相关的规章制度，防止公共产品供给过程中出现的机会主义行为以及履约过程中出现的纠纷等其他问题。此外，法治化的政府行为亦是公共产品多元供给的重要保障。政府在供给公共产品的过程中也要依法遵章行事，接受社会监督，才能防止在与市场与非营利组织广泛接触过程中产生寻租等行为，避免公共利益受损。因此，法治化是公共产品多元供给的重要制度保证。

3. 吸引民间资本参与，推动公共产品供给市场化。

通过推行公共产品市场化供给，减少政府对经济的直接干预。提高经济运行效率和社会福利水平，缓解县乡财政压力。根据本地实际情况和财政状况，决定市场化供给模式。对于那些投资成本巨大、建设周期长的重大项目，可以由政府采取股份化的形式吸收民营资本进入政府投资的公共事业，共同完成供给责任；对于某些基础设施公用事业领域，如城市供水、供电、电信、垃圾清理与收集等领域，可以由政府提供、市场生产，通过签订合同、授权经营、补贴等手段，委托市场生产公共产品，政府负责监督市场主体的公共产品供给过程，对于未能完成公共产品供给责任的市场主体施以惩罚或者另选供给主体；也可以采用

多种形式的投资经营方式，如 BOT 模式、逆向 BOT 模式、BOO 模式等。

4. 扶持非营利组织发展，提高社会福利水平。

改革非营利组织注册登记程序，制定科学、全面、合理的发展目标培育各种类型的非营利组织，形成一个类型齐全、结构合理、布局适中的非营利组织体系，使其承担起供给社会所需要的公共产品的责任。同时，政府应与非营利组织建立起积极的、建设性的合作关系，并在税收优惠、财政补贴、政府采购等方面的给予必要的支持。

5. 设计准公共品供给的激励制度。

公共产品供给由传统的政府单一主体过渡到当今的多元主体的目的在于通过有效的竞争与合作弥补政府供给公共产品过程中产生的"政府失灵"。政府要保护产权、设立产权保护制度，向非政府主体提供内在的激励机制，从而确保社会上有大量的营利性市场组织、非营利组织参与公共产品的多元化供给。

6. 建立并完善公共服务质量监督体系。

政府应建立并完善公共产品质量监督体系，制定科学规范的监督指标体系，对企业和非营利组织供给的公共产品和服务进行尽责监督，保证供给数量和质量能够满足社会的需要。同时，还需要有对应的奖惩机制，对于服务质量好的机构加以奖励，扩大其规模，使其提供出更多更好的产品和服务；对于无法保质保量提供产品和服务的机构，适当给予惩罚，必要时启动退出机制，保证公共产品和服务的数量和质量。

# 第十章 CHAPTER 10

# 解决县乡财政问题
之制度变革

◇ 分析财政分权中博弈行为的理论框架

◇ 联邦悖论的实证分析

◇ 解决联邦悖论的制度框架

政府分权的现象正在不断涌现。民主政府的扩展和持续发展的城市化是推动分权化进程的两股重要力量。"当前，95%的民主政体都选择了次国家级政府的形式（SNGs①）。可以预见分权化将继续下去，至少其中一个原因是发展中国家的政府比发达国家、甚至转型国家的政府具有更高的中央集权。"②

财政联邦制下，不同层级的政府共同执行着公共经济的使命，从共同的市场中取得税源。共同的税源成为承担共同的公共服务使命的各级政府的"公共池塘"，不可避免地诱发具有"理性经济人"特性的各级政府的"搭便车"行为或机会主义行为。政府的机会主义行为表明，任何政府单位都想获得租金，却想让别的政府单位承担生产公共产品的成本；中央政府有激励将资源转移给自己，为的却是一些非社会最优目的，比如，为了私人利益、为了权威、物质、地位、声望或选举利益。地方政府的行为也是如此。他们在财政收入与支出责任的划分、财政转移支付中，无不进行着各级政府为争夺更多财政资源、逃避责任等目的而进行的博弈。双方的机会主义行为所形成的政府间争夺利益、推诿责任的博弈，是造成政府财政危机以及公共产品和公共服务提供不足的关键。

因此，县乡财政危机不是县乡本级政府③单方面的问题，而是各上下级政府之间、政府与人民之间相互作用的结果，是政府间的关系激励与约束制度失效的表现。所以，一个能规范各级政府行为的制度框架，是解决县乡财政危机

---

① 次国家级政府指的是只在一国局部领土上行使管辖权的政府，即所有在中央政府以下的各级政府。

② 梅尔维尔·麦克米兰：《以提高绩为目的的绩效设计》，载沙安文主编：《地方政府与地方财政建设》，中信出版社2005年版。

③ 作为地方政府拥有同样的行为特征，所以本章用地方政府的概念替代县乡政府，以期使分析过程和分析结论有更广泛的应用。

的关键。

本章的结论是：缺乏制衡政府间关系的恰当制度，结果或者是中央财政困难或者是县乡财政困难。这意味着我们不能局限于从权责划分、转移支付、财政体制、融资能力、管理体制、县乡经济发展等方面去研究县乡财政问题。财政是一个国家政权运行的物质基础，财政运行相关的各方面问题，几乎都涉及上下级政府间、各级政府与生产主体和居民之间的互动过程。因此，要最高效率地实现公共目标，就必须建立一套行之有效的能使各级政府完成公共目标的自我执行制度。

# 第一节 分析财政分权中博弈行为的理论框架

## 一、分析财政分权中博弈行为的基础理论

### （一）囚徒困境博弈

亚当·斯密"一只看不见的手"的理论说，每个人都试图应用他的资本，通过生产实现其最大的价值。当他仅仅追求个人利益时，就会有一只看不见的手引导他去达到另一个目标——虽然并非所的愿望，但他经常促进了社会利益，其效果比他真正想促进社会利益时所得到的效果还要大。

在斯密发表他的《国富论》150多年之后，纳什的"非均衡博弈"颠覆了"一只看不见的手"的理论。它表明，"一只看不见的手"的理论并不总是站得住脚的，有时，无论每位个体如何努力追求自己的利益，社会的理性结果都不会自动产生。因此，需要"一只看得见的手"的指引或适当的机构才能带来具有集体效率的结果，个人利益也才能得到较充分的实现。这说明两点结论：个人理性并不总是集体理性的充分条件；个人理性与个人利益的实现有时会背道而驰。

除非二人进行囚徒困境博弈次数足够多，否则，哪怕是只有两个成员的群体也往往不能获得公共产品，这个结论通常是由著名的囚徒困境博弈模型中引申出来的。在任何一局博弈中，参与者的占优策略（dominant strategy）就是背

叛。[①]

甲乙两个囚徒所面临的博弈收益组合有四种情况：如果两人都抵赖，各判刑一年；如果两人都坦白，各判六年；如果两人中一个坦白而另一个抵赖，坦白的判刑半年，抵赖的判十年。每个囚徒都面临两种博弈策略：坦白或抵赖。如果从个体理性出发，每位囚徒的占优策略是，不管同伙选择什么，自己的最优选择是坦白：如果同伙抵赖、自己坦白的话只判刑半年，不坦白的话判十年，坦白比不坦白好；如果同伙坦白、自己坦白的话判六年，不坦白的话判十年，坦白还是比不坦白好。结果，两个嫌疑犯都选择坦白，各判刑六年。如果两人都抵赖，各判一年，显然这个结果是二人可能实现的最好结果。但这个结果与个体理性支配的个体行为是相悖的。囚徒困境所反映出的深刻问题是，人类的个人理性有时能导致集体的非理性，人类只追求自己的利益，不仅没有能够由此实现集体利益，连个体利益也没有能够实现。

囚徒困境博弈模型最大的启示，在于它显示了制度在促成人类合作中的重要作用。由于个人的有限理性和信息不对称（模型中用囚徒二人被隔离表示信息不对称）等原因，人类往往不能很好地处理竞争与合作关系，这就需要通过制度（包括正式制度和非正式制度）来规范博弈双方的竞争性行为，以促成社会合作。比如，通过提供合作范例、用继续合作奖励互惠合作者、以毁约甚至报复等真实可信的威胁对不合作一方进行惩罚，或者用事先约定的罚款拿走背信弃义者通过背叛所多到的额外好处等等，如此改变博弈双方各种策略选择所能得到的收益支付，让合作者始终能够得到好报，让背叛者始终能够得到惩罚，从而促进合作的实现。

（二）公共产品与群体中的"搭便车"行为

公共产品是公共经济学的核心概念。公共产品的三大特征：效用的不可分割性、消费的竞争性和受益的非排他性。再加上在信息不对称的条件下，因社会成员难以清楚了解任何一种公共产品或服务可能给彼此带来的真实边际收益，因而引致社会成员隐瞒或低估自己从公共产品中所获得的边际收益，从而逃避其应分担的公共产品或服务的成本费用的动机，使"搭便车"行为在公

---

① 柯武刚、史漫飞：《制度经济学》，商务印书馆 2000 年版，第 139 页。

共产品领域蔓延。

"搭便车"行为随着社群人口数量的增加而增加，因为一个人口众多的社会中，没有人能够做到对其他所有成员的情况无所不知。既然不能准确地知道社会成员的偏好和收入状况，人们就更有可能隐瞒自己从公共物品中所获得的边际收益或低估自己从中得到的边际收益。这种行为必然使公共产品生产所需要的资金筹集不足，从而其生产量不能满足社会成员的需要。

（三）公共资源与公地悲剧

公共资源是一种准公共产品，它是一种在消费上具有竞争性但无法有效地做到排他的产品。由于公共资源的产权归属全体社会成员，也可以说是产权没有界定的财产，但其总量又是有限的。在这种情况下，个体理性指导下的行为方式是尽可能多、尽可能快地抢占公共资源，最终结果是导致资源枯竭这种集体的非理性，产生经济学所说的"公地悲剧"。

## 二、各级政府在公共领域中博弈的行为特征

（一）各级政府的行为特征及自发行为的结果

传统财政联邦主义理论假定政府是"仁慈型政府"——政府官员总会无私地提供公共产品和维护市场秩序。第二代财政联邦主义理论认为"仁慈型政府"是稀缺的，不同层级政府的行为模式，如同私人市场上理性经济人一样，都是在给定约束条件下将自身利益最大化。而且各级政府在一个共同市场上获取税收资源，对各级政府而言，共同市场就如同公共池塘，如果没有明确的产权（税收权，具体为税种归属权），具有理性经济人特性的各级政府势必发生竞相攫取财政资源的行为，最终导致财源枯竭，产生财政"公地悲剧"。

（二）各级政府行为互动及可能的结果

在公共经济领域中各级政府，就如同囚徒困境中的甲乙两个博弈主体，其选择的策略组合为合作或背叛。其收益支付，以财政资源的攫取上面临着公共池塘环境为例，假设中央和县乡地方政府采取合作战略，约束自己的行为，只进行约定数量的资源抽取，那么双方的收益各为10；假设双方采取竞争战略，各自所得为2；假设一方采取合作战略、一方采取竞争战略，则采取合作战略者得到支付为1，采取竞争战略者得到支付为12。这种情形下，各方的占优策

略都为背叛或竞争，其结果是各得 2 的收益，这是一个取得最低社会收益的均衡；而最高社会收益的均衡是双方都自觉节制自己的行为，社会收益总和为 20；一方合作一方竞争的社会收益为 14，其水平居中，是其中最不具有均衡意义的解，也是失败的联邦制度下经常出现的结果。在没有任何约束的情况下，各方都有可能采取"一锤子"买卖的做法，其结果是社会收益最低的双背叛组合收益。在有合理约束的情况下，有可能出现社会最优结果，双方各自得到次优支付。

从中可以发展，中央与县乡地方政府如果拥有均等的力量同时又有平等有效的约束，那么，双方形成合作均衡，出现最优的社会结果。但如果势均力敌却缺乏制约双方行为的有效规则，则会出现最糟糕的社会结果。在双方力量不均等的情形下，如果双方力量对比不等，则力量相对强大的一方，将占有大部分经济资源，使势力相对弱小的一方只取得微不足道的收入，其结果是社会收益不能达到最优。

将各级政府之间竞争性攫取财政资源与逃避公共责任的"搭便车"行为，置于博弈论框架下思考，可以发现，约束各级政府的机会主义行为，是一个相当困难的工作。这不仅是如何制止各级政府竞争攫取经济中的资源、为私人部门经济的发展保驾护航，以及如何克服各级政府"搭便车"行为、为政府部门完成其公共服务责任提供保障的问题，而且是如何才能让双方的力量处于均衡状态，不至于让强势一方压榨了另一方从而阻止社会进行最优发展路径的问题。

（三）财政联邦制下中央政府与县乡地方政府行为的两个困境——财政联邦悖论

Ricker（1964）提出了财政分权制度存在着财政联邦的两个进退两难的困境（Two fundamental dilemmas of federalism）①：联邦悖论 1，如何阻止国家政府过度震慑下级政府单位而破坏联邦制度。联邦悖论 2，如何阻止拥有选举权的

_____

① Rui J P de Figueiredo Jr；Michael McFaul；Barry R Weingast：*Constructing Self-Enforcing Federalism in the Early United States and Modern Russia*，pp：160 – 189，Publius，Vol. 37，NO. 2，ISSN：0048 – 5950，2007.

各基层政府单位通过"搭便车"或其他使合作失败的方式破坏联邦制度。

Ricker 提出的联邦悖论直接否定了传统理论中仁慈的政府官员的假定，相反，他暗含的是相反的假定：政府官员并没有足够动力去提供公共产品和维护市场秩序；在实际上，不同层级政府的行为模式，都是在给定约束条件下将自身利益最大化；双方的机会主义行为所形成的政府间争夺利益推诿责任的博弈，是造成财政危机以及公共产品公共服务提供不足的关键。

Ricker 提出，解决这两个困境面临着很大的困难，因为解决一个困境的方法手段将加剧另一困境。一个微弱的国家政府会引致县乡地方政府的搭便车行为以及形成封闭的"公爵领地"经济（Dudedom economies），甚至可能使国家政府失去使国家统一的能力而导致国家分裂；如果国家政府权力过大，它就会破坏县乡地方政府的独立性、榨取地方租金、阻碍支撑积极的联邦经济效果的州际间竞争。这表明，如果不解决财政联邦悖论，那么这个悖论会使一个联邦（或国家）难以生存发展。

这种中央和地方关系之间的两难处境不仅仅在联邦国家存在，在单一制国家也存在。实际上是任何国家或各级政府之间都存在着的两难困境。从博弈论的视角来看待联邦悖论问题的解决，就是要选择适当的制度约束双方的自利行为。最佳的制度是能够让上下级政府各自产生自我约束的动力和压力的制度。

### 三、解决财政联邦制困境的思路

（一）解决联邦制困境的条件

De Figueiredo、Weingast 等[①]研究了联邦制度自我运行面临的两个困境，他们论证说要使联邦制度生存，就必须解决 Ricker 所强调的两难困境。De Figueiredo、Weingast 等在文章中提出，可持续的联邦制度需要中央政府和县乡地方政府之间的充分合作。而促成合作的措施必须具备两个条件：一是鉴于联邦制两难困境相生相克的特点，要求两个困境必须同时解决，联邦制度才能健

---

① Rui J P de Figueiredo Jr；Michael McFaul；Barry R Weingast：*Constructing Self-Enforcing Federalism in the Early United States and Modern Russia*，pp：160 – 189，Publius，Vol. 37，NO. 2 ISSN：0048 – 5950，2007.

康有效地运行；二是要求界定联邦制度的规则具有这样的特质——这些联邦制度规则对各级政府官员来说都能够自我实施，即所有政府官员都有激励遵守这些规则。因此无论是理论分析还是联邦制度的实践都要求研究能够使政府官员遵守制度的激励与约束机制。

财政联邦主义要想得到一个自我实施的均衡，要求在两个两难困境中制造精巧的平衡。这是说，解决这个两难困境或者说悖论要求对上下级政府之间的纵向分权建立起一种相互的制衡机制。在缺乏相互制衡时，无论是上级还是下级政府都可能会产生机会主义行为。只有建立起相互制衡的机制，一个国家或政权才能可持续和高效地运转。

那么，什么样的制度规则能够具有上述特质呢？或者说，怎样的制度规则才能使得各级政府官员自觉地遵守从而实现有效合作呢？又或者说，需要怎样的激励和约束才能规范各级政府官员的行为使其既不会相互侵犯也不会竞争性攫取社会资源呢？而且，还需要各级政府同时具备这样的行为意向，否则，就不能满足同时解决两难困境的要求。

（二）解决联邦制困境的思路

第一，布兰查德和雪埋弗（Blanchard and Shleifer）的理论分析框架。布兰查德和雪埋弗①发展了一个模型，认为财政联邦制下要成功解决联邦悖论，对中央政府有如下要求。一是要求中央政府能够选择与县乡地方政府共享利润的范围，使县乡地方政府从经济发展中得到满足，因而产生激励地方促进经济增长的力量。二是要求政治集权，即中央政府拥有能够控制地方公务员政治命运的足够的权力。这是关系中央政府影响县乡地方政府是从经济增长中享受税收还是从毁灭经济增长中获取私利的能力的问题。如果中央政府有更大的能力决定地方官员的政治命运，地方官员就更倾向于促进经济增长，如果中央政府缺乏影响地方官员政治命运的能力，地方官员就更容易被利益集团"俘获"，也更容易出现个人腐败。

他们认为中央政府较之于县乡地方政府更倾向于保护经济发展，因而把出现联邦悖论的责任主要归结到县乡地方政府身上。他们通过对俄罗斯转型失败

---

① Blanchard and Shleifer：*Federalism with and without Political Centralization：China Versus Russia*，IMF Staff Papers，Vol. 48，Special Issue.

的实证分析，得出结论说，正是县乡地方政府避责以及公共池塘问题击垮了俄罗斯政治。他们认为俄罗斯转型的失败是因为没有给中央政府足够强大的影响地方官员仕途的权力。因而提出的解决联邦悖论的思路，是增强中央政府控制地方官员政治命运的能力。

第二，De Figueiredo、Weingast 等发展了一个在给定的联邦主义环境下政府提供公共物品的模型。他们与 Riker 一样，认为两个困境在两个不同的方向上运行，解决一个困境会加剧另一个困境。中央政府必须有足够强大的权力和激励，才能有效监管县乡地方政府在公共财政资源使用方面的"搭便车"动机。如果中央政府太弱，那么联邦制就会因公共财政领域的"公地悲剧"而失败。如果联邦制太过集权，结果会形成一个提供最小化的核心公共产品的汲取型政府，县乡地方政府或者退出，或者因缺乏力量或激励而放弃他们的责任。

De Figueiredo、Weingast 显然并不那么赞成布兰查德和雪理弗的看法。他们批评说那种把问题单方面归结到县乡地方政府身上的观点是片面的，因为国家或称中央政府也不是仁慈的，如果中央政府的权力过大，它抽取租金的能力过强，县乡地方政府从联邦讨价还价中获得利润的能力下降，最终财政分权制也会遭到中央政府的破坏，经济效益也会受到制约。

所以，解决联邦悖论问题不仅要求给予中央政府监督县乡地方政府逃避责任的足够的权力，而且要求对在某种程度上割让给中央的权力设置可信的、自我实施的限制，以便防止中央政府的掠夺行为。因为中央政府缺乏可信的、自我实施的约束使其能够针对县乡地方政府施行抽租或者寻租。

De Figueiredo、Weingast 按照 Riker 1964 年的定义，提出了能够自我治理的财政联邦制的特征：等级制度、自治制度、共同的地理位置和共同的居民。首先，这简单地表明联邦制有不同的层次，或者说存在由地理位置界定的权威划分。其次，这意味着每一个政府单位都拥有对政策子集的独立的裁判权。这一定义将联邦制与组织经济学中研究的那种层级之间暗含着垂直控制的管理制度区分开来。例如，苏维埃政府制度拥有层级结构但没有被定义为联邦制度，因为它只给予低层政府有限的政策权力。最后，下级政府的每一位居民必须是联邦政府的居民。许多国家联邦制政府符合这一定义，包括美国、澳大利亚、加拿大，还有其他形式的政府结构包括国际政府、国际组织，如欧盟和现代中国。

另外，他们认为联邦制还有几个追加特征：其一，与由强大的合同法和法院呈现私人部门之间的合约不同，联邦制在固有的无政府环境中实施——没有较高权威监督联盟间的讨价还价，因而不同单位之间合作结果的出现必须是自我实施的；其二，联邦制下政府职能有一个潜在的产出范围，这个范围包括提供国防这种产品，以及具有规模经济和范围经济特征的私人物品和半私人物品；其三，所有政府人员都是策略性的。其四，前三个特征加起来形成了官员追求租金最大化的激励。

De Figueiredo、Weingast 关于联邦制的四个特征和四个追加特征，是研究解决联邦悖论的出发点和依据。

第三，张永生①提出了一个研究政府间关系的理论框架。基本思想是，在西方国家，中央和县乡地方政府之间的关系主要体现在人事权和财政权两个方面。人事权是指各级政府官员的产生渠道。西方民主国家政府官员的产生渠道是一种典型的自下而上的金字塔结构，即自下而上的民选。财政权指对财政的支配权。西方发达市场经济国家，财政收入权趋向于集中化，而财政支出权却趋向于分权化。"西方发达市场经济国家关于政府间关系的制度设计有一个显著的特点，即政府间纵向人事权和财政权这两个维度的控制权是相向的，它们正好形成一种相互制衡的关系。"

张永生认为，政府间纵向制衡可以有效地解决国家稳定即所谓联邦悖论的问题，但仅有政府间的纵向制衡并不能保证一国取得良好经济绩效。既解决联邦悖论，又保证经济发展，需要既有对上下级政府间的纵向制衡，又有对政府权力的有效的横向制衡。纵向的相互制衡包括两个维度，即人事权和财政权，通常所说的狭义的民主（即选举），相当于由下而上的人事配置。而民主加上法治，则相当于对政府权力的横向制衡。仅有民主并不能保证上下级政府间能够建立起有效的相互制衡关系。但他并没有对如何对政府权力进行横向制衡提出建议。

---

① 张永生：《中央与地方的政府间关系：一个理论框架及其应用》，载《经济社会体制比较》（双月刊）2009 年第 2 期总第 142 期。

#### 四、解决中国县乡地方政府财政困境的视角

本文将联邦悖论的解决方案置于三个博弈环境中进行分析。第一个博弈环境是中央与县乡地方政府之间的博弈，第二个博弈是县乡地方政府与选民之间的博弈，第三个博弈是中央政府与选民及宪法之间的博弈。在中央与县乡地方政府之间的博弈分析上，张永生的分析框架是很值得赞赏的。

在一个地方官员由民主选举产生的国家，上级政府对下级政府官员的政治命运没有影响，此时上级政府就需要控制辖区主要财政收入并将转移支付作为一种人质机制（hostage mechanism）。这样，上下级政府在财政权和人事权的控制上各居其一，从而形成上下级之间的有效制衡关系。县乡地方政府与选民之间的博弈，可使用蒂布特的模型所显示的民主要求进行解释，第三个博弈，可使用诺思的国家理论进行分析。

分析得出的结论是：县乡财政困境是政府间及政府与选民间制衡机制失衡的结果，如果中央政府掌握对地方官员的任命权，同时掌握财政权，那么结果就是县乡等地方政府财政困境和官员腐败；如果中央掌握对地方官员的任命权，却失去财政控制权，那么县乡地方政府就会隐瞒地方财源，与地方生产主体形成勾结，将财富留存于自己的控制之下，导致中央政府的财政困难。如果要解决联邦制两个困境之间此消彼长的困境，就需要两个条件：一个能够制约中央政府任意行为的宪法以及民主权力机构和一个能使地方官员行使公共职能对居民负责的民选制度。

# 第二节　联邦悖论的实证分析

### 一、财权下放与财权上收，联邦悖论在中国的实践

我国财政体制的改革，从最初的"分灶吃饭"，至后来的各种"大包干"，再到现行的分税制，一直走的是财政联邦制的道路。"大包干"严重削弱了中央的财政能力，将整个国家财政推到了非常危险的境地；现行的分税制又因为提高了财政权力的中央集权程度，而产生了基层政府财政困境。分税制看上去

变成了"分钱制",财权的集权与分权似乎陷入了"一放就乱,一收就死"的循环问题,还导致了严重的"诸侯经济"。

（一）财权下放与联邦悖论

1994 年分税制改革之前的 15 年里,县乡地方政府掌握了财政上的主动权,利用自身接近当地经济主体、掌握当地经济发展状况的优势,以及中央政府在相关信息上的劣势,成功地集中了财源,形成了游离于中央财政控制能力之外的"诸侯经济"或"公爵领地经济"。

1978 年改革开放以来,中国财政联邦制下所形成的上下级政府之间的纵向关系中,人事权从未改变过授权方向,始终是自上而下任命官员的中央集权制,所改变的只有财政权,财政权先由中央集权向分权化改变,后又经历了财权上收改革。财政权在两相个方向上的相向运行的过程与结果,都印证了联邦悖论的存在。

国务院于 1980 年 2 月颁发了《关于实行"划分收支、分级包干"的财政管理体制的暂行规定》,开始实施了"划分收支、分级包干"的财政体制,实现了由"一灶吃饭"到"分灶吃饭"的转变,在财政上打破了"吃大锅饭"的局面。中央、地方两级财政分灶,对地方财政核定收支基数,一定五年不变,地方财政由县乡地方政府负责自求平衡。这激发了地方集中财政收入的积极性,在 1980 年实行"分灶吃饭"体制的第一年中,中央财政有赤字,但地方财政有了结余,改变了在实行"分灶吃饭"体制前 1979 年的中央财政和地方财政双赤字局面。随后,地方财政的收支平衡状况连年好转,这一切说明财政实行分级管理、划分权责的体制,明显地促进了地方财政收支的平衡。

但是,由于地方财政一定五年不变,结果使得连续五年间经济增长所带来的财政收入大部分归入地方财政,中央财政便处于相对萎缩状态。结果,中央采取了一系列弥补措施,如向地方借款,调整基数,向银行透支,发行国库券,将一部分收入高的企业划归中央财政,但仍然连年收不抵支,一直处于非常困难的局面。1980—1983 年,中央财政累计赤字数额比同期全国财政赤字还多数十亿元。财政向银行透支和借款到 1984 年年底达到 300 多亿元,已经占到银行自有资金的 6.5%。这对银行资金平衡增加了很大的压力,还扩大了货币的发行。

中央财政困难的原因不仅在于财政承包制的不合理，还在于县乡地方政府的策略行为。"地方财政实行了包干，年度执行中的问题本应由地方自求平衡，但是实际上往往是包而不干。每年各地区都要提出大量的问题，要求中央专案解决。在处理这些问题时，有时掌握偏松，往往中央财政预备费已经动用空了，而支出预算和补助地方开支还在不断地追加，这样敞着口的开支，使中央财政收支平衡无法控制。"① 县乡地方政府的这个表现，对布兰查德和雪理弗提出的解决联邦悖论的第一个条件似乎是一个挑战。前面提到，他们二人认为联邦制要成功解决联邦悖论，第一就是要求中央政府能够选择与县乡等地方政府共享利润的范围，让县乡等地方政府从经济发展中得到满足，因而产生激励地方促进经济增长的力量。但中央给一些省政府确定了一个每年上交中央的一个固定的数额，一定五年不变，五年收入增长的好处都留给了省里，应该说是把经济增长的所有收益都留给了地方，按照布兰查德和雪理弗的推测，地方应该有积极性与中央合作、共同解决经济增长和财政收支问题，但现实中，中国县乡地方政府却采取了不合作的策略。县乡地方政府的这种行为方式给中央财政收支平衡增添了很大困难。

县乡地方政府在1994年分税制改革之前的另一个行为特征也是策略性的不合作行为。1994年分税制改革之前，中国只设置一套税务系统，无论是中央税收收入还是地方税收收入都依赖一套人马筹集。这套分级的税务系统在行政上隶属于同级人民政府，中央政府的绝大部分税收是委托从属于县乡地方政府的税务机关来征收的。县乡地方政府利用掌握的本地经济和企业信息优势，滥用制度赋予的税收减免的权力，藏利于企业以便自行分惠。企业为了得到税收减免，出现了严重的寻租行为，结果县乡地方政府控制了中央税收的增长态势，中央税收的收入弹性不是取决于地方经济的增长，而是取决于县乡地方政府的征税偏好。

在1980年实行"分灶吃饭"体制造成中央财政赤字之后，中央为了解决自身财政困难，推动财政包干管理体制又经历了从1985年的"划分税种、核

---

① 曾浩然：《中央财政收支平衡是实现国家财政收支平衡的关键》，载《财贸经济》1985年第6期。

定收支、分级包干"的预算管理体制到 1988 年以后的多种形式的地方"财政包干"体制的演变。但是随着改革的推进，尤其是从 1985 年的以划分税种为基础的"分级包干"体制，不仅没有解决中央财政困难问题，还产生了另外一个结果，即极大地强化了地方封锁、地区分割的"诸侯经济"倾向，也就是 Ricker（1964）所说的"公爵领地"经济。"财政包干"体制使县乡地方政府在财税领域由中央政府的代理人转变为直接的经济利益主体，在长达 15 年的实施过程中，极大地调动了县乡地方政府组织财政收入的积极性。各县乡地方政府在增加自身税收的内在动机引导下，进行贸易封锁，与其他地区争夺经济发展的资源，不断地扩大低水平的投资，推动形成了低水平重复建设和投资膨胀的局面。结果是地区之间结构趋同，几乎都集中在机械、电子、纺织、食品、建材等投资规模不大、技术水平不高的行业进行生产，这一方面形成了各地区之间在资源上的争夺，另一方面也降低了地区之间商品化的深化发展，制约了市场经济的发育与完善。

1980 年分灶吃饭后，财政实行包干体制，说是"一定五年不变"，实际上是频繁变动。分灶吃饭后，中央财政日益萎缩，中央解决的措施及其具体做法上，都体现了一个缺乏约束的最高统治者的行为特点。比如，中央向地方借款，但第二年又说借的款不还了，而且还要把借款的这部分加到以后包干分成的基数里，但日子还是过不下去，不得已先是开征交通能源重点建设基金，把所有企业的专项基金、税后留利的 15% 切下来，上缴中央政府。即便如此，还是不够用，于是又开征预算调节基金，比照前面的 15%，又追加了 10%。到 20 世纪 90 年代初，中央已先后三次向地方借款。"所以说，分税制改革也是中央财政困难'逼出来'的改革。"①

与此同时，因财政收入占 GDP 的比重和中央财政收入占全部财政收入的比重过低，导致中央进行必要的宏观调控主动权也严重削弱。最后中央于 1994 年以"分税制"财政体制改革终结了"财政包干"体制，使自己在财权上与县乡地方政府来了个大反转。

---

① 贾康：《使经济性分权走向更加完善》，载《中国金融》2010 年第 22 期。

（二）财权上收与联邦悖论

1992 年 10 月，党的十四大确立了建立社会主义市场经济体制的改革目标。按照市场经济的要求，1994 年中国实行"分税制"财政体制改革，实现了从"行政性分权"到"经济性分权"的根本性转变。这次改革的着力点，集中在解决改革开放前 15 年中，由于在"条块分割"行政隶属关系控制体系内"放权"、"让利"所导致的中央财政实力过弱、财政体制关系紊乱、中央财政调控能力严重不足等问题。构建分税分级财政体制在实质上是中央上收财权，增强宏观调控能力，为适应市场经济客观要求的财政职能转轨和正确处理政府间关系以及政府与市场关系的全局性深化改革奠定基础。

但是，中央政府在成功在上收财权以后，首先是满足中央政府本身的财政收入需要，在此基础上再对县乡地方政府转移支付。县乡基层政府以上的市、省两级政府，也纷纷效仿中央的做法，将事权下放，将财权上收，从而出现了"事权层层下放，财权层层上收"的局面。结果，中央政府垄断了全部大宗的、征收成本低的税种，县乡地方政府手中只分配到一些零散的、征收成本高的税种，县乡政府、市、省政府之间由于剩余税种相对于三级政府显得不足。结果是处于最低层级的县乡地方政府几乎没有自己的税种，却在层层上级的管辖之下，承担了重重公共事务，这种现状成为导致县乡政府财政困境的直接原因。

中央政府的这种行为特征，也以极端的方式印证了 Riker 的联邦悖论在中国存在且是严重的存在。按理说，中央控制了财政收入的主动权，成功消除了本身的赤字财政，就可以就此对县乡地方政府加以关怀和帮助了，就可以把攫取之手收回来了，但相反的局面却有趣地开始出现。掌握了大量财源的中央政府不断地摆脱自己的公共经济职能，并成功地将支出责任强加到地方政府身上，出现了众所周知的"财权上收与事权下放"景象，然后再由处于中间层次的政府沿袭中央政府的行为，将其演化为"财权层层上收，事权层层下放"，因而压垮了最基层的县乡财政，出现了大面积的县乡财政困境。

## 二、县乡地方政府面对人事权集权化的行为特征

### (一) 官员任命机制制约了服务人民的职能

官员自上而下的任命机制，破坏了官员对下负责的动机。1994 年的财政分权改革中，中央在集中了人事权的前提下又掌握了财政权，由此所导致的县乡等基层政府的财政困难并不是危机的终结。因为人事权和财政权两权都是自上而下的，中央完全可以变成一个抽取型政府。再加上没有积极做到对下级政府的监督，下级政府便把压力向下转移，转移到无力抵抗的民众身上。再者，由于市场经济的发展，县乡村各级政府有了各自的政治经济目标，因而财政压力和内在租金最大化的动力激发了唐斯理论中的官僚行为动机：为个人权力、收入、地位或安全而进行斗争；为公共事业服务以及对某一领域政策投入的愿望而斗争。为了实现这两层奋斗目标他们践行着布坎南的官僚预算最大化行为的预言。官员的"经济人"本性结合政府机构对公共产品生产成本信息的单边垄断，使县乡政府与村级组织结合为利益共同体，在国家授权的保驾护航下，制造了"一税（国税）轻，二税（暗税）重，三税（各种费用）是个无底洞"的局面，形成了巨大的社会成本，农村公共产品的供给短缺问题较之于农业集体化时期出现严重退化。

### (二) 官员任命机制引发严重的腐败

官员自上而下的任命机制，与财权自上而下的转移机制，引发了严重的寻租现象。权力的根本特征，就是一种力量或控制权。在现代代议制民主体制下，公共选择权和股份制企业制度一样存在所有权与使用权的分离。全体公众所共同拥有的权力由政治官员和行政官员代理，因而存在着委托—代理关系。在存在委托代理关系时，代理人在其经济人特性的支配下，当他的行为目标与委托人的利益目标不一致时，经常地采取使自己利益最大化而不是使委托人利益最大化的行为。由于信息不对称，委托人处于信息劣势，因而不能对代理人进行有效监督，或者监督成本过高，因此，在缺乏相应的激励和约束机制下，必然会引发政治官僚对公共政治权力的滥用与权力的商品化。公共权力的失控最终将引发寻租活动。

政府官员在没有监督的情况下进行寻租，使用的是公共财政资源。"公款

吃喝"已经成为网络最热门的专有名词。在国外，市长不会天天被请吃饭，因为市长没有多少审批权力，主要职责是服务社会和困难群体。在中国，上级部门分配资源的自由裁量权很大，最"高效"的方式不是按部就班走程序，而是靠跑项目、靠要资金、靠感情，而吃饭喝酒就是联络感情的手段。在中国还有一些地区，在群众吃不饱饭的情况依然存在的情况下，干部却大吃大喝、公款浪费，势必导致干部与群众之间的对立情绪。2013 年 1 月，习近平总书记就新华社一篇内参报道作出重要批示，要求严格落实各项节约措施，坚决杜绝公款浪费现象，使厉行节约、反对浪费在全社会蔚然成风。然而，为了从公共利益中获得分配性收益，官员们还真是敢冒天下之大不韪。近来，媒体报道，一些公款吃喝转入"地下"，转移到机关内部食堂、招待所，甚至"潜入"更加私密的会所。据报道，"四菜一汤"已至少出现三种标准走样现象。于是出现"豪华升级版"，如普通菜肴换成海参、鱼翅、鲍鱼等。可见遏制公款吃喝、转变作风，仍然是一项持久而艰巨的任务。

除了公款吃喝，公款送礼也由来已久。比如，用公款购买购物券。各个单位以办公服务品的名义在大商场购买购物券，用来送人①。接受者可以在商场随意购买自己需要的物品。因此送购物券是一种变相的送钱。根据某商场统计，95% 的购物券来自于公款购买。而今，公款送礼的势头不仅没有减弱，而且变本加厉且花样翻新。在 2013 年 1 月习近平总书记就新华社一篇内参报道作出重要批示，要求坚决杜绝公款浪费现象之后，公款送礼采取隐蔽方式继续进行。据人民日报报道：中秋、国庆两节将至，中央要求提倡节俭之风，反对铺张浪费，坚决刹住公款送礼等不正之风。与往年相比，公款送礼的现象确实明显减少。但是，记者在采访中发现，"网购 + 快递"，电子礼品卡和礼品券的出现，让送礼方式更加隐蔽。花样翻新的礼品和送礼手段，给"两节"送礼披上了"隐身衣"，甚至形成了灰色产业链，值得警惕。

中国政府用于公款行贿的数字不得而知，然而其加大财政负担，减少公共产品提供从而削弱企业及事业单位生产率，破坏了税源的培育，是不言自明的。

两个在公共领域的博弈的主体，中央政府和县乡地方政府，从共同的资源

---

① 朱秋霞：《中国财政制度——以国际比较为角度》，立信会计出版社 2007 年版，第 78 页。

池中抽取收入，共同承担着公共产品的生产。供双方抽取的资源池是人民大众的，中央和县乡地方政府者是人民大众的代理人，如果没有来自终极委托人的监督约束，代理人除了竞争性地攫取公共资源外，还有可能联合攫取公共资源。如果中央政府作为人民的第一级委托人掌握委任下级官员的人事权，下级官员则成为中央政府的代理人，为上级政府负责而不会对人民负责。在这种人事权制度下，如果中央将财政收入分配给地方，地方官员必然用上级给予的资金行贿上级，以博得再次升职或者保卫职位的利益。地方官员这种做法，牺牲的是人民利益，自身不仅没有付出成本，反而从中得到了政治利益，因此所有的理性经济人都会如此。

（三）官员任命机制引发晋升锦标赛

地方官员的晋升往往与辖区内 GDP 增长有关，王怀忠能从 1993 年阜阳地委副书记到 1999 年快速提升为安徽省副省长，主要建立在他制造的系列"政绩工程"之上。有大量文献证明，中国 80 年代以来，地方官员的政治命运与其辖区内经济增长的绩效高度相关。官员们在晋升上的竞争，还导致了各省交界贫困县区的出现。因为在各省交界地区，地方官员推动地方经济发展的行为和政策，如修建基础设施，不仅有利于当地经济发展，同时也给属于竞争对手的邻近地区产生正向的外溢效应，如果晋升标准取决于两个地区经济增长的相对位次，外溢效应将成为对自己不利的效应，从而导致地方官员维护交界地区经济发展的激励不足。[①]

财政权和行政权分权引发了地区间为争夺财税而展开的经济竞争，还出现了地方保护主义和市场分割，形成严重的重复建设。这些重复建设并不能简单地用争夺财税来解释，因为在其背后都有政府主导或推动的影子。一拥而上、一哄而起的竞争性重复建设中包含着明显的相互攀比和相互较劲的动机，简单地用利润或财税动机无法解释为什么各地方在同一产业或建设项目的竞争中会经常无视经济亏损这一现实。[②]

---

① 周黎安：《官员晋升竞争与边界效应：以省区交界地带的经济发展为例》，载《金融研究》2011 年第 3 期。

② 沈立人、戴园晨：《我国"诸侯经济"的形成及其弊端和根源》，载《经济研究》1990 年第 3 期。

中国 1978 年改革开放以来，经济领域形成的产业同构化问题一直没有得到解决。80 年代的轻纺热、90 年代的"开发区热"，到现在各地"造车大跃进"、"机场建设大战"。近年来人们对珠三角、长三角、京津冀以及东三省的区域合作中产业同构化问题讨论十分活跃。各县市最近对各种专属经济区、各种保护区、以清洁能源为概念的国家重点项目建设热情高涨。显然重复建设的模式仍然没有一点改变。可以推断，这种产业同构化的发展最终将陷入难以自拔的经济困难。

### 三、中央政府掌握人事权和财政权情景下的行为特征

公共选择理论认为，所有政府人员的行为都是策略性的。原本在自下而上的联邦制度环境中，一组地方政府联结在一起以期从合作或集权化中获得利润并且因此决定创造一个中央政府。然而一旦联邦中央被创造出来，中央政府将因由制度框架内部所创造出来的激励来界定自己的利益。

马克思恩格斯对国家的论述也表达了同样的思想。恩格斯从社会分工的角度论证国家的产生时，揭示了国家相对于授权给它的人们而言所具有的自身利益："问题从分工的观点来看是最容易理解的。社会产生着它所不能缺少的某些共同职能。被指定去执行这种职能的人，就形成社会内部分工的一个新部门。这样，他们就获得了和授权给他们的人相对立的特殊利益，他们在对这些人的关系上成为独立的人，于是就出现了国家。"①

这说明，国家的产生是社会分工结果，也就是生产力发展的结果，但它一旦产生，就产生了自身利益，产生了与授权给它的那些人的利益并不相同的或者说相对独立的利益。生产力虽然是决定性的，能够为自己开辟道路，但是它要受它自己所造成的政治力量的反作用。国家就是由它所产生的一个强大的政治力量，而且一旦产生就不能始终由它有效控制。那么国家究竟会不会为了自身的利益违背授权者的利益呢？用新制度经济学的话来问，就是，国家这个代理人会不会违背人民这个委托人的利益呢？

马克思认为，国家更多的表现为阶级统治的工具。这是"由于国家是从控

---

① 《马克思恩格斯选集》第 4 卷，人民出版社 1995 年版，第 700 页。

制阶级对立的需要中产生的，同时又是在这些阶级的冲突中产生的。所以，它照例是最强大的、在经济上占统治地位的阶级的国家，这些阶级借助于国家而在政治上也成为占统治地位的阶级，因而获得了镇压和剥削阶级的新手段。"[1]

（一）中国中央政府行为特征

1994 年之前，向下分权的财政体制导致中央财政收入的不稳定，因此中央不得不频繁地去修改、甚至去破坏这个体制。例如，以研究中央—地方关系为专长的经济学家黄佩华（Christine Wong）教授提到[2]，中央为了扩大在财政收入总额中所占的份额，采取多种措施频频从地方财政"抽调"资金。她列举的事件包括：从 1981 年起，国家每年发行国库券，并向地方借款；1983 年起开征能源交通重点建设基金，并将骨干企业收归中央；1987 年，发行电力建设债券；1988 年取消少数民族定额补助递增规定。除此之外，中央还陆续出台一些被戏称为"中央请客，地方拿钱"的增收减支措施，致使财政包干体制变得很不稳定，挫伤地方积极性。面对中央对财政体制不断做出的单方面的随意修正，地方也发展出一系列应对中央的策略性办法。中央"抽调资金"与地方"明挖暗藏"的行为极大地加深了双方的戒备心理。

中央以自身利益为核心，选择农产品统购统销政策的改革进程，也充分体现了中央行为缺乏约束的特征。[3]

1982 年开始实施的家庭承包制给予农民一定的土地使用权，节省了集体生产的监督费用，还使农民拥有了对生产剩余的索取权，激发了农民的生产积极性，农业生产出现了前所未有的增长。1952—1978 年 20 多年的时间里，我国三种主要农产品粮食、棉花、油料的年平均增长率，分别为 2.4%、1.0%、0.8%；从 1979—1984 年的 6 年间平均增长率达到 4.8%、7.7%、13.8%。1979—1984 年农作物产值增长中，家庭承包制的贡献率为 46.89%。[4]

连续的农业生产与农民收入的高速增长，也加快了政府进行农村经济制度

① 《马克思恩格斯选集》第 4 卷，人民出版社 1995 年版，第 172 页。
② 张军：《1994 年分税制》，载《经济观察报》2008 年 3 月 8 日。
③ 赵英兰：《政府行为与农民收入增加——缺乏约束的政府行为》，山东大学硕士学位论文，2005 年。
④ 林毅夫：《制度、技术与中国农业发展》，上海三联书店 1994 年版，第 94 页。

改革的步伐。1985年1月中共中央发布《关于进一步活跃农村经济的十项政策》，把此前就降低了的粮食统购任务彻底取消，决定从当年起，除个别品种外，国家不再向农民下达农产品统购任务，而是根据不同情况，分别实行合同订购和市场收购。

然而，取消统购、采取合同定购这项改革，是在农产品出现改革后第一次卖难的情况下出台的，中央没有预测到，1985年粮食大幅度减产，市场粮食价格比上年同期上升了10%，国家如果提高订购价格，中央财政就会面临无法承受的重负；国家如果不提高订购价格，农民不愿与国家签订订购合同，但国家却必须维持在城市的平价商品粮供应。在国家利益与农民利益的矛盾中，政府为了解决自身的财政困难用行政权力改变了游戏规则，1985年宣布合同订购有国家任务的性质，完成国家订购任务是农民应尽的义务。从此统购统销穿上合同订购的外衣又回到农民那里。

合同订购加进了国家任务的性质，并没有能够解决城市粮食统销任务，结果还是出现了购销缺口。国家为了解决这个缺口，对刚刚确立的交易规则再次进行了修改。国家先是委托地方粮食部门代购一批议价粮。随着粮食价格上涨，国家又将议价粮改为平价粮。又因为市场价格的上涨，农民不愿平价出售粮食，国家则再将"议转平"所购买的那部分粮食作为具有国家任务的合同订购任务下达给农民，被农民称为"二订购"。由"议"转为"平"，再由"平"转为"二订购"，这两次对交易规则的连续性修改是国家根据自己的需要改变与农民间游戏规则的又一次证明。

1993年11月，国家在城市取消了实行40年之久的城镇居民口粮定量供应制度，国务院发布了《关于当前农业和农村经济发展的若干政策措施》，决定从1994年起对订购的粮食实行保留订购数量，收购价格随行就市，这就是当时所谓的"保量放价"。这次全面放开粮食收购价格的改革如同统购统销转为合同订购一样，是在粮食丰收、粮价较低的背景下进行的。

1993年秋，粮食市场在经历了三年的价格低迷后再次上升，政府便又在种种不得已的理由下将刚刚发布的"保量放价"改为"保量定价"，重新恢复了对收购价格的制定权。1994年、1995年，中央实行"米袋子"省长负责制，其中重要的五项内容就是由省长负责完成国家订购计划和储备粮的收购计划。

农村改革 30 年后，国家一直不能放弃"价格双轨制"，以便保证低价获得粮食。这样，国家以工农业产品剪刀差的形式在改革以后继续从农民那里获得暗税收入。据统计，在 1979—1994 年的 16 年间，政府通过工农产品剪刀差从农民那里占有了大约 15000 亿元的收入，同期农业税收总额 1755 亿元，各项支农支出 3769 亿元，政府通过农业税费制度提取农业剩余约 12986 亿元，平均每年从农业部门流向城市工业的资金达 811 亿元[①]。还有研究表明，改革后国家工农业产品剪刀差不仅没有降低，反而呈现扩大趋势。如 1952 年为 24.56 亿元，1965 年为 122.31 亿元，1975 年为 223.82 亿元，1985 年为 391.80 亿元，1995 年为 2671 亿元，1998 年为 3591 亿元[②]。

中央政府的行为反复性表明，掌握更大权力的政府能够在公共池塘中攫取更多的资源。当既定规则影响了权力拥有者攫取资源的能力时，它便加以改变规则重新界定攫取资源的权力，从而处于战无不胜的地位。

(二) 财政联邦制负面激励与官员行为的一般表现

财政联邦制创造出的激励是什么呢？这种激励是租金最大化。地方或说基层单位都想从中央提供的私人的以及公共的产品中获得重大的福利，可每个人都想让别人承担提供成本。再者，中央政府也有激励将资源转向自己的利益目标，也可能是社会的次优目标。这些转移可能是存在于公共机关中的私人利益，包括贪污、任免权、选举利益。但也可能包括资源向联邦制中的次级单位转移，这种转移就是通常所说的"俘获"，即下级政府单位俘获了中央权力。在任何一种情形中，各级政府所拥有的激励都是像一个寻租者一样行动而不是像一个福利最大化者一样行动。

上述分析得出的结论是：县乡财政困境是政府间及政府与选民间制衡机制失衡的结果，如果中央政府掌握对地方官员的任命权，同时掌握财政集权，那么结果就是县乡等地方政府财政困境和官员腐败；如果中央掌握对地方官员的

---

① 《农业投入》总课题组：《农业保护：现状、依据和政策建议》，载《中国社会科学》1996 年第 1 期。

② 温铁军：《中国农村基本经济制度研究》，中国经济出版社 2000 年版，第 177 页。

任命权，却失去财政控制权，那么县乡地方政府就会隐瞒地方财源，与地方生产主体形成勾结，将财富留存于自己的控制之下，导致中央政府的财政困难。

# 第三节　解决联邦悖论的制度框架

公共产品生产与消费领域，通常是仅凭个体理性不能实现集体理性的领域。以一个小型的只有二人的群体为例。如果提供集体共享的公共产品的成本大大低于产品的总效用，在能够实现集体最优选择的条件下，这个公共产品必将得到提供。然而，众所周知，群体中个体的理性算计往往使公共产品生产不出来，也往往使公共资源的使用出现"公地悲剧"。

各级政府共同承担着公共产品和公共服务的生产与提供职责，如果没有明确的职责划分，或者虽有明确的职责划分但没有强制职责履行的措施，甚或某一方可以随意改变权责划分，那么，在公共生产领域必然出现逃避职责的"搭便车"行为，导致公共产品和公共服务不能充分提供，或者只能在一个很低的水平上提供。

各级政府作为理性经济人，自发行为的结果是非理性的结果，既与经济效益原则背道而驰，又与职责履行南辕北辙。如何制止各级政府竞争攫取经济中的资源，为私人部门经济的发展保驾护航？如何克服各级政府"搭便车"行为，为政府部门完成其公共服务责任提供保障？

De Figueiredo、Weingast 等 2007 年通过理论分析和实证分析，提出了成功的联邦制需要具备的五个条件：层级政府存在描绘清晰的权威范围，以便于各自在自己的权威领域拥有自主性；下级政府在自己辖区内拥有经济权威；政府拥有权威控制共同市场，商品和要素在不同辖区之间自由流动，提供全国性公共物品；利润分享是有限的，政府借款是有约束的，以便使其面临一个硬预算约束；权责分配有制度化的稳固性，以保证不会被国家政府单方面地或在下级单位的压力下而改变。这些条件是一种理想的制度安排，这些制度安排的目的是限制政治体系对市场的侵犯。

要保证联邦制成功的五个条件都能够具备，需要形成上下级政府之间的有效制衡机制。对县乡地方政府的制衡，主要是中央政府需要控制辖区主要财政收入并将转移支付作为一种人质机制（hostage mechanism），人民大众掌握官员产生大权，迫使官员尤其是基层官员对下负责并且不被上级官员控制或威胁。对中央政府的制衡，主要是民选以及地方官员在任职资格上摆脱中央政府控制，并且有宪法法律制约中央政府的行为。

本节的思路是建立三对权力制衡机制：一是中央政府与县乡地方政府之间的制衡关系，在一个地方官员由民主选举产生的国家，上级政府对下级政府官员的政治命运没有影响，此时上级政府就需要控制辖区主要财政收入并将转移支付作为一种人质机制。这样，上下级政府之间在财政权和人事权的控制上各居其一，从而形成上下级之间有效制衡关系。二是县乡地方政府与选民之间的制衡关系，使用蒂布特的模型所显示的民主要求进行解释。三是宪法、县乡地方政府、选民对中央政府权力的制衡关系，主要使用诺思的国家理论进行分析。

## 一、中央与县乡地方政府间的纵向制衡机制

对于各级政府来说，整个社会经济是他们共同的公共资源，而政府所承担的公共服务责任则如同公共产品一样。产权经济学的理论认为，分定不争，能够解决责任推诿和竞争性攫取经济资源的问题。

张永生[①]提出的分析政府间纵向关系的理论框架，提供了一个解决思路。张永生根据对人事权和财政收入的控制情况，将世界上的政府间关系归结为如下四种主要结构。结构一，人事权自下而上，财政权自上而下。结构一分为两种情况，Ⅰ型结构一，是拥有完善法制的结构一，存在于欧美日等西方好的发达市场经济国家，其联邦制效果是高效自我执行；Ⅱ型结构一是法治不完全的结构一，存在于拉美的市场经济国家，其联邦制效果是自我执行低效，产生腐败。结构二是人事权和财政权都自下而上，存在于欧盟、邦联、联合国，其联邦制效果是具有很强的稳定性，整体效率很低。结构三存在于前苏联体制，其

---

① 张永生：《中央与地方的政府间关系：一个理论框架及其应用》，载《经济社会体制比较》（双月刊）2009 年第 2 期总第 142 期。

人事权和财政权皆自上而下，这种政府间纵向关系带有中央计划体制的所有弊端。结构四是人事权自上而下，财政权自下而上，存在于分税制前的中国、中国香港，其效率较结构三有所提高。

四种政府间关系中，最有效率的政府间关系存在于欧美日国家，从其条件上看：一是人事权自下而上，也就是民选制度；二是财政权自上而下，也就是中央政府拥有财政大权，以便作为控制县乡地方政府的"人质机制"；三是配之以完美的法制，三者缺一不可。政治权力与经济权力的双向授予或说双向控制，构成了中央与县乡地方政府之间的一种最佳制约，再加以宪法对中央政府的约束，便成为一种解决 Ricker 悖论的最佳制度选择。

中国目前的政府间关系，还有两项需要进一步进行深层改革：一是人事权的自上而下任命，二是法制制度。

## 二、对县乡地方政府官员行为的制约

县乡地方政府行为不可能自我制约。如果没有来自民间的制约，最重要的是来自民间的选举权的制约，县乡地方政府只是中央政府的代理人，那么，县乡地方政府官员将依据手中掌握的生产公共物品、提供公共服务的信息优势，使来自中央政府的有利于生产力进步的改革措施归于失败，从而使公共财政失去税基，陷于永久的财政困境。

政府官员面对自上而下的任命机制，理性的行为就是对上负责，对下掠夺。这在其他国家也不例外。威尼基以产权为依据分析了前苏维埃体制下经济改革失败的原因①。他认为这个体制改革的失败在于最高统治者依靠的实施其改革措施的代理人（政党组织官员和经济官僚）有激励保持经济的无效率，因为他们是旧体制的最大获益者。旨在推动长期增长的产权改革或者剥夺了这些人的利益或者提高了这些人控制经济利益的成本，所以他们反对产权改革或设法使改革失败。他们倾向于抑制私有产权、维持并扩大公有产权，以便得到更多的任命机会并从对经济过程的控制中得到更多的财富回扣。他们不关心经

---

① 威尼基：《为何前苏维埃体制的经济改革会失败》，载诺斯等编：《制度变革的经验研究》，罗中伟译，经济科学出版社 2003 年版，第 76 页。

济增长，只注重占有有利可图的位置。这就使最高统治者保护私人产权以追求长期经济增长的目标更难以实现。威尼基还分析说，前苏维埃体制的中央管理者并不能够对每个被计划商品的全部有价值的收益进行明确的界定、监督或质量控制。相反，他们发布的是对计划产品的一般描述，检查的是计划产品的数量或质量等指标，结果为生产者忽视非度量的质量、收益指标创造了机会。

　　另外，县乡地方政府没有来自人民大众的制约，还将使公共财富漏出变为个人的财富或者变为亲朋好友的财富。在官员任命制下，政党和经济官僚除了享有高工资和各种特权以外，实现利益最大化的方式还有两种。一种是通过任命的方式，通过对经济和行政机构的一切管理位置"推荐"和"批准"的权力，在财富创造的过程中进行不断延伸的干预来获得利益。这些任命的主要依据是忠诚而不是能力，政党组织官员通常任命他们自己和他们在党内的朋友担任那些报酬丰厚的工作。这样，就导致了一些不良的后果，如限制了管理者们的才能组合、任命对被任命者的才能考虑的不多等。"在分析涉及品格特征的逆向选择方面，一位波兰组织心理学家（Jozef Kozielecki）1986 年提出了被称之为哥白尼—格雷欣法则的改写本：在官僚机构化的、技术专家统治的、极其苛刻的和病态的组织中，人类行为和人类发展的基本法则被忽视，与关心每一个人的福利的人、勇敢的人、诚实的人和负责的人相比，利己主义者、墨守成规者、胆怯者和丧失道德顾忌的人开始起到更重要的作用。在这样的情况下，以令人通俗的语言来说，就是恶劣的特性驱逐了良好的特性。"另一种掘取财富的办法是附带支付和回扣。在短缺经济中，这些回扣几乎全部是具有非金钱的性质。"企业管理者向任命他们的那些人，以可能推动他们的职业生涯的那些上级和同事提供各种各样的物品和服务，和以同样的方法获得利益的机会。……效能的相对不重要让管理者们吸收了这些回扣活动的成本而不用进行解释。"①

　　19 世纪的最后 10 年里由于美国市政腐败严重，因而采取了一系列的改革措施，如，匿名投票、无党派的地区竞选、地方议会管理者式的政府结构、地

---

① 威尼基：《前苏维埃体制制度变革的障碍》，载诺斯等编：《制度变革的经验研究》，罗仲伟译，经济科学出版社 2003 年版，第 83 页。

方政府工作人员的专业化等改革。这些改革已经在事实上消除了城市、农村政府的腐败。所以，地方政府的自我治理功能应当充分发挥，但也要为地方政府的自我治理创造适度的制度环境，以规范其自治行为。

这里主要分析制约地方政府行为的措施：民选、建立居民参与公共决策的制度。

**（一）实行民主选举，从根本上改变官员产生方向**

导致县乡地方政府财政问题的因素有很多，其中最关键的因素是政治民主化的不充分发展。准确地说，法制化和民主化建设滞后是我国财政分权不合理的深层次制度根源。主要由上级政府任命产生的各级地方行政官员在民主匮乏的体制下，为了自身政绩和升迁机会必然偏重于迎合上级政府的行政命令，而忽视本地民众的实际需求。县乡地方政府官员对上级唯命是从的制度环境必然刺激上级政府采取"上收财权"和"下放事权"的机会主义行为，县乡财政因而处于被动、不利的困难境地。

不从选举制度上作根本的转变，或者说县乡地方政府官员产生机制不发生根本的转变，从一般意义上谈法治民主、谈发挥人大的作用是不能奏效的。只要保持县乡地方政府官员由上级任命的机制，永远不可能产生出对人民负责甚于对上级负责的地方官员。因为任命机制下，地方官的行为方式，势必是为实现自身权力最大化与稳定性而唯上不唯下，甚至采取行贿的手段去打通上级关节，将手中掌握的财政资源用于搞政绩工程更是不言自明的理性选择。

目前我国的民主选举制度已经有了一定的进步，但还应该进一步将其付诸实践。

首先充分实行村民自治，实现农村公共产品供给决策程序由"自上而下"向"自下而上"转变。实现这一转变需要充分发挥村民代表大会的作用，明确其作为农村社区最高权力机构对本社区事务享有的最终表决权。社区公共资源的配置和公共产品的供给须经村民代表大会表决同意，也须由村民代表大会对使用过程进行管理和监督。

其次，县乡政府的重要领导由市镇和农村社区的全民自下而上的选举产生，而不是由上级政府任命。基层社区这种自下而上的选举压力可以避免集体行动的悖论，社区居民也能够有效地表达出其对社区公共物品需要的偏好。促使乡镇政府对社区居民负责，而不只是对上级政府负责，从而可以确保公共物品的主权在民，增强县乡政府的责任感，避免县乡政府减少提供社区公共物品的随意性，减少随意收费的可能性。

（二）建立居民参与公共决策的制度

仅有民选是不够的。蒂布特"以脚投票"模型中，政府的目标是收入最大化，纳税人可以通过"以脚投票"控制政府的行为。在该模型中，若某地决定增加公共物品，由于纳税额增加，纳税人通过税负与公共物品收益之间的边际比较，如果居民发现公共产品和公共服务的成本大于收益，那么就会向别的地区迁移。居民或生产者在辖区间自由流动选择自己认为更为合适的地方去工作、生产或生活。而居民的自由选择，迫使县乡地方政府要更多注意居民的意见，以尽可能少的成本提供符合居民偏好的公共物品，以便吸引更多的消费者和投资者。因此，这可能会使公共品的提供更贴近居民的需求，从而改变资源配置效率。

马斯格雷夫（R. Musgrave）与欧茨（W. Oates）等人沿着蒂布特的思路，阐述了中央与县乡地方政府之间权力如何分配的问题，他们也认为如果将配置资源的权力本身更多的向县乡地方政府倾斜，那么，居民的自由流动形成的巨大压力所引起的县乡地方政府之间的竞争，能够迫使政府官员的财政决策更好地反映纳税人的偏好，从而加强对政府行为的约束。还能在相当程度上形成县乡地方政府拒绝中央政府在财政决策中一意孤行的基础。

县乡地方政府能够提供合适的公共品，必须以赋予县乡地方政府相当的资源配置权为前提。只有县乡地方政府对消费与投资活动拥有相应的征税权，也拥有在这些税收收入使用方向上不受中央控制的权力，才有可能按照当地消费者与投资者偏好提供合意的公共物品。因而，财政分权理论要求资源配置权力向县乡地方政府倾斜。这才有了本章开篇提到的席卷民主化国家的财政分权或说财政联邦制浪潮。

但是，蒂布特模型中的假设是不现实的。居民不可能无成本地在辖区间自由流动。这就是说，"用脚投票"的作用是有限的，传统的投票制度，即公众参与公共决策的制度不可或缺。在《退出、呼吁与忠诚》一书中，阿尔伯特·赫希曼（Albert Hirschman）① 对个人显示偏好的过程提出了明确的区分，并提出了退出和呼吁两条偏好显示途径。当消费者对一家企业的产品不满意时，消费者可以选择其他企业的产品，这是消费者利用市场的力量来维护自己的福利，即"用脚投票"。同样，当居民对地方政府不满意时，居民"用脚投票"选择其他地方政府。另一个途径是呼吁，在面对垄断时，消费者没有其他企业的产品可以选择，因而也无法退出，此时表达不满的唯一方式就是呼吁。即使在竞争性企业中，由于忠诚和退出成本较高，许多消费者也愿意呼吁。对于居民来说，因为搬家成本太高，因此相当于面临着一个垄断的生产者，所以，呼吁就成为居民维护自身利益，约束地方政府行为的重要手段。赫希曼认为呼吁的表达方式有很多：个人给组织的管理层或领导层写信或电话；电子邮件等各种方式申诉；也可以是多人集体上访；请愿及其他集体性的群体事件。呼吁的效果取决于消费者或成员对企业或组织实施呼吁的影响力以及讨价还价的能力，如果组织没有竞争对手，退出便失去了威胁作用，于是，呼吁会流于形式，失去了赖以发挥作用的依托。所以，面对具有垄断地位的地方政府，居民的呼吁所起到的作用必然有限。因此，赫希曼的总体结论是：退出应当与呼吁相结合。

居民从地方政府中退出，到底能不能与股份公司制度下的众多的小股东一样，当对管理层决策不满时通常会以"用脚投票"的方式选择退出？回答是：难！虽然股票市场的退出机制在惩罚劣质管理者的同时，因当大多数股东退出时股价已经降低了，所以也会伤害到退出者股东的利益，但毕竟人们都知道"不要把鸡蛋放在一个篮子里"的股票投资原则，人们拥有分散化的证券投资组合，因而所受到的伤害通常不会太过严重。与之相反，一个居民或企业通常把自己几乎全部的财产放在房产上或当地的企业中，因而无法分散自己的财产风险。在当地的公共产品和公共服务不尽人意时，比如环境污染严重、学校质量变得很差、治安出现严重隐患等等，这样的信息传播范围很广且速度很快，所以当居民或企业打算卖掉在这里的不动产而搬迁外地时，就不得不面对已经贬值的财产价值而遭到严重的损失。

---

① 阿尔伯特·赫希曼：《退出、呼吁与忠诚》，卢昌崇译，经济科学出版社 2001 年版，第 79 页。

这就是说，退出机制的运行不可能是顺畅的，用退出的途径制约地方政府也不可能是有利的。更常见的是，地方政府用公民赋予的公共权力满足自身的偏好，出现"政治扭曲"。Frey 和 Eichenberger 分析了地方政府之间的财政协调所导致的"政治扭曲"。政治家追求他们的自身目标，如实现他们的理想、社会特权和物质利益等，这些目标将偏离选民的偏好和利益目标。由此而产生的政府政策与个人偏好之间的偏差，即所谓的"政治扭曲"。地方政府之间可能通过财政协调，如在不同的管辖区之间联合征收高额统一税收的方式，建立这样的联盟以"剥削"选民。不过，Frey 和 Eichenberger 提出的解决"政治扭曲"的解，仍然是通过资本和劳动在管辖区间的流动形成地方政府之间的财政竞争，以刺激政治家考虑选民的个人偏好，从而提供有效的税收和公共产品的组合。

而本文在此想要表达的是，退出机制往往因巨大的退出成本而不可行。所以，应该建立居民参与公共决策的机制，让公民参与到地方事务和决策当中，用阿尔伯特·赫希曼的话说，让居民通过发出"呼吁"来表达对地方政府的意见。

制约地方政府行为的"呼吁"机制在一定的程度上是可行的。因为当你居住某地而不能轻松退出时，你便有动机去努力表达自己的意见以保护和提升自己在本地的不动产的价值，这就促成了人们参与当地政治活动的积极性。

然而，"呼吁"机制也会因"搭便车"行为而变得相对乏力。这就要求第三个途径，地方官员具备专业化素质，能够以职业道德进行自我约束。这恐怕是一条悠长艰辛的路，尤其是在今天的中国。

## 三、对中央政府权威的约束机制

### (一) 潜在的竞争约束中央政府的权力

有什么力量能够最有效地制约国家的自利行为？诺思[①]提出的一个制约国家对经济发展的因素，这个因素就是统治者是否存在竞争对手。如果存在竞争对手，统治者就会使选民的收入更多的留在选民自己手中，这无疑是刺激选民

---

① 诺思：《经济史中的结构与变迁》，上海人民出版社 1994 年版，第 27 页。

生产性努力的规则。这给我们带来一个启发：刺激生产性努力需要产权的明晰化，而确保产权明晰化及稳定性不仅可以通过选民对国家权力进行有效的约束获得，还可通过外来的约束，即使统治者面临一个竞争对手而获得。

（二）人民民主约束中央政府的权力

奥尔森[①]提出的制约国家的因素是政治民主。奥尔森区分了独裁与民主在经济增长中的不同作用。他分析说，因为健康、寿命及其他因素所导致的权力动摇，会使独裁者目光短浅。当一个独裁者拥有相当短的时间视野时，就会经常违背承诺，没收他的臣民的财产、废除与臣民所签署的借款契约，结果从总体上忽视了可选择的机会集合中的长期增长的经济结构。一个保护个人权利的民主政体，是最有利于经济的持续增长的政体，因为它能使个体拥有最大限度地发展经济的权力，并且确保这个权力不会轻而易举地被政府剥夺。

（三）宪法约束中央政府的权力

诺思与温格斯特通过考察十七世纪英格兰治理公共选择制度的演进过程，提出对最高统治者的权力制衡是解决财政问题的根本途径。他们分析说十七世纪早期，财政需求导致"专制"政府层次增加，实际上是按照最高统治者喜好重新定义权力来剥夺财富。斯图亚特王朝先是通过出卖王国的土地赚钱，在土地出卖完了之后，又采取缺乏履约保证的借款、干扰现有利益结构的经营权专卖、直接增加收入的爵位出售以及使一些人可以不受法律约束地销售豁免权等手段赚钱。

这种恶劣局面的结束归功于1688年光荣革命。光荣革命建立了一套能够约束最高统治者行为的规则，这个规则将最高统治者国王置于议会的检查之下，结果产生了前所未有的金融革命。

将最高统治者国王置于议会检查之下的规则，就是宪法。

（四）地方官员对下负责机制约束中央政府的权力

改变基层官员的授权方向，使其权力来自于选民，因而在其理性经济人驱使下，基层官员必然改目前对上负责的行为方式为对下负责，改变目前向上级

---

① 奥尔森：《独裁、民主和发展》，载盛洪主编：《现代制度经济学》（上卷），北京大学出版社2003年版，第360页。

展示政绩以求得晋升机会向民众展示政绩以求得任职及升职机会。这样，地方官员才能够具有制约中央政府的动机和胆量。

约束政府的权力不仅是民众的利益要求，也是政府的利益所在。政府必须认识到约束自身权力的重要性。政府虽然可以为实现自己的目标不断地改变行为规则，不断地进行制度创新，也可以用意识形态来巩固组织制度以实现自己的目标，但是，有一个因素是政府无论如何也不能彻底控制的，那就是劳动力的有限产权，即他们对其人力资本的有限产权。这一被忽略的有限产权，成为政府所有政策措施的"死穴"。它掌握在直接生产者手里，它能使政府建立在牺牲生产者利益之上的实现工业现代化和农业现代化的政策目标，最终成为社会主义国家建设发展的最大空想。

对政府的有效约束不能仅靠政府的自觉，但却绝对不能没有政府的自觉。这里所说的政府自觉，是指政府自愿地接受来自纳税人的约束。就像荷马史诗《奥德赛》中的英雄尤利西斯一样，他为了抵御海妖的诱惑以避免他所在的船只的沉没，自愿地把自己绑在桅杆上，使自己失去了部分能力。这被阿尔斯通与温格斯特称为"尤利西斯精神"[1]。这种精神的实质就是，在认识到自我约束力的有限性之后，自觉地为自己设置外部约束，并自愿地接受外部约束。

县乡财政困难的财政体制性诱因，财权划分与事权划分不匹配、过多的政府级次，降低了分税制收入划分的可行性、财政支出标准决策权过度集中与规则紊乱等等，都可归结为制度缺陷。然而，从本章分析问题的视角上看，这些问题及其解决，如按"一级财权、一级事权、一级产权、一级举债权"[2]的原则完善以分税制为基础的分级财政等，只是问题的一个侧面，不能从根本上解决县乡财政问题。县乡财政问题的解决根本是联邦悖论，对中央与县乡地方政府理性经济人行为进行制衡的系统的制度构建。

---

① 诺斯等：《制度变革的经验研究》，经济科学出版社 2003 年版，第 153 页。

② 贾康、白景明：《县乡财政解困与财政体制创新》，载《经济研究》2002 年第 2 期。

# 参考文献

## 一、著作

[1]《马克思恩格斯选集》第4卷,人民出版社1995年版。

[2] Wallis,John Joseph:《美国财产税史》,载 Wallace E. Oates 编著:《财产税与地方政府财政》,丁成日译,中国税务出版社2005年7月第1版。

[3] William A. Fischel:《地方政府企业,房屋业主和财产税的受益论》,载 Wallace E. Oates 编著:《财产税与地方政府财政》,丁成日译,中国税务出版社2005年版。

[4] William Duncombe , John Yinger :《减轻财产税负担的其他方法》,载 Wallace E. Oates 编著:《财产税与地方政府财政》,丁成日译,中国税务出版社2005年版。

[5]〔美〕梅尔维尔·麦克米兰:《以提高绩效为目的的地方政府设计》,载沙安文主编:《地方政府与地方财政建设》,中信出版社2005年版。

[6]〔美〕梅尔维尔·麦克米兰:《地区和地方政府间的财政关系:经合组织五成员国的经验和启示》,载沙安文主编:《地方政府与地方财政建设》,中信出版社2005年版。

[7]〔德〕柯武刚、〔德〕史漫飞:《制度经济学》,商务印书馆2000年版。

[8]〔美〕道格拉斯·C. 诺思、张五常等著:《制度变革的经验研究》,罗仲伟译,经济科学出版社2003年版。

[9]〔美〕詹·威尼基:《为何前苏维埃体制的经济改革会失败:一个以产权为依据的分析方法》,载〔美〕道格拉斯·C. 诺思、张五常等著:《制度变革的经验研究》,罗仲伟译,经济科学出版社2003年版。

[10] 〔美〕道格拉斯·C. 诺思、〔美〕巴里· R. 温格斯特:《宪法与承诺:17世纪英格兰治理公共选择制度的演进》,载〔美〕道格拉斯·C. 诺思、张五常等著:《制度变革的经验研究》,罗仲伟译,经济科学出版社2003 年版。

[11] 〔美〕曼瑟·奥尔森:《独裁,民主和发展》,载盛洪主编:《现代制度经济学》(上卷),北京大学出版社 2003 年版。

[12] 〔美〕曼瑟·奥尔森:《经济学第二定律》,载盛洪主编:《现代制度经济学》(上卷),中国发展出版社 2009 年版。

[13] 〔美〕道格拉斯·C. 诺思:《经济史中的结构与变迁》,陈郁、罗华平等译,上海人民出版社 1994 年版。

[14] 〔美〕阿尔伯特·赫希曼:《退出,呼吁与忠诚》,卢昌崇译,经济科学出版社 2001 年版。

[15] 〔美〕珍妮特·M. 凯丽、〔美〕威廉姆·C. 瑞文巴克:《地方政府绩效预算》,苟燕楠译,上海财经大学出版社 2007 年版。

[16] 〔美〕埃莉诺·奥斯特罗姆:《公共事物的治理之道》,余逊达、陈旭东译,上海三联书店 2000 年版。

[17] 沙安文:《政府间财政转移支付:国际实践的经验和教训》,载沙安文主编:《地方政府与地方财政建设》,中信出版社 2005 年版。

[18] 朱秋霞:《中国财政制度》,立信会计出版社 2007 年版。

[19] 《中国地方政府融资平台研究》课题组:《中国财税发展研究报告——中国地方政府融资平台研究》,中国财政经济出版社 2011 年版。

[20] 奥斯特罗姆、帕克斯、惠特克:《公共服务的制度建构一都市警察服务的制度结构》,上海三联书店 2000 年版。

[21] 林毅夫:《制度、技术与中国农业发展》,上海三联书店 1994 年版。

[22] 温铁军:《中国农村基本经济制度研究》,中国经济出版社 2000 年版。

[23] 贾康、赵全厚:《中国财税体制改革 30 年回顾与展望》,人民出版社 2008 年版。

[24] 侯一麟、王友强:《中国县级财政研究(1994—2006)》,商务印书馆 2011 年版。

[25] 杨志勇、杨之刚:《中国财政制度改革 30 年》,格致出版社、上海人民出版社 2008 年版。

[26] 阎坤:《中国县乡财政体制研究》,经济科学出版社 2006 年版。

[27] 杨之刚:《财政分权理论与基层公共财政改革》,经济科学出版社 2006 年版。

[28] 李一花:《中国县乡财政运行及解困研究》,社会科学文献出版社 2008 年版。

[29] 刘禹宏、蔡志强、吴爱东:《县域经济发展与"三农"问题研究》,浙江工商大学出版社 2010 年版。

[30] 朱秋霞:《中国财政制度——以国际比较为角度》,立信会计出版社 2007 年版。

[31] 云南人才战略课题组:《云南人才战略研究》,科学出版社 2003 年版。

[32] 中国社会科学院工业经济研究所:《中国县域经济推动产业升级实践》,社会科学文献出版社 2013 年版。

[33] 黄佩华:《中国:国家发展与地方财政》,中信出版社 2003 年版。

[34] 财政部:《2011 年地方政府自行发债试点办法》。

[35] 财政部:《2011 年中央决算报告和 2012 年中央预决算报告》。

[36] 财政部:《2010 年全国公共财政收入基本情况》。

[37] 中华人民共和国审计署:《关于 2010 年度中央预算执行和其他财政收支的审计工作报告》2011 年。

[38] 中国人民银行货币政策分析小组:《2010 中国区域金融运行报告》2011 年。

[39]《中国国土资源统计年鉴》(2001—2009)。

[40]《2006 年中国统计年鉴》。

[41]《2011 年新疆统计年鉴》。

[42]《延边州统计年鉴》(1997—2006)。

[43]《2010 年公安县国民经济和社会发展统计公报》。

[44]《2010 年胶州市国民经济和社会发展统计公报》。

[45]《2010 年张家港市国民经济和社会发展统计公报》。

## 二、期刊

[1] 俞桂海:《贫困山区农村公共产品供给》,载《行政论坛》2009 年第 5 期。

[2] 戴园晨、徐亚平:《财政体制改革与中央地方财政关系变化》,载《经济学家》1992 年第 4 期。

[3] 陈国权、郑春勇:《省管县改革中党政领导干部管理问题》,载《探索与争鸣》2011 年第 1 期。

[4] 邹广:《我国转移支付的法治矫正》,载《法律适用》2010 年第 5 期。

[5] 孙谭镇、朱钢:《我国乡镇制度外财政分析》,载《经济研究》1993 年第 9 期。

[6] 伏润民、缪小林等:《政府债务可持续性内涵与测度方法的文献综述——兼论我国地方政府债务可持续性》,载《经济学动态》2012 年第 11 期。

[7] 范柏乃、张建筑:《地方政府债务与治理对策研究》,载《浙江大学学报》(人文社会科学版)2008 年第 2 期。

[8] 杨十二、李尚蒲:《地方政府债务的决定:一个制度解释框架》,载《经济体制改革》2013 年第 2 期。

[9] 郭家虎、崔文娟:《我国渐进式财政改革的宏观思考》,载《经济体制改革》2004 年第 3 期。

[10] 杨雅琴:《我国地方政府债务管理制度的演进及改革》,载《现代经济探讨》2013 年第 8 期。

[11] 李砚忠:《"原因"背后的原因——地方政府债务形成的"根源"探寻》,载《地方财政研究》2007 年第 5 期。

[12] 毛翠英、田志刚等:《关于我国县乡财政困难问题的研究》,载《经济体制改革》2004 年第 6 期。

[13] 贾康:《使经济性分权走向更加完善》,载《中国金融》2010 年第 22 期。

[14] 贾康、白景明:《县乡财政困难与财政体制创新》,载《经济研究》2002 年第 2 期。

[15] 贾康、白景明:《中国地方财政体制安排的基本思路》,载《财政研究》

2003 年第 8 期。

[16] 贾康、阎坤:《改进省以下财政体制的中长期考虑与建议》,载《中国财政》2005 年第 12 期。

[17] 王峥、秦林军:《新财政联邦主义理论评述》,载《昆明理工大学学报》(社会科学版)2009 年第 9 卷第 8 期。

[18] 李卫民:《德国转移支付制度简介》,载《人大研究》2009 年第 9 期。

[19] 王朝才等:《基于基层财政视角的地方政府间财政关系研究》,载《经济研究参考》2008 年第 64 期。

[20] 韩俊、谢扬:《中国县乡公共财政现状:问题与影响——湖北省襄阳县、河南省鄢陵县、江西省泰和县案例研》,载《税收与社会》2003 年第 9 期。

[21] 俞传尧:《关于县乡财政问题的调研思考》,载《中国审计》2004 年第 6 期。

[22] 倪红日、洪婷:《我国财力性转移支付制度的实施与完善》,载《改革》2005 年第 12 期。

[23] 韩宗保:《我国财政转移支付制度存在的问题》,载《经济研究参考》2012 年第 6 期。

[24] 罗丹、陈洁:《县乡财政的困境与出路——关于 9 县,市 20 余个乡镇的实证分析》,载《管理世界》2009 年第 3 期。

[25] 财政部科研所"欠发工资现象研究"课题组:《县乡政府欠发工资问题研究》,载《财政研究》2002 年第 4 期。

[26] 吉洁:《我国县乡财政负债现状的实证研究》,载《商业研究》2008 年第 10 期。

[27] 赵树凯:《困局中的乡镇财政——10 省区 20 乡镇的调查》,载《决策咨询》2004 年第 10 期。

[28] 赵英兰:《农业制度变迁中的政府行为》,载《山东师范大学学报》(人文社会科学版)2007 年第 6 期。

[29] 李明强、庞明礼:《"省管县",替代"市管县"的制度分析》,载《经济学家》1998 年第 1 期。

[30] 王小龙、兰永生:《新型农村合作医疗:政策性补偿支出与基层政府财政负担》,载《经济学家》2011 年第 4 期。

[31] 高梦滔等:《从需求角度分析新型农村合作医疗制度运行的效果——云南省 3 个试点县的实证研究》,载《中国卫生经济》2005 年第 5 期。

[32] 顾昕、方黎明:《公共财政体系与农村新型合作医疗筹资水平研究——促进公共服务横向均等化的制度思考》,载《财经研究》2006 年第 11 期。

[33] 张广科:《新型农村合作医疗制度保障能力及其建设建议》,载《财政研究》2008 年第 10 期。

[34] 国务院发改委宏观经济研究院课题组:《公共服务供给中各级政府事权财权划分问题研究》(下),载《经济研究参考》2005 年第 26 期。

[35] 李齐云、刘小勇:《我国事权与财力相匹配的财政体制选择》,载《山东社会科学》2009 年第 3 期。

[36] "县乡财源建设问题研究"课题组:《县乡财源建设问题研究(总报告)》,载《经济研究参考》2010 年第 50 期。

[37] 杨天金:《政府层级间税权划分的国际经验与借鉴》,载《西部财会》2007 年第 6 期。

[38] 傅光明:《论省直管县财政体制》,载《财政研究》2006 年第 2 期。

[39] 苏明、张立承:《我国县乡财政管理体制改革的思路与对策》,载《地方财政研究》2006 年第 8 期。

[40] 庞明礼、李永久等:《"省直管县"能解决县乡财政困难吗?》,载《中国行政管理》2009 年第 7 期。

[41] 李猛:《"省直管县"改革的经济影响》,载《经济学家》2012 年第 3 期。

[42] 罗植、杨冠琼等:《"省直管县"是否改善了县域经济绩效:一个自然实验证据》,载《财贸研究》2013 年第 4 期。

[43] 闫天池:《我国县域经济的分类发展模式》,《辽宁师范大学学报》(社会科学版)2003 年 1 月。

[44] 中国中小城市科学发展评价体系研究课题组,《2012 年度中国中小城市科学发展评价体系研究成果发布》,载《光明日报》2012 年 9 月

15 日。

[45] 廖川强:《从对一个乡财政所的审计看基层财政,财务管美里存在的主要问题》,载《财会通讯》1986 年第 7 期。

[46] 张宇燕、富景筠:《美国历史上的腐败与反腐败》,载《学习月刊》2006 年第 1 期。

[47] 杨嵩涛:《19 世纪末期以来美国的腐败问题及应对措施》,载《天津行政学院学报》2011 年第 5 期。

[48] 周黎安:《中国地方官员的晋升锦标赛模式研究》,载《经济研究》2007 年第 7 期。

[49] 周黎安、陶婧:《官员晋升竞争与边界效应:以省区交界地带的经济发展为例》,载《金融研究》2011 年第 3 期。

[50] 张军:《农村学校负债发展的路还要走多长》,载《中国社会科学院农村发展研究所研究动态》2003 年第 14 期。

[51] 巴升荣:《简论地方预算监督》,载《人大研究》1998 年第 3 期。

[52] 高天勇:《中美财税立法体制及支出结构比较》,载《财贸经济》2005 年第 6 期。

[53] 林慕华、马骏:《中国地方人民代表大会预算监督研究》,载《中国社会科学》2012 年第 6 期。

[54] 李兰英、刘辉:《我国人民代表大会行使预算监督权的制度缺陷分析》,载《中央财经大学学报》2006 年第 12 期。

[55] 兰晓强、王剑:《行为约束视角下的预算自由裁量权问题研究》,载《河北经贸大学学报》2009 年第 5 期。

[56] 李成言等:《炫耀性政治行为现象及动因分析》,载《广州大学学报》(社会科学版)2007 年第 10 期。

[57] 苏明等:《国外财政审计制度及经验借鉴——中国转型时期的财政审计研究系列报告之四》,载《经济研究参考》2007 年第 49 期。

[58] 赵伟凯:《审计结果处理为何"久拖不决"?》,载《财会信报》2005 年 10 月 19 日。

[59] 孙开:《财政转移支付手段整合与分配方式优化研究》,载《财贸经济》

2009 年第 7 期。

［60］苏孜、孙晓娟:《西部欠发达地区财政转移支付存在的问题及对策思考》,载《财会研究》2010 年第 21 期。

［61］王雍君:《中国的财政均等化与转移支付体制改革》,载《中央财经大学学报》2006 年第 9 期。

［62］徐阳光:《横向财政转移支付立法与政府间财政关系的构建》,载《安徽大学学报》(哲学社会科学版)2011 年第 5 期。

［63］党均章、王庆华:《地方融资平台贷款风险分析与思考》,载《银行家》2010 年第 4 期。

［64］王飞、熊鹏:《我国地方融资平台贷款现状与风险:规模估算与情景模拟》,载《中国经济问题》2011 年第 265 期。

［65］杜雪君等:《中国土地财政与经济增长——基于省际面板数据的分析》,载《财贸研究》2009 年第 1 期。

［66］杜雪君、黄忠华:《土地财政与耕地保护——基于省际面板数据的因果关系分析》,载《自然资源学报》2009 年第 10 期。

［67］汪利娜:《我国土地财政的不可持续性》,载《经济研究参考》2009 第 42 期。

［68］张涛:《地方官员腐败现象演变的实证分析:基于深圳 52 个样本的研究》,载《当代中国政治研究报告》第 8 辑,社会科学文献出版社 2012 年版。

［69］李耀国、张健:《旱灾与"公地悲剧":农村水利设施市场化经营的探索——对西乡县案例的剖析》,载《中国金融》2009 年第 6 期。

［70］王建友:《农村宅基地流转的制度创新——以"联众模式"为例》,载《浙江海洋学院学报》(人文科学版)2010 年第 27 卷第 3 期。

［71］余海军:《国际小母牛项目(HPI)在贫困山区的实施情况》,载《四川畜牧兽医》2004 年第 4 期。

［72］张永生:《中央与地方的政府间关系:一个理论框架及其应用》,载《经济社会体制比较》(双月刊)2009 年第 2 期总第 142 期。

［73］曾浩然:《中央财政收支平衡是实现国家财政收支平衡的关键》,载

《财贸经济》1985 年第 6 期。

[74]《农业投入》总课题组:《农业保护:现状、依据和政策建议》,载《中国社会科学》1996 年第 1 期。

[75] 殷丰毅、汤志林:《基于选择性政策的"驻京办"及其运行模式》,载《公共管理评论》2010 年第 1 期。

## 三、论文

[1] 赵英兰:《政府行为与农民收入增加——缺乏约束的政府行为》,载山东大学硕士学位论文,2005 年。

[2] 葛孚义:《地方政府土地财政研究》,暨南大学 2012 年硕士论文。

[3] 曹静:《县级政府财政收支自主性研究——基于 H 县的实证研究》,载[D]. 吉林大学 2012。

## 四、外文文献

[1] Wallace E. Oates The essay on fiscal federalism, pp. 1120 – 1149, Journal of Economic Literature, Vol. 37, NO. 3, 1999.

[2] Charles K. Coe. Preventing Local Government Fiscal Crises: The North Carolina Approach, pp. 39 – 49, Public Budgeting & Finance, Vol. 27, NO. 3, 2007.

[3] Pranab Bardhan. Decentralization of governance and development, pp. 185 – 205, The Journal of Economic Perspectives, Vol. 16, NO. 4, 2002.

[4] Charles M. Tiebout. A Pure Theory of Local Expenditures, pp. 416 – 424, The Journal of Political Economy, Vol. 64, NO. 5, 1956.

[5] Musgrabe, Richard. The voluntary exchange theory of public economy, pp. 213 – 237, The Quarterly Journal of Economics, Vol. 53, NO. 2, 1939.

[6] Paul A. Samuelson. A Pure Theory of public Expenditure, pp. 387 – 389, The Review of Economics and Statistics, Vol. 36, NO. 4, 1954.

[7] Oates Wallace E. The effects of property taxes and local public spending on

property values: An enpirical study of tax capitalization and the Tiebout hypothesis, pp. 957 – 971, Journal of Political Economy, Vol. 77, NO. 6, 1969.

[8] Christopher Berry. Tragedy of the Fiscal Common?: Fiscal Stock Externalities in a Leviathan Model of Federalism, American Journal of Political Science, pp. 802 – 820, Vol. 52, NO. 4, 2008.

[9] Yingyi Qian, Barry R. Weingast. Federalism, Chinese Style: The Political Basis for Economic Success in China, pp. 50 – 81, World Politics, Vol. 48, NO. 1, 1995.

[10] Wallace E. Oates. Reviewed. An Essay on Fiscal Federalism, pp. 1120 – 1149, Journal of Economic Literature, Vol. 37, NO. 3, 1999.

[11] Rui J P de Figueiredo Jr, Michael McFaul, Barry R Weingast. Constructing Self-Enforcing Federalism in the Early United States and Modern Russia, pp. 160 – 189, The Journal of Federalism volume, Vol. 37, NO. 2, 2007.

[12] Samuel Nunn, Mark S. Rosentraub. Metropolitan Fiscal Equalization Distilling Lessons from Four U. S. Programs, pp. 90 – 102, State & Local Government Review, Vol. 28, NO. 2, 1996.

[13] Pranab Bardhan: Decentralization of governance and development, pp: 185 – 205, The Journal of Economic Perspectives, Vol. 16, NO. 4, ISSN: 0895 – 3309, 2002.

# 后　记

本书的写作由我和李勇两人共同完成。其中,我完成了第一章、第二章、第三章、第四章、第七章、第八章和第十章,并负责全书的通稿工作。李勇完成了第六章和第九章两章。第五章由我和李勇合作完成。参考文献由李勇整理。

全书的写作过程经历了多种波折,但都一一克服了。让我们都记得我们曾经合作过,无论是编写同一本书的还是不同本书的。这其中共同经历的快乐、紧张、苦痛和摩擦,都是围绕工作而进行的,因此是健康而有益的。

能永远留下来的,不是其中的烦扰,而是写作过程中大量阅读文献所带来的知识的积累和视野的拓展,这将十分有助于日后的研究与教学。

由于作者水平有限,再加上在成书过程中工作节奏出现了一些问题,书中若有不妥之处,敬请各位专家和读者批评指正。我的电子信箱是sszhyl2007@126.com;李勇的电子邮箱是kermitt@sina.com。

赵英兰

2014 年 8 月

**图书在版编目（ＣＩＰ）数据**

县乡财政问题研究/赵英兰，李勇著. —济南：山东人民出版社，2014.12

ISBN 978 - 7 - 209 - 06863 - 5

Ⅰ. ①县… Ⅱ. ①赵… ②李… Ⅲ. ①县—地方财政—研究—中国 ②乡镇—地方财政—研究—中国 Ⅳ. ①F812.7

中国版本图书馆 CIP 数据核字（2014）第 200765 号

责任编辑：崔　萌

**县乡财政问题研究**
赵英兰　李　勇　著

**山东出版传媒股份有限公司**
**山东人民出版社出版发行**

社　　址：济南市经九路胜利大街 39 号　　邮　编：250001
网　　址：http://www.sd-book.com.cn
发行部：(0531)82098027　82098028

**新华书店经销**
**莱芜市华立印务有限公司印装**

规　格　16 开(169mm×239mm)
印　张　19.5
字　数　290 千字
版　次　2014 年 12 月第 1 版
印　次　2014 年 12 月第 1 次
ISBN 978 - 7 - 209 - 06863 - 5
定　价　41.00 元

如有质量问题，请与印刷厂调换。　电话：(0634)6216033